初耕集

杨勇　著

中国社会科学出版社

图书在版编目(CIP)数据

初耕集 / 杨勇著. —北京：中国社会科学出版社，2017.7
ISBN 978-7-5203-0619-5

Ⅰ.①初… Ⅱ.①杨… Ⅲ.①哲学史—中国—文集
Ⅳ.①B2-53

中国版本图书馆 CIP 数据核字(2017)第 149043 号

出 版 人 赵剑英
责任编辑 冯春凤
责任校对 张爱华
责任印制 张雪娇

出　　版 中国社会科学出版社
社　　址 北京鼓楼西大街甲 158 号
邮　　编 100720
网　　址 http：//www.csspw.cn
发 行 部 010-84083685
门 市 部 010-84029450
经　　销 新华书店及其他书店

印　　刷 北京君升印刷有限公司
装　　订 廊坊市广阳区广增装订厂
版　　次 2017 年 7 月第 1 版
印　　次 2017 年 7 月第 1 次印刷

开　　本 710×1000　1/16
印　　张 16.5
插　　页 2
字　　数 267 千字
定　　价 69.00 元

目　录

一　佛典思想研究

二　儒释道交流与对话

三 佛学价值与现代精神

一　佛典思想研究

略论《解深密经》的诸识思想

《解深密经》是研究唯识学的一部极为重要的作品。历史上曾有过多次翻译。由于它是唯识学发展史上早期的作品，所以对于唯识学内容的明确乃至结构的建立都具有相当深远的意义。其中对于“识”的界定是诸多问题中的关键。基于这样的原因，本文认为对《解深密经》文本中的“识”进行深入探讨是必要的。

从学派和学理的历史上看，唯识学的分析和争论、整理和整合都围绕着“识”这一核心概念而发展。正因如此，“识”的内涵和意义也就显得格外的丰富。作为唯识学成熟作品的《唯识三十颂》，就这样来表述“识”：

首先是第八阿赖耶识（或异熟识），“谓异熟，思量，及了别境识。初阿赖耶识，异熟一切种。……恒转如暴流”；其次是第七末那识（或思量识），“次第二能变，是识名末那，依彼转缘彼，思量为性相”；最后是第六及前五识，为了别境识，“次第三能变，差别有六种，了境为性相”。①

在确定“识”的内涵时，《唯识三十颂》还指出了它与诸法的关系。认为万法均为假有，它们都由“识”所变现；由于有了“识”，万法得到了转变；同时在转变万法时，“识”本身也得到转变。

可是当我们回过头来看《解深密经》中的定义时，就会发现这一早期的唯识学经典并没有展现出“识”的三重含义。那么它对“识”的研究呈现出了什么样的状态呢？下面我们将就《解深密经》集中讨论“识”

---

① ［印］护法等造，（唐）玄奘编译，韩廷杰校释：《〈成唯识论〉校释》，北京：中华书局1998年版，第723页。下引此书只注页码。

的两章，第三章的“心意识相品”以及第六章的“分别瑜伽品”来进行具体的分析和揭示。

一　种子识概念的提出

在《解深密经》的第三章“心意识相品”中，种子识的概念被提了出来。所谓“种子识”也可以叫作：“阿陀那识”“阿赖耶识”“心”。经中认为所有有情六道众生，之所以会生死不断或“分身而起”，就是因为有种子心识；或者也可这样说：出现种种众生的形象，即是因为“于中最初一切种子心识成熟展转和合增长广大依二执受。一者，有色诸根及所依执受。二者，相名分别言说戏论习气执受”。①

简单地说，轮转生死的生命形式得以显现，就是因为种子识的不断显发而呈现出来的状态。而种子识的显发却是有条件的，一个就是色根，一个就是名言习气。

二　种子识的根据以及产生的问题

从经文对种子识的总定义上分析，以下几个观念被涉及了：首先是“有色诸根”；其次是“相名”；最后是“习气”。所谓“有色诸根”，即是眼根、耳根、鼻根、舌根以及身根。在佛教理论中，五根是主体产生认识的基本前提。“相名”，也可叫作“相”和“名相”，它蕴含了世间万相，其中也包括各种概念以及概念体系。最后是“习气”，它的含义极为复杂，如果只是一般解释的话，就是由于主体在业力轮转中形成的各种信息或者说是“业”，其中有的信息以惯性的形式反复出现，影响现在和以后的行为，使得主体在活动时总是会出现一些惯性的行为。

所以实际上，种子识是和两个方面的内容紧密相连的，一方面是眼等诸色根，它们是产生种子识的基质；另一方面就是有情众生在轮回中形成的习气（在佛教中，习气是带有伦理性质的，具有善，或恶，或不善不恶的性质）。从种子识与色等诸根，以及习气关系中，我们可以看到，其

---

① （唐）玄奘译：《解深密经》，《大正藏》卷一六，第692页。下引此书只注页码。

实种子识是作为结果的特性存在的，而没有生成原初意义。

要讨论种子识和外境的问题，必然要涉及外境如何在经中被定义的问题。对于此问题的解决是在《解深密经》的第二品“胜义谛相品”中展开的。经中指出“一切法无二”。一切法，即有为法和无为法。有为法是指“本师假施设句，若是本师假施设句，即是遍计所集言辞所说，若是遍计所集言辞所说，即是究竟种种遍计所说，不成实故，非是有为”。无为法则指“无为者亦堕言辞，设离有为，无为少有，所说其相亦尔”。① 从引文看来，经中对法的认识并没有脱离佛教思想的根本——万法在体性上均是虚无的。但是这种虚无并不是完全的没有或相对的没有，而是说万法之所以成为万法，它们只是世尊对于并非真实的万有给予一个方便的假说，其中用言辞的方法、文句的形式、系统的语言表达解释世间万象。所以有为是正面的说万法是假有的，无为是从负面的说法来阐述万象的不真实。但是不论有为还是无为，都是在假设的语言系统中对于“真”的方便言教。

所以为了使言教不被误解，经中明确地讲到世尊区分有为法和无为法，其目的就在于因为愚众持名相等“幻化事业”为实在，所以要通过有为法和无为法的言教形式破除“分别所起行相”的幻事，从而以圣人之胜义离言绝智，得一切如实观照的空性。所以从方法论意义上讲，本经认为世尊确实区分了有为法和无为法，并且看似二者有确实性，但这只是方便的说法，说到底，一切法均没有二性，其意旨就在于万法均是无我性的真空。其后，经文更深入地谈到了胜义谛与世俗谛的一异具泯，以及蕴处界诸“法”的假有真无的问题。但此处与本文问题没有太多联系，故而略过。

分析到此，我们可以得出外境之自性为假有非真。于是种子识是依靠色根取幻有外境而成立，并且进一步，将这些所取的外境当作物质，精神或心理现象，从而产生了可供执持的习气，由这些习气和诸根所感，扩大增长种子识。

这样的解释似乎是清晰的，但是，这里的结果只是对于外境与种子识的关系比较明确，也即种子识与外境是一种相依持的关系。因境而有识，

① 《解深密经》，第689页。

识不离境。

可是如果进一步追问，种子识所执的色根如何可能执着于一个虚无的外境呢？而且跟着的问题是更为棘手的——境既然是假有，而色根居然能执持幻境，这是不是意味着只有种子识是真实的？而种子识又是通过色根而展转增长的，所以色根的性质是什么呢？如果回答色根为实在的，则由色根所触而产生的各种现象的习气就也是真实的，这样这个种子识便是真实的；如果色根为假，那么整个种子识就成了假名。

于是这里便产生了一个更大的问题，种子识是真是假？对于它的重要性，任何一个唯识研究者都不会忽略。因为对种子识真假的解决和论证，至少可以作为诠释学的方式和困惑，开启唯识学体系的两大宗派——护法玄奘的有为依和安慧真谛的无为依思想。[①] 当然对于他们的争论这是后话，本文并不涉及。不过在此应该指出，虽然这两大讨论体系的实际开展，是集中在阿赖耶识内的，而非根境问题，可是笔者认为，如果能解释色根的问题，对诠释二者的讨论是有裨益的。

三 种子识的一体三用

回到色根如何能执受虚幻外境等一系列问题，我们以为在第三品中并没有解决，而是到了第六品方才有所交代。所以现在要进一步分析的是经文中种子识的三种定义。第一为“阿陀那识”，“此识于身随逐执持故”。第二个含义为“阿赖耶识”，“由此识于身摄受藏隐同安危义故”。第三个意义是“心”，“由此识色声香味触等积集滋长故”。[②] 事实上，这样的解释正突出了《解深密经》的观点，即认为种子识具有“一体三用”的特性。

种子识的三用。

首先，阿陀那识表现出了与“身”的独特关系。那么什么是“身”

---

① 这一历史源流，可参看周贵华《唯心与了别——根本唯识学的唯识相论》，中国社会科学出版社2004年版。另外，吴汝钧分别对护法和安慧的不同做了深入分析，也是重要的参考。吴汝钧著：《唯识现象学》（两卷本），台湾：学生书局2002年版。

② 《解深密经》，第692页。

呢？从上面的种子识依持来看，应该是指有情众生在不同的界中所得的受身。但是受身作为接应和通向外境的根据，却恰恰在于色根。由于受身的色根总是通向外的，所以受身也就必然与外境随转并执着于外境。如此一来，阿陀那识的含义便偏向于说只有通过受身，“识”才可以执着外境。

其次，种子识也叫作阿赖耶识，它主要突出了“识”与受身不可分离的性质。在此，《解深密经》强调，阿赖耶识并不是一种可以明显觉察的显识。虽然色身为“识”所摄受，并且微细难知，但是没有受身这一载体也就没有所谓的阿赖耶识，阿赖耶识与受身必然是相互依持的，识与受身体现了唇齿关联、与存俱存、与亡俱亡的关系。

最后一层是“心”。它解释了种子识构成能力的问题。《解深密经》认为，种子识有的一种能力，就是它可以通过有色根身，接触外境，从而使人的五种感觉显现出来。

总结一下三个分有的定义：种子识是通过与色身同时随转而与外境相关联的识，并在这一条件下色身与识是不可分离的。由于识与外境相联系，同时识与色身同生同灭，所以，它便有能力将各种感觉显现出来，而这些显现的感觉本身又是“识”的一部分。

种子识的一体。

接下来，让我们进入到三个定义的一体方面来思考，经文指出：“阿陀那识为依止为建立，故六识身转，谓眼识耳鼻舌身意识。此中有识，眼及色为缘生眼识，与眼识俱随行同时同境有分别意识转。”①

这一段话对于理解种子识的三用一体的理念有着极为重要的意义。从文本看，阿陀那识是整个识建立的基础和凭借。不过首先要澄清的问题是，此处的“六识身”与上面三个定义中的“身”并不是一个“身”。本段的“身”字应该诠释成六个“识”的性质。也就是说，作为基本和根据，阿陀那识使眼、耳、鼻、舌、身、意具有了自性。其次，经文认为，阿陀那识还直接参与到各种识的产生过程中。于是，正是有了阿陀那识，根与境才和合而生出眼识，以及其他的几识，从而防止了识是境被动地引生出来的结论，这样便明确地论证了眼识等诸识都

---

① 《解深密经》，第692页。

必须以阿陀那识的性质为根据。第三部分，这是极为有趣的一部分，既然“此中有识”，能缘眼根色境而生眼识，从上面看可以确定“此识”是阿陀那识，而这个“识”竟能与眼识一道转，使眼识从其他的识中分别出来。如此看来，诸识的出现恰恰成为了阿陀那识的分有。可是，这种分有却如“善净镜面，若有一影生缘现前唯一影起，若二若多影生缘现有多影起，非此镜面转变味为影，亦无受用灭尽可得”。[①] 并非说诸识与阿陀那识有性质上的不同。而是如文中所引的譬喻，澄清了眼等诸识与阿陀那识是一体的，并且只有在阿陀那识将根境识三方和合随形俱转的具体条件下，才表现出分别不与它识相似的一面，而如果条件缺乏，则未必有此分有现象。

可是，如果我们仔细观察会发现，在解释阿陀那识与眼耳鼻舌身五识时是很清晰的，然而对于第六的“意”识却是不明确的。因为相对于前五根而言，经中并没有仔细地分析意根的特征，而我们可从上面清楚地看到，经文只是附带着说意识也可与五根一样由阿陀那识生成，但具体生成以后的特点就不清楚了。如果说“分别意识”就是意识，笔者认为在文本上根据是不足的。因为如前面分析的，说“分别意识”是相对于静态的总体的阿陀那识而说，同时分别意识体现是五识如影，阿陀那识如镜的关系，而没有成立一个相对五识而有的意识。所以我们是看不到“意识”的准确定义和内容的。事实上，对意识问题的探讨也构成了后世唯识学的重要内容。

从开头对种子识的依持到后来种子识的内容两部分的梳理，让我们有了对种子识较为具体的了解和认识。简单地说，种子识通过五种色根即感觉器官而带动外境，由此产生的影像以及记忆成为了种子识建立的根据。而种子识本身又具有一体三用的功能，这三个用从不同侧面体现了它随境同时的恒转不灭，以及由此生成的五识随阿陀那识而现的特点。然而，“识”到此的分析是不完备的，而且留下了上面很多问题需待解决。所以必然引出第二部分的陈述，也就是第六品关于“识”的再次解答。

---

① 《解深密经》，第692页。

四 对种子识中问题另一向度的解答

第六品称为“分别瑜伽品”。该品主要的目的是解释慈氏菩萨关于“奢摩他”及其“毗钵舍那”修行的疑问。所谓“奢摩他”就是“止”，它所缘的境是无分别影像，而“毗钵舍那”就是“观”，它所缘的境是有分别影像。经中以极为戏剧性的方式引出了对“识”的讨论，当然此处是在止观法门的前提下讨论的，并以三个方面来论述。

“慈氏菩萨白佛言：世尊，奢摩他道与毗钵舍那道当言有异当言无异。佛告慈氏菩萨曰：善男子，当言非有异非无异，何故非有异，以毗钵舍那所缘境心为所缘故，何故非无异，有分别影像非所缘故。慈氏菩萨复白佛言：世尊，诸毗钵舍那三摩地所行影像，彼与此心当言有异当言无异。佛告慈氏菩萨曰：善男子，当言无异，何以故，由彼影像唯是识故。善男子，我说识所缘唯识所现故。世尊，若彼所行影像即与此心无有异者。云何此心还见此心。善男子，此中无有少法能见少法。然即此心如是生时即有如是影像显现。善男子，如依著莹清净镜面以质还见本质，而谓我今见于影像及谓离质别有所行影像显现。如是此心生时相似有异三摩地所行影像显现。世尊，若诸有情自性而住缘色等心所行影像。彼与此心亦无异耶。善男子，亦无有异。而诸愚夫由颠倒觉于诸影像，不能如实知唯是识作颠倒解。慈氏菩萨复白佛言：世尊，齐何当言菩萨一向修毗钵舍那。佛告慈氏菩萨曰：善男子，若相续作意唯思维心相。世尊，齐何当言菩萨一向修奢摩他。善男子，若相续作意唯思维无间心。世尊，齐何当言菩萨奢摩他毗钵舍那和合俱转。善男子，若正思维心一境性。世尊，云何心相。善男子，谓三摩地所行有分别影像毗钵舍那所缘。世尊，云何无间心。善男子，谓缘彼影像心奢摩他所缘。云何心一境性。善男子，谓通达三摩地所行影像唯是其识，或通达此已复思维如性。”①

首先，解决识与境的关系。

虽然上面的引文是为了说明止观法门的修行，可是它集中讨论的却是

---

① 《解深密经》，第698页。

境识的关系。从本段所指出的问题来看，笔者认为它甄别了两类问题：一是凡夫，执着于外境的有，而认为外境所现的影像都是实实在在的，没有了知识才是影像的真实解，故有颠倒想。二是菩萨，懂得所有执着于外境的分别影像都是唯识所现的。可是为什么说境是唯识所现呢？经文认为，境是分别的，然而知道分别影像的境却是在三摩地的观中看到的。所谓三摩地，翻译成汉语就是“定”的意思。我们所见到的影像其实都是定中观见的。所以境并不是真的有外境存在，而是有识的作用升起，使这一升起的影像，呈现出好像异于心的分别状态。所以境，其实只是心识在起动作用时出现的一种相状。一言以蔽之，境从识起，境不离识。如此一来前面的关于境如何与识会有联系的困境就得到了解答。如果我们回到第一部分的问题，种子识的色根怎么会有执着于虚无假有的外境？其答案可以这样表示，由于外境是识启用时出现的分别影像，所以种子识就可以调动色根来认识这些分别影像。它们在质上是一致的，都是识。相对于境来说自然就只有识是真实的了。

其次，解决识与识的问题。

上面解决的是境识关系，然而这个识到底是说哪个识呢？是阿陀那识还是五根所现的识？如果仔细研究会发现两种识都涉及了。只是在本段资料中，阿陀那识被“心”所代替。“分别影像”唯识所现，则这里的识应该是指五根现的眼识等诸识。其论证是这样的：凡夫由于不了解外境唯识所现，所以以为看到的外境为真色，在此期间外境是由诸根所感，由此外境的感觉应该是眼识等五种识。这五种分别识自然就可生成各种影像了。至于说“心”是阿陀那识，其理由在于慈氏菩萨不解如果将境化为识的话，就会形成以“识”认识“识”，这是令人难以理解的。而佛论证到“然即此心如是生时即有如是影像显现。善男子，如依著莹清净镜面以质还见本质”，正是由于“心”会生发影像，而前面我们已经论证了影像就是诸识所现的，诸识也就是诸分别影像，于是心生发的影像实质上就是诸识，就好像镜子上现的种种影像终究还是在镜子上，质是一致的。如此一来，联系第一部分的分析，“阿陀那识为依止为建立”的思想，可以由此看出“心”就是阿陀那识。

最后，凡夫所得“识”与菩萨所得“识”的不一样之原因。

凡夫所得的“识”同样是由阿陀那识所生发出来的，但是凡夫非但没有认识到诸识是由心生发，而且也因此将诸识所现的诸影像看作是真实的，于是将心、识、境都隔离了。而菩萨却能看到心、识、境是完全统一在“心”上的。两者区别的原因在于，菩萨修的是奢摩他和毗钵舍那，或者说是止观法门。菩萨正智，凡夫颠倒，就是由于是否修行了止观，从而在定中见到真实。这个原因也是证明阿陀那识存在的胜言量。

总观此段的分析，我们可以明确得出的是境就是诸识所现，而诸识最终要归根到阿陀那识。可是回到我们开头的问题，色根是什么样性质的成分，其有无真实性，到这里也没有解决，所以必然会影响到依持色根而建立的种子识是否也是真实的，因为就阿陀那识的存在而言，有胜言量作为依据，但这只是证明了它的存在，并没有证明它的真实。于是这个问题仍然被遗留下来了。

五　结　语

通过五个部分的分析，本文就《解深密经》文本对“识”的陈述进行了分析。基本的思路是按照经文对“识”的概念的提出、问题的出现，最后到解决的发展路线来解析的。本文在探询“识”的定义和内容时，发现经文把识分成了两类：一类是阿陀那识；另一类是眼识等五识。虽然“识”是两类，可是最终要归于阿陀那识，也就是种子识。相对于后期唯识学的“识”的四类说（阿赖耶识、末那识、意识以及五识），从类上虽显得很简单，然而毕竟为后期唯识学奠定了“识”的基本框架。同时由于两个章品都没有充分说明意识，但是在第三品中却有将意识与前五识一并陈述，所以又使意识与阿陀那识和五识的关系变得暧昧起来。基于此，笔者认为这个问题的解决对于后世唯识学的识的精确化有促进的作用。另外，文本提出及解决了识与境的关系问题。指出境是虚妄的，并进一步说境是五识所产生的分别影像，从而解决了境识的分离难题，将境化归于识。这个观点是唯识学在后期处理境识的原则。但是由于经文在解释种子识的生起和发展时，由于没有明确说明它的执受基质——色根到底是怎样性质的元素，所以它的真实性就不可能得到清晰的论证，并因此使种子识或阿陀那识或阿赖耶识或心的存在论证上逻辑不似后来那样严密和完满。

总之，通过对《解深密经》的“识”的分析，我们可认识到早期的唯识学作品对“识”的内容界定并没有像后来唯识学那样翔实丰富，而是遗留了一些重要的问题以待解决。正如上文所述，经文对于阿赖耶识和色根的关系解析并没有完全开展，也并没有精确地指出阿赖耶识作为种子识与其他诸识的关系，特别是阿赖耶识和第六识的各种关系，所以经文对“识”的重视虽然足以引起相应的关注，但是从精确层面看，如果对照后来的唯识学作品，就仍要深入探讨。而发现彼此之间的关联与差异，或许也正是唯识学研究本身非常具有学术价值的研究思路了。

论《俱舍论》的“无我”理论

“无我”是佛教的基本理论之一，是契入佛教哲学的关键。世亲在《阿毗达磨俱舍论》（*Abhidharmakośa*）（以下简称《俱舍论》）中从三个层面对“无我”思想作了严密、全面的论证，分别是：五蕴观、因缘观、业力观，形成了一套从微观到宏观，从理论到方法的立体有机的“无我”理论体系。并且，《俱舍论》在形成自身学说的同时，亦回应和批判了其他哲学思想。这为研究者深入“无我”理论，提供了便捷的入口，具有重大的研究价值和意义。

据真谛译的《婆薮盘豆法师传》和《阿毗达磨俱舍释论序》记载，《俱舍论》为世亲论师宗法有部时的最后一部作品，世有“聪明论”的殊荣。[①]《俱舍论》共有三十品，列于其末的“破我品”本是独立的一章，后一并加入到《俱舍论》中，最终形成了该书现在的面貌。虽然“破我品”具有相对的独立性，但是它的存在非但没有使《俱舍论》主体原义有所失指，反而为研究纷繁复杂的法相体系，提供了一个重要的哲学视角——“无我”。

一　原初的“无我观”

“无我”是佛教义理的基础，是三法印之一，即诸行无常，诸法无我，涅槃寂静。[②] 在原始佛教时期，虽然“无常”和“无我”以两个概

---

① ［陈］真谛译：《婆薮盘豆法师传》，《大正藏》卷五〇，第 190 页；《阿毗达磨俱舍释论序》，《大正藏》卷二九，第 161 页。

② 应当注意的是，在原始佛教时期，佛陀并没有指认所谓的三法印，此一概念是在部派佛教时才确定下来的，并获得了佛教界的一致认可。

念的形式出现，但是就其本质而言，均欲表达出没有实在性、恒常性、能生性等“无我”的含义，并以此揭示出世间的痛苦根源，以达到解脱的实践目的。佛陀站在因缘观，即“此有故彼有，此生故彼生”① 的基础上，对二者进行了偏重不同的解释。“色无常，若因、若缘生诸色者，彼亦无常，无常因、无常缘所生诸色，云何有常?”② “过去、未来色无常。况现在色？（后四蕴略）”③ 这是从状态和时空的现象角度对色、受、想、行、识五蕴做出阐述，说明世间和人生的无恒常性，从现象的角度否定实体性的存在可能。而当说到现象的存在，以及人的感知存在之时，佛陀指出：“如眼、耳、鼻、舌、身、意法因缘生意识，三事和合触，触俱生受、想、思。此诸法无我、无常，乃至空我、我所。”④ 这是直接揭示“五蕴”所暗含的和合之义，即一切法相都是在根、境、识三个具体条件下组合而成，是不实在的幻相。简单地说，“无常”反映了佛陀从现象上否定“我”的思考，而“无我”则从本质上分析了“我”的虚妄性。其中蕴含的关于“五蕴”“因缘”等论证思路，均得到了《俱舍论》的发展和完善。

二 作为哲学基础的“五蕴观”

在《俱舍论》中，世亲对“无我”的分析首先是从“五蕴”的微观层面开始的。他将“五蕴”的问题还原为“大种”，以及“心”的哲学问题，将实体性的存在完全消解掉，构建了一个组合的“五蕴”微观世界。

世亲认为“蕴”就是“诸有为法和合聚义”。⑤ 在《俱舍论》的法相体系中，一切法分为有为法和无为法。“色等五蕴谓初色蕴乃至识蕴，如是五法具摄有为，众缘聚集共所作故。”⑥ 而无为法则是虚空、择灭（经

① 《杂阿含经》卷十，《大正藏》卷二，第66页。
② 《杂阿含经》卷二，第2页。
③ 《杂阿含经》卷一，第1页。
④ 《杂阿含经》卷十一，第72页。
⑤ ［印］世亲造，（唐）玄奘译：《阿毗达磨俱舍论》，《大正藏》卷二九，第4页。
⑥ 《俱舍论》，第2页。

修行断除烦恼后的解脱状态）和非择灭（条件不足而无法显现的情况）。由此，“蕴”是构成解脱之前的世间万法的基础。透过解析“蕴”的概念可以直接深入法相的本质特征。

“五蕴”，虽然都是聚合起来的，但是色蕴和受、想、行、识蕴分别表示了两类不同的结合方式。色蕴代表着以“大种”为基本构成的聚集样式，而其他四蕴则意味着不同的“心”的和合状态。

色蕴就是眼等五根、色等五境，以及无表色，共十一种。确定色蕴内涵的标准有三个：（1）大种，（2）变坏，（3）质碍。其中大种是根本，变坏是表现，质碍是功能。世亲认为“大种谓四界，即地水火风，能成持等也，坚湿暖动性”。[①] 就是说，地等四大种，能够自己成为自己的规定性，而不需要他者的规定，由它们结合形成不同的“所造色”，即以上的十一种色。可是问题在于地等四大种是不是一种类似于实体的事物，或者是否就是一般的土地、水滴等实物呢？世亲明确地指出，常识中的土地等物质，仅是“随世想立名”，随顺世间的观念来说的，四大的真实含义是：地即坚性，水即湿性，火即暖性，风即动性，这里根本不存在所谓的实在的最小元素，由此大种所形成的眼根，所见的事物都是会变坏的。而且形成该种色法的条件会相互限制（质碍），因为它们可见可对，所以称为表色。与表色相对的，就是无表色，是不可见不可对的。虽然它不会变碍，但是也是由大种所造。

然而这样的大种造作说，却导致了大种和极微谁应更基础的问难。世亲从三个方面作了回答：第一，就结构说。“无一极微各处而住，众微聚集变碍义成。”[②] 极微能够发生作用，恰恰在于它的能聚集功能，极微总是以群集的方式，并非个体的形式存在，其结果也因聚集而必然会变碍。第二，就状态说。“一切极微实不相触，但由无间假立触名。”极微刹那生灭，没有形状，其结构中间也不能有空隙，[③] 因此只能通过观念的假设方便说明极微的情况。第三，就范围论。虽然“五根五境十有色界，是可积聚，极微聚故”，但是“言无表，大种所造”。[④] 在《俱舍论》中，

---

① 《俱舍论》，第 3 页。

② 同上书，第 3 页。

③ 同上书，第 11 页。

④ 同上书，第 3 页。

世亲认为无表色虽然属于色法，然而因为不可见、无障碍，所以不类其他诸色。由此看来，极微本身没有性质，它的存在形态只是以结构的方式表现出来，并且这一结构的意义是在观念之中的。所以与四大相较，世亲仅将极微放在了言说方便的意义上使用，而真正的基础，却是带有极强感性特征的四大。

我们从色蕴的分析中可以看出，世亲将所有色界的问题都还原为以“四大”为中心的聚合结构中去，其目的就是在于防止任何一种实体性存在带来的对“无我”思想的反动。

接下来是对“心”的解构。通过分解“心”的功能，使“心”成为和合下的存在形式，以图避免“神我”的某种复活。世亲按照宗教心理的特征，分别诠释了受、想、行、识蕴的内涵和外延。①

首先，强调和合性质的受蕴、想蕴。“受蕴谓三，领纳随触，即乐及苦不苦不乐，此复分别成六受身，谓眼触所生受乃至意触所生受。想蕴谓能取像为体，即能执取青黄长短男女怨亲苦乐等相，此复分别成六想身，应如受说。”② 世亲以为，受就是苦、乐、舍三种感觉，而想是执着事物的觉知。但是，受和想都被分离到眼根等六根上，其运作的共同前提是“触”，即必须与外境接触，然后在根、境、识三和合的条件下“触”的功能才会生成。它们之所以被称为“蕴”，体现了两层含义：（1）没有一个统一的受或想的载体，而是和合的假体；（2）没有自足的运作方式，而是三和合的功能结果。

其次，区分造作流变特点的行蕴。“除前及后色受想识，余一切行名为行蕴。……行名造作，思是业性，造作义强。”③ 行蕴是最繁复、错综的一个体系，其中包括了各类不易归类的法相。世亲以为，行蕴虽然也必须符合三和合的条件，但它最大的特点在于心思的造作功能，以及由此而出的流变特质。所谓心思，并非指一个完满的心识，而是眼识等六种识的造作。其中，造作本身就意味着不具有恒常性，并且由于心思是觉知功能

---

① 《俱舍论》将所有的法相分成五位七十五法。色法，就是色蕴所含内容，心法和心所法是六识和六识引起的各种心理、观念的感受和认知，而心不相应行法则是不直接与六识相关的概念体系，无为法即不会变化的状态和境界。

② 《俱舍论》，第 4 页。

③ 同上。

的产物，故而必然是流变而非固化的。因此，行蕴中所指称的事物本身，以及分别被集合于之下的各个独立的法相，都体现了聚合的特点。

最后，突出系统认知元素的识蕴。“识谓各了别，此即名意处，及七界应知，六识转为意，由即六识身，无间灭为意。”[①] 世亲在继承着佛陀将识蕴理解为，由眼识、耳识、鼻识、舌识、身识、意识和合的系统理路的同时，深入地对之进行了哲学诠释。他指出识的功能是对世间万象、概念体系的区分和识别，但这里有两个方面：（1）从纵向空间看，存在着发生于当下时刻的了别，比如眼识和眼根，遇到事物时，产生了不同“见”的内容。（2）从横向时间分析，六识会不间歇地了别。而提供持续功能的不是六识之外的某个实体，就是六识本身。从无始以来，六识不断地过去，世亲认为不间断地过去了的识，就是引起现在之识的动力，所以他特别称之为无间灭识，或者十八界中意识识、意界。于是，通过对认识系统的分离，最有可能被当作造物实体的觉知被排除了。然而，世亲还不满足于此，他还对“心”作了进一步的论证。“集起故名为心，思量故名意，了别故名识。……故心意识三名所诠，义虽有异而体是一。”[②] 这是说，意识的特点在于思考，前五识的特性则是辨别，将意识和前五识集合起来就是一边意义上说的“心”，由此论证了日常语言中的“心”仅仅具有和合之义。

以此观之，《俱舍论》解析作为哲学基础的五蕴观时，固然有出于建构体系的必要，但同时还承担了防止实体论，贯彻“无我”论的任务。不过，我们已经清楚地看到，所谓的“无我”最根本的方法论原则却是——因缘的和合。

三　作为条件论的“因缘观”

在《俱舍论》中，世亲通过普遍的方法论以及生命论的分析，对“和合”思想作了独到的诠释。即以六因四缘说和十二因缘说在法相世界的运用，展现和合“无我”的哲学思想。

---

① 《俱舍论》，第 4 页。

② 同上书，第 21 页。

首先，六因四缘说，本质上就是方法论的具体内容，其意义在于将事物组合的原因按照不同的类别区分，描述出可作为工具性分析的诸多条件，而这在《俱舍论》中是最为普遍的方法运用了。

六因，“因有六种，一能作因，二俱有因，三同类因，四相应因，五遍行因，六异熟因。”[①] 六因又可以分成两类，能作因和其他五因。能作因，是最宽泛的原因。“一切有为唯除自体以一切法为能作因，由彼生时无障住故。”[②] 这是说，在五蕴的世间，一切会变坏的事物（有为法）当和合产生的时候，除了某一事物自体的性质之外的其他一切条件，都可以被看成是能作因。不过须注意的是，所谓的“自体”是通过反思以后，用概念来描述的、假设的自体，而非事物真的有独立的性质。这是对“无我”思想的坚持。第二类条件，是具有相对个性的原因。俱有因，“若法更互为士用果，彼法互为俱有因。”[③] 比如色法是由四大所造，四大之间相互依存，共同产生结果，于是四大彼此互为条件。同类因，“谓相似法与相似法委同类因，谓善五蕴与善五蕴展转相望为同类因。”[④] 这是从宗教价值的相似性来说的，善的事物可以形成善的事物，正如染污的可以形成染污的一样。相应因，特指在心法、心所法范围内起作用的原因，“谓要同依心心所法方得更互为相应因，此中‘同’言显所依一。”[⑤] 即心法和心所法在同一个条件的前提下，二者成为对方的原因，比如眼识（心法）用眼根而产生看，同一眼根（所依）、同一眼识所对的境界（所缘）、同时所见的状态（行相）、同一时间、同时发生作用的眼识（同事），如果同时具备以上五个“同时”，而又有一个感受或“受”（心所法）与眼识一起发生作用的时候，眼识与受便称为相应因了。[⑥] 遍行因，“谓前已生遍行诸法，与后同地染诸法为遍行因”。[⑦] 此因专指不善的诸法因其持续的功能，对后来的染污诸法产生了作用。最后是异熟因，它是

---

① 《俱舍论》，第30页。

② 同上。

③ 同上书，第30页。

④ 同上书，第31页。

⑤ 同上书，第32页。

⑥ （唐）圆晖：《俱舍论颂疏》卷六，“谓同依言，即显必同所依、所缘、同行相、同时、同事，五义具足为相应。”《大正藏》卷四一，第855页。

⑦ 《俱舍论》，第32页。

《俱舍论》中能够在过去、现在、未来三世产生作用的条件，“唯诸不善及善有漏是异熟因。”[①] 异熟因就是善的因可能产生不善的果，因与果性质相背的情况。

虽然六因论反映的是诸法生成的条件，每一个原因都是具体而非抽象的，但是总的来看，仍然坚持了一个态度，即力图从性质和时空的一异、宗教价值的善恶、事物与心理的互动等方面贯彻和合的含义，尤其是相应因的分析，将心的觉知分析到如缕如丝的地步。

其次，四缘说是对六因说的总体概括和补充。“缘”的本质即“条件”。只是六因说偏重解释诸要素的内部牵涉，四缘则力图反映出更广阔的条件关系。“说有四种缘，因缘五因性，等无间非后，心心所已生，所缘一切法，增上即能作。”[②] 四缘分别是因缘、等无间缘、所缘缘和增上缘。因缘是对六因的总概括，它包括了除去能作因之外的其他五因。所以，因缘的特性，主要表现了万法生、住、异、灭等和合状态，是对事物变易的根本原因、主要原因最抽象的概括。等无间缘，是各种心理活动，即所谓心法、心所法的因果关系。按照《俱舍论》的观点，只有心理活动才没有间隔，并刹那刹那的变易，色法因杂乱而无所谓无间的运转，“以诸色法杂乱现前等无间缘生无杂乱。故色不立等无间缘。”[③] 为了将心理活动这一独特的关系表现出来，便专门设立了等无间缘。所缘缘，表达的是心理活动和境界的接触，也就是主观与客观发生的关系。依照佛陀的观点，根、境、识是产生觉知活动的三个根本条件，故而所缘缘就是在这一层面上对主客互动关系的说明。最后的增上缘，配六因中的能作因，是对一切事物变易时，非根本和非主要原因的总体说明。由此观之，四缘说相对于六因说更具普遍性和概括性，从最直接的因果关系、主客之间的关系、主体之内的关联，以及最广阔的外延关联等四个方面，论述了饱含着哲学化的方法论思考。

最后，在世亲将因缘论作为哲学化的方法论论证的同时，他还用生命论充实其内容，使“无我”思想更加丰满。这就是“十二因缘”说，它

① 《俱舍论》，第 33 页。
② 同上书，第 36 页。
③ 同上。

与“三法印”具有同等重要的地位，是佛陀区别于当时其他流派的重要理论之一。经过长期的理论积淀，世亲在《俱舍论》中总结出了一套完整、标准的部派时期之成果，即所谓的“三世两重因果说”。不过，就我们的“无我”主题而言，十二因缘却表现了另一种思维，也就是“五蕴假我”流转的因缘说。

“宿惑位无明，宿诸业名行，识正结生蕴，六处前名色，从生眼等根，三和前六处，于三受因异，未了知名触，在淫爱前受，贪资具淫爱，为得诸境界，遍驰求名取，有谓正能造，牵当有果业，结当有名生，至当受老死。”① 这是对十二因缘的概括——无明、行、识、名色、六处、触、受、爱、取、有、生、老死。世亲认为从过去以来，烦恼障碍智慧而成无明，并与过去所为的善恶业（行）一起成为现在世果报之因；然后要在母胎中成为生命的一刹那形成了识，其后有名色，接着生命体依次有了眼等根（六处），出生之后根、识与境和合而生（触），接触外境而有苦等感受，长大后贪（爱），尤其是淫爱，从而执着外物（取），而造作各种业，作为未来生三界的条件（有）；因为现在的种种业因，导致未来再次轮转而（生），然后（老死）。就此而言，《俱舍论》中表达的观点除了比《杂阿含经》以及早期部派中的论述更复杂一些之外，似乎并没有太多的特色。但问题是，从逻辑上看，由“识”到“有”是明确地说明生命体的，但是前两支，后两支似乎只是泛泛地表达了总因、总果，与“识”等支不是一个范畴上的概念。

对此，世亲提出了独到的见解——“五蕴假我”的载体论，其问题实质为“谁是十二因缘主体”。“若支支中皆具五蕴。何缘但立无明等名。以诸位中无明等胜故。就胜立无明等名。”② 他以为十二因缘的每一支都由五蕴作为载体，只是在每一阶段因为要表示主要的特点，所以仅仅将此特征标示出来而省略了五蕴。世亲以五蕴为载体，避免了陷入“我”的实体论之可能性。因为在印度哲学中，轮回必然需要如“阿特曼”或“灵魂”等主体，但这是佛教所否认的，提出五蕴的载体说，其目的就是用五蕴和合的观念强调“无我”的原则，以和合之说遮诠实体之“我”。

① 《俱舍论》卷九，第48页。

② 同上。

再结合，“十二因缘”是从无始以来，而非始自一个实体存在的思考。我们不得不说世亲用五蕴建构的轮回机制，确实较完满地捍卫了“无我”原则。

四 否定“神我”的“业力观”

虽然十二因缘正面表达了“无我”的观点，但是真正体现其理论魅力的，却是世亲对其他以“神我”为基础的轮回学说的批判和否定，并在借用“种子说”补足五蕴流转说的同时，论证“无我”的业力观。

在《俱舍论》“破我品”中，世亲选择了最具实体论特色的三家学说，分别是犊子部（部派时期的一支）、数论派和胜论派，他们的命题是：“补特伽罗其体与蕴非一非异”[①]“事用必待事用者”[②]“若我实无为何造业”[③]。从哲学的角度看，第一个观点阐述实体的超绝性；第二个观点是以功能反证实体存在的可能性；第三个观点是反诘无实体的业报问题。对此，世亲运用了和合的方法论，诘难补特伽罗的实在；用五蕴说否定实体存在的可能；用流转相续说诠释轮回理论。

补特伽罗是犊子部独有的概念，他们认为这是生命轮回的主体和主因，与五蕴结合，接受不同世间的果报，但却不限制于五蕴中，因此就功能上说，与蕴不一不异。世亲根据“和合”的方法指出，所谓“不异”就是蕴和补特伽罗完全相同或者相似，但是蕴本身是和合而成的，所以补特伽罗也是和合的，这就与犊子部的前提相违；而“不一”，就是说补特伽罗应该是完全对立于五蕴外，但如果这样，它就不能作为载体来承担各种由五蕴和合的果报假我，也与前提矛盾。因此作为超绝的实体就不能存在了。其次，数论派的证明有“我”的做法，是从功能的存在反推出必然具有承载、发动功能的能动者，所谓“事”，就是指功能、作用之义。于是他们借用佛教的比喻推论出，“天授行必待天授……如是识等所有事用，必待所依能了等事者。”[④]“天授”即提婆达多，天授的行动需要天授

① 《俱舍论》，第152页。

② 同上书，第157页。

③ 同上书，第158页。

④ 同上。

来发起，所以眼等六识都要依靠一个发动的主体，这样就证明了存在着实体。对此，世亲运用五蕴的理论，指出“天授”只是一个五蕴和合的假我，其“行”的功能仅仅为假我的秉性而已。并且按照佛教根、境、识三和合的观点，识必须将根当作依靠，可是根有五种，所以识分五类，于是反证以“根”为“我”便是错误的。最后，如果说前二者直接阐明的是“实我”观点的话，胜论则以反问的形式以期迫使佛教承认实体说。胜论连续提出两个问题，如果没有我来造业，那么“谁能受果”“谁之我执”。[①] 问题的实质便是，没有主体的话，业力轮转中的过去、现在、未来就不能实现，这和承认业力的佛教思想是相悖离的。但是，从五蕴和合的角度，世亲仍然坚持了假我造业、受报说。他以为，假我具有四种心理功能（受想行识），一方面可以产生各种心理现象；另一方面则能够接受心理现象的感受，故而假我中的“识”通过“思”来造作，主要是产生对外境的贪爱，于是形成了各种执着，这些执着变成习惯，或者“习气”，形成一种力量，推动假我不断地以此方式运转。并且由于五蕴假我本身就是刹那刹那变化、持续的运作，所以这些习气必然跟随着五蕴流转。这样，就根本不需要任何实体性的“我”来证明业力流转了。

总的来看，世亲对实体说的批判分别展现在：基本要素的分析，即讨论“实我”与蕴的一异问题；功能作用的分析，即辨析“实我”与事用的从属问题；轮回流转的分析，即阐述“实我”和业力承担的问题。这三个问题的进路则表现为，前二者是以否定“实我”微观层面的内部关系为入口，而后者是以否定“实我”宏观界面的外部作用为契机。于是通过五蕴和因缘和合的理论，世亲全面地解构了“实我”，而最终将“无我”的思想贯彻和渗透到业力轮回的理论之中。

虽然世亲的业力论是以五蕴假我为基础，可是从常识看，任何的生命体都会衰亡，即是说五蕴的生命体在十二因缘的框架下，必然要经历过、现、未三世，然而三世的五蕴假我肯定是不一样的，所以如何解决性质这一背景下的流转就成为世亲亟待解决的难点了。对此，世亲以“种子”说来建立自己的业力论，其目的即在提供业力轮转的前提之同时，有力图

① 《俱舍论》，第158页。

反映出“无我”的原则。

“此业此熏习，至此时与果，一切种定理，离佛无能知。”[①] 这是对“种子”说的诠释，世亲认为业是通过熏习而成为业种子，受报之时，其种形成业果。所谓的“种子”并非是实体性的存在物，即不是类似于西方哲学中的原子，也不等同于多个“实体我”，而是对业力，以及业力功能的一种形象化表述。“种子”，就是习气，它是由于五蕴假我无始以来对外境的贪爱形成的，此种习气具备提供轮回的动力：“从业生果……但从业相续转变差别生，何名相续转变差别，谓业为先后色心起中无间断名为相续，即此相续后后刹那异前前生名为转变，即此转变于最后时有胜功能无间生果胜余转变故名差别，如有取识正命终时虽带众多感后有业所引熏习，而重近起数习所引明了非余。”[②]

相续、转变、差别是业的三个根本功能。业会不间断地推动五蕴假我持续地造作善恶等行为，就像种子本身的力量促使其发芽、成长，此谓相续；造作业的过程中，前一刹那和后一刹那是不同的，就如种子成长时，每一个阶段都是在变化的，这叫作转变；业最终会导致五蕴假我得到果报，而每一个生命体由于不同的造作又会得到不同的结果，如不同的种子能产生相异的果实，这是差别。在整个过程中，根据六因四缘说，同类或相似的性质，在等流的功能下，会形成因果性质相同或不同的异熟果。由此，从异熟果的角度看各种因，这些因本身就是业——“种子”的诸种特性。最后，世亲为了让论证更严密，他做了具体的说明，将要死亡的五蕴我，在识的功能下，执着境界形成了各种感受，这是先业；它对于以后来说，则像种子已具有的性质一样，对再次轮转提供在先的潜在力量，并持续地影响它造作新业。

由此，世亲完成了佛教业力论的正面诠释。此间，虽然存在着五蕴假我，但是其轮转作用却由五蕴中的每一个蕴所分担，并将形成的力量赋予了形象的种子说的称谓，使佛教的业力说始终必须站在五蕴、因缘和合的基础上，因而一贯地体现了“无我”的原则。在整个业力说的批判和建构过程中，世亲可谓综合创新了各种因素，成功地捍卫了佛陀“无我”

① 《俱舍论》，第159页。

② 同上。

的基本理论。

五 结 语

“无我”的观点是佛教诸多基础理论之一，《俱舍论》中世亲从哲学基础分析，到方法论诠释，最后全面地运用这些成果建构了业力理论，可谓多层次地体现了从微观到宏观、从个别到整体、从理论到方法的研究思路。应该说，这不但提供了深入理解佛教基础理论的原点，同时亦给予我们一个研究思路，契入《俱舍论》乃至其他重要论典中，如部派、中观和唯识等思想的相关探究，因此其意义是重大的。另外，我们还需意识到，《俱舍论》是世亲处于以有部思想为主导时期的作品，与他转向唯识学时的很多观念有着既相似又不同的理论特征，所以当我们面对繁复的两套法相体系时，借助世亲“无我”思想的前后论证，无疑可为研究提供提纲挈领的意义。

略述《俱舍论》的“中有”生命观

《俱舍论》（以下简称俱舍）继承了《大毗婆沙论》的有部思想，认为众生的生命形式有四种不同的呈现状态，即生有、本有、死有和中有。这是对佛教轮回观念的一种具体的、阶段性的陈述。

《阿毗达磨大毗婆沙论》指出：“如说四有，谓本有、中有、生有、死有。……云何本有？答：除生分、死分诸蕴，中间诸有；此即一期五蕴四蕴为性。……云何死有？答：死分诸蕴，则命终时五蕴四蕴为性。云何中有？答：除死分、生分诸蕴中间诸有，则二有中间五蕴为性。问：何故此有说名中有？答：此于二有中间生故，名中有。……若于二有中间生，非趣所摄者名中有。余虽二有中间生，而是趣摄，不名中有。云何生有？答：生分诸蕴，则结生时五蕴四蕴为性。”①

生有，是生命体在世界上的出现，体现了从发生学意义上的从无到有的生成表象；本有，则是生命进入世界以后，整个发展、衰败的过程；死有，则是生命的完结，亦表现出从有到无的现象。这三者是按照经验常识对生命之出现、发展和灭亡的表述。唯独中有的概念，支持并回答了轮回的宗教理论如何成立的可能。

中有，是从轮回的角度，说明某一生命结束后，将要进入下一个生命形态，其间的某种存在样式。既然中有是经验层面之外的阶段，那么中有是否和其他三种可经验的生命有某种相似性呢，应该具体蕴含怎样的内容呢？甚至中有是否应该真是一种生命形态呢，抑或只是对轮回某一阶段的描述？对于这两个内容，我们将在下文具体阐述和分析。

---

① （唐）玄奘译：《阿毗达磨大毗婆沙论》，《大正藏》卷二七，第959页。

一　中有之诸特质

何谓中有：

> 论曰，于死有后在生有前，即彼中间有自体起，为至生处故起此身，二趣中间故名中有，此身已起何不名生，生谓当来所应至处，依所至义建立生名，此中有身其体虽起而未至彼，故不名生，何谓当来所应至处，所引异熟究竟分明，是谓当来所应至处。①

根据俱舍的定义，中有之所以为中有，就因这一生命形态没有实际意义上体现出业的结果，没有成为具体的生命样式，即三界中的任何一个世界的众生。或者说中有的异熟之业，仍然没有“成熟”。以现代学术来看，中有就是一种带有必然、定然之性的潜在状态。既然，相对于其他三有而言，中有不属于经验感知就能认知的生命形式，那么，它也就相应地有一些特点是需要说明的。

中有唯独天眼可知。② 生、本、死三有，作为业的确定、直观之呈现形式，是易于被经验知识所知，但是中有却只能够被天眼所见，天眼能够直观到中有各种晦暗不明的性质。这一层强调的是中有作为能够观看的客体而论。

中有唯独欲界、色界有，无色界无中有。中有之身，是五蕴或者四蕴所成。五蕴，即色受想行识蕴，四蕴则是除了色蕴之外的其他四蕴。五蕴身的中有，就在欲界和色界中，因为欲界，以及色界中的绝大多数世界是由五蕴构成的。但是色界中有一个特殊的世界叫作无想天，其中的众生仅有色受行识四蕴，故而预期进入此世界的中有，身体结构仅仅

① ［印］世亲造，（唐）玄奘译：《阿毗达磨俱舍论》，《大正藏》卷二九，第44页。

② 在部派时期，天眼与肉眼是相对的。肉眼就是众生获得经验感知或知识的来源。天眼则是在禅定之中出现的功能，或者是特定世界的众生天然具备的能力，很大程度上，天眼是佛教宗教知识的获得途径，而此一知识常常具有某种宗教的神圣性、神秘性、体验性，不是经验常识或者实证知识所确定的。《金刚经》等大乘经中提出佛眼、慧眼、法眼、天眼、肉眼五种眼的分类，在原则上与部派佛教的天眼、肉眼之分是不太相同的，不能混为一谈。

是四蕴了。[1]（至于无色界为何没有中有，我们在第二部分“中有有无之争辩”中再进行考察）这一层是从存在论的角度来分析中有的生存空间。

中有具有的诸种生命特征。“眼见”，这是说中有，具有“能见”的功能。俱舍提出五道[2]众生的中有，是自类相见，不得异类相见。即是说天道的中有，只能看到天道的众生，而不能看到其他业道的中有。根据“被见”的特性和共性来区分：自类相见是特性，因为能见的范围只是限制在自类。通见是共性，即是修得的天眼可以通观所有业道的中有之存在。但这里特别强调能够通观的天眼，只能是通过修证禅定而获得天眼，因唯独它是清净污染，没有无明遮蔽的，所以能够具有殊胜的神通。如果是生得的天眼，则仍然有业所系缚，不可能有修得的纯净和神通，故而生得天眼不可通见。另外，如果生得天眼可以通见，在逻辑上就违背了第一个能见之原则（自类相见）。如此，唯独修得天眼可以通见。[3]

除此，中有还有一些特质此处不再详言。

二 中有有无之争辩

在部派学术史上，按照《异部宗轮论》的记载，大众部否认中有，有部、经部都是承认的。所以，中有是否存在就涉及一个重要的学术事件，需要认真厘清各自的立场。

这一争论是源于一个论证，有部认为中有的存在，就好像植物的芽一样，是连续着春天种子和秋天果实的必要存在，所以，人的死亡和再生之间也必须有一个中介来保证，即中有的存在。

围绕这一比较模糊的论证，大众部和有部、经部展开了相互的批判。

---

① 四蕴构成的世界，至少有两个：一是色界的无想天；二是无色界。前者是缺少想蕴，无想天通过禅定修行和果报两种方式获得。后者则是缺少色蕴，无色界的总体状况是不允许有色蕴存在的。根据这一判断，中有的四蕴构成，应该是色界无想天的众生。

② 一般而言，俱舍将阿修罗道归入天道之中，所以是五道。

③ 如上所说，主要是有部和俱舍的看法。据俱舍的记载，还有一些派别认为：天道中有的天眼可以通见（与有部和俱舍唯独修得天眼可通见，有所不同）；人道中有可以见除了天道之外其他四业道；鬼道中有可见除了天道和人道之外其他三业道；旁生中有可见除了天、人、鬼道之外的二业道；地狱中有只能看到自类。这一个观点，体现了福报之能力的大小、业之清净之程度的高低，由此形成一个具有高下等级的序列。

《俱舍论》对大众部和经部有部的争论是这样记载的：

> 如谷等相续，处无间续生，像实有不成，不等故非譬，一处无二并，非相续二生。①

大众部认为，这一比喻的关键在于“相续性”，但是相续性可以存在两种形式：一者，死亡和再生就好像种子和果实一样的连续；二者，质与像之间虽然有某种空间或时间的距离，但是它们也可以呈现出连续性的特点。所谓质，就是镜子，以及镜子能够成像的功能；像，则是镜面上呈现的各种形象。大众部认为，根据第二个相续性原则，可以看到空间和时间上的间隔，不必然成为中有存在的证明。即是说，镜像和镜像之来源的存在物，虽然在空间和时间上有所隔阂，可是它们成像的相续性，并不需要任何中介连接。进一步而言，死向生的转变，虽然有时空的间隙，但完全可以直接转变，而不需要中介，所以中有是不存在的。

对此，世亲依照有部的原则做了回应。他认为大众部的讨论，最严重的错误在于，将质、像理解为两个具有实在的存在物。这一观点是违反佛教因缘法的。更进一步，引发不同实体“同处”否认失误。具体而言，有四个方面的错误。首先，镜像不能同在一处。镜面若是一个实在的色，镜像同时也是一个实在的色，那么两个不同性质的色是无法同处的，因它们都是由不同大种所形成。按照佛教的传统，两个实体存在物相互是排斥的，不可能转化一个物体。所以，镜面、镜像的来源，如果都是独立的实体，它们只能是分离，不可能镜像进入到镜面之中。其次，两岸的倒影也不能证明质、像是实有的。这是说一条平静的河面上，两岸的倒影可以映射于其上。这里的质，是河面的映射功能，像是两岸的景物。虽然两岸的景物同时倒映在河面上，似乎说明了两岸不同事物的像，可以同时存在于一个河面上，似乎证明了两个实体可以同时被呈现的理论。但，世亲认为河面上的两岸镜像虽然同时存在于河面上，可是问题仍然如上，两岸的镜像不是重点，而是镜像与河面在同是实体的前提下，不能够同时存在。再次，光像和影子在镜面上的反映不能证明二者同处。虽然光像和影子，是

① 《俱舍论》，第44页。

一个矛盾的现象，可是都能够在镜面上呈现，似乎可以说明光、影彼此无障碍，不同的东西可同在一处，然而世亲指出这一观点与第二个相同，其错误是忘记了作为质的镜面，和作为光或者影的像，是不同的实体，这样仍然无法证明“同处”的思考。最后，是镜像、镜像之源不可同处的批判。世亲认为，镜面可以呈现镜像，比如月亮的形象，并且将之成为近处可见，那么作为月影的来源，月亮本身能够被看到，就成为远处可见。如此，假设承认经验的月影来自于月亮的话，就会带来重大矛盾，即以世亲的看法，镜面上的月影作为一个实体，天空中之月亮是另外一个实体，二者是两个不同的事物，这样，镜面上的月影作为相对于镜面而言是近距离的事物，如果说还可以被镜面所映射，那么，说作为离镜面遥远的天空之月，能够被镜面所涵涉、纳受，就成为荒唐的理论了。所以就镜面而言，月影和月亮是不能同处于其上的。

总的来看，世亲的关注点，是实体、同处两个论证。借否定实体，来否定大众部的相续性是两个物的直接相续，或者直接转换，这样死有到生有的转化，并非如镜面和镜像在有时空的距离之下，也能够发生某种直接的连续性。另外，借否定同处，来否定大众部的相续性所需要的时空，以及此一时空反过来证明出于时空两端的事物，可以不经过任何中介就能够直接发生连续性。通过上面的论证，俱舍最终批判了大众部的无中有说，而建立了中有说之合理性。

简论《成唯识论》之三所依的哲学内涵

唯识学根据八识的生成原理，对世界整体做了饶有哲思的说明，通过透视这一生成原理，对于反思出其在现代伦理学甚至心理学中的运用，都是非常有帮助的。不过，唯识学经典庞大而丰富，所以我们重点选择了在中国影响力最大的《成唯识论》（以下简称《成论》）作为底本，而如《解深密经》、《摄大乘论》、《唯识二十颂》等重要典籍，不做过多考察。

所谓生成原理，即阿赖耶识缘起说，因阿赖耶识而出现的八识，成为有为法世界和无为法世界的流转及还灭之机制。具体而言，《成论》涉及了三依、十因、四缘、五果和十二缘起等内容。三所依，是心识自身运作的一个总原则。十二缘起则是生命现象的因果联系（这一部分将不在本文中做讨论），其余的则是世界唯识视域下的彼此关联。

为此，本文将就三所依的问题，对唯识世界中的普遍联系之总原则做出简单的阐述。①

一　阿赖耶识缘起中的诸识

众所周知，阿赖耶识是第八识，末那识是第七识，意识是第六识，眼耳鼻舌身是前五识。

在有为法世界或者流转的世界中，阿赖耶识是所有一切识的来源。阿赖耶识，也叫作藏识，具有能藏、所藏和执藏三相，这三相相应的称为自

---

① 在此，需要强调的是，因玄奘大师在编译《唯识三十颂》的十大注释家时，最终是以护法论师一系为定论之依据，所以，本文主要采取护法的思想做出分析，至于其他家，则只有暂时不加引论。

相、因相和果相。能藏或自相，是说一切众生都必须有此阿赖耶识，方能成立自己作为众生的根本特性，即任何众生都将各自的阿赖耶识执着为自我，有了“我”的执着才会有之后的各种因相和果相。所藏或因相，是说从阿赖耶识来引发和牵摄出所有有为世界的善恶染净性质、三界众生之处所和样式，并因此有各种转世的异熟业果。执藏或果相，强调阿赖耶识能够保有、含藏一切法的种子，使得诸法种子不会消失，而必然产生相应的结果。所以阿赖耶识，可谓有为法之因。第八识自身分裂出能（见分）和所（相分）两面，能是了别，所是所缘。阿赖耶识能够知觉自身所变、所分裂出的内执受即种子、根身，以及外执受即三界之器世界。

但是，阿赖耶识作为某种原因性的根据，最重要方面就是作为前七识的所依而存在。只是因为阿赖耶识是不可思议的，所以它的存在在很多层面是通过反证而获得确认的。与前七识的关系即如此，第七识要依靠阿赖耶识的种子和现识作为存在的依据，“此识唯依内门而转，一类执我”[①]。第七识以恒审思量为其根本性质，即没有解脱之前，始终执着第八识为我，因为我执而生成了不共无明，于是众生因我执而形成了千千万万的个别性和差异性。前六识也是因为阿赖耶识的能所之分，而规定了它们的存在。前六识发动所需要的是六根，所对的是六种境。根是内根，境是器界之境。而无论是根，还是境都属于阿赖耶识中相分或所缘的部分。至于六识自身能够了别，则又属于阿赖耶识的见分在面对所缘之时具体的表现。故而《成论》说：六识的不同，“随六根、境种类异故”。[②]

按照上面的简单论述，我们不难看出阿赖耶识是整个世界缘起的理论基点。八识在理论逻辑的起点上，必须追溯到阿赖耶识之上。甚至从演绎的层面上看，八识乃至世界都可看作是第八识在不同阶段的分化和展现。从理论和言说的角度，第八识含藏着所有一切，并且内在的就具有各种可能性或者种子，而同时它因含藏的性质显现出其必然的现实性，即第八识的现识。第八识由于本然的结构，自身的分裂呈现出能所两面，于是在能的方面，首先分离出第七识，末那识是我执的根本，是自我意识第一次的

---

① ［印］护法等造，（唐）玄奘编译：《成唯识论》，《大正藏》卷三一，第22页。

② 《成唯识论》，第26页。对于六识的建立，我们似乎可以理解为阿赖耶识在不断流转还灭的运动中，不断具体化的表现。就是说，阿赖耶识在无始的运动中，由其而出外部世界之丰富性，需要被认识，借着世界的复杂，即六种根和六种境，于是六种识也随着而显现。

清晰化，因为清晰而将自我与他者区别开来，世界便不再是混沌的。有了第七识的自我，于是前六识成为将阿赖耶识所有能所之元素，都表现出来的契机，前六识最大的特点是借助能所的关系，让阿赖耶识被动而明确、主动而客观的展现。"被动"是说，阿赖耶识需要在现实的粗大镜像中依靠六识与根境的关系展现其作为六识的根本之需求；"明确"是说六识是一种清晰的能知、被知的关系；"主动"是说，六识具有的了知功能恰恰是阿赖耶识的能（见分）的一面；"客观"是说，六识的根和境，是阿赖耶识所（相分）的一面。到六识之时，阿赖耶识得到了具体而全面的展示，一方面阿赖耶识仍然以其不可思议的角度存在着；另一方面又呈现出自身演进变化，具体丰富的递进之部分。于是整个世界可以看作是第八识作为根本的存在，但是却又表现出八种识又现实的并存之状态。

由此，阿赖耶识缘起，即是世界运动的普遍原则。世界中最普遍的因果关系，也即不能离开八识，尤其是第八识的讨论了。

二 三所依

依，就是依靠、根据的意思，这是比较抽象而宽泛的对此义的解释，强调一切有为法的普遍之联系性。所以，《成论》说，"'依'，谓一切有生灭法，仗因托缘而得生住，诸所仗托皆说为依，如王与臣互相依等。"①但是三所依之中的所依，则必须包含着内六处，即眼耳鼻舌身意六根作为判断标志，是有特定的指向的，对此将在后文详述。三所依，即因缘依、增上缘依、等无间缘依。

"诸位心、心所皆有所依，然彼所依总有三种。一因缘依。谓自种子。诸有为法皆托此依。离自因缘必不生故。二增上缘依。谓内六处。诸心心所皆托此依。离俱有根必不转故。三等无间缘依。谓前灭意。诸心心所皆托此依。离开导根必不起故。唯心心所具三所依名有所依非所余法。"②

因缘依，是说一切有为法都必须由其种子而引起，这是从类的高度给

① 《成唯识论》，第20页。

② 同上书，第19页。

出的、对作为普遍之因果原则的确定。增上缘依，则是强调心和心所的功能发动不能离开内六处，另外八识相应的各自心所，往往分别与八识是同时发生作用的，所以内六处又被称为八识的俱有根。等无间缘依，则是说明心、心所的发动必然需要已经过去的意之存在，过去的意本身带着一种开导的作用，即为现在之心、心所发生现实作用而开导。至于此过去的意，或者“前灭意”具体是什么，下面将仔细讨论。

（一）因缘依——种子依

首先，因缘依，也被叫作种子依。《成论》认为，“谓本识中亲生自果功能差别，此与本识及所生果不一不异，体用因果理应尔故。”[①] 它具有两种表现方式，第一是在种子层面的自类因果，第二是种子与现行的俱生因果。《成论》列举了《瑜伽师地论》对因缘依的诠释，“无常法与他性为因，与后念自性为因，是因缘义。”[②] 并认为，所谓种子自类相生，是指A种子可以生成A种子，但这种生成的前后关系，似乎只限制在种子上，而不涉及种子和业果的生成上。这是确保种子作为类的纯粹性。

那么，种子和业果是什么关系呢？有两种：一是种子生芽，具有时间先后的。二是种子与现行并行，二者俱生关系。《成论》认为，种子生芽只是一种处于经验时间中的现象，种子和芽原则上不是一类，并且种子的坏灭不必然引发芽的生成。所以这一层关系虽然存在于经验中，但并不能代表种子依的本质特征。

种子现行俱生关系，则能较好做出解释。[③] “现行”一词，往往与种子之义相配。在《成论》中的种子有六种含义。[④] 其中关于“熏习”之

---

① 《成唯识论》，第8页。

② 同上书，第19页。

③ 有学者将种子现行的相互关系，叫作二重因果，即种子熏现行、现行熏种子。可参见韩廷杰校：《成唯识论校释》，北京，1998年版，第18页。

④ 种子义有六种：刹那灭、果具有、恒随转、性决定、待众缘、引自果。不过《成论》特别强调，种子之义只在第八识中存在，“唯本识中功能差别具斯六义成种非余”，“此种势力生近正果名曰生因，引远残果令不顿绝即名引因，内种必由熏习生长亲能生果是因缘性。”（《成唯识论》，第9页）对于唯识家而言，这些种子的意义，就是为了解释种子作为最直接产生因果关系的因缘性。

义是联系种子和现行的关键性概念。[①] 简单来说，现行是与种子性质相似的，并展示出可以知觉的现实之现象，而种子则只是没有显现出现象的潜在之存在。如此，种子和现行实则是相似的两种类的和合。虽然仅是一种和合，但《成论》却认为如果没有种子性质的先在规定，那么现行也不可能出现并与之和合。所以这样的和合，不能加入经验世界的时间，而毋宁是性质的和合，并表现为现行因种子而现实被结合起来。总之，要注意的是，这样一层严格的关系被《成论》限定到了第八识与前七识的视域之下。

（二）俱有依——增上缘依

俱有依，也被称为增上缘依，二者所论的内容是一样的，但是表述的倾向有些微差别。增上缘偏在说明心和心所，必须依靠眼耳鼻舌身意等内六处；而俱有依，则强调心和心所发动功能时，内六处和诸识之间具体而不同的配合情况。

首先，所依的重要含义。《成论》认为，依和所依是不同的两个概念。如前文所说，“依”是从最一般的意义上说，所有有为法的现象都要有所依据，这是一个较为宽泛的定义。但，“所依”，则需要建立于内六处这一标志之上：

“若法决定、有境、为主、令心心所取自所缘，乃是所依。即内六

① 要注意的是，种子和现行的关系，是放在八识彼此之联系中讨论的。按照《成论》的理解，熏习的根本含义，就是通过能熏和所熏而让种子发生作用。那么，所熏唯指第八识，并具有坚住性、无记性、可熏性，以及与能熏和合，共四种特性。能熏则指前七识，包含有生灭、有胜用、有增减，以及与所熏和合而转，亦四种特征。排开日常经验世界的前后因果关系，而只是放在逻辑或者公式意义上看待，则第八识中所含的种子提供并限制了作为识的形态而显现出识的样子，也就是识的现行，如此，作为能熏的前七识，它们不像第八识那样幽隐难知，而是显现着功能，如第七识始终执着第八识而有我执，前六识则执着第七识以及第八识而有我执和法执。这样种子和现行（或者说是因种子而显现出的现实功能）就结合在一起了，体现出了种子生现行、现行生种子的逻辑原则。但是，似乎《成论》没有正面回答种子可以生现行，虽然无始以来种子和现行就相互熏习，但是似乎现行作为一种功能性的表象，是不能离开作为根源的种子的。具体到八识之上，就是无始以来八识是并存的，这符合种子（第八识）和现行（前七识）互生关系，前七识似乎仍然需要一种根源的种子，那么第八识就是其依据。只不过，这层关系《成论》将之以不可知、不可思议的方式做了回答。

处，余非有境定为主故。”[1] 这里强调了内六处，作为所依的四个相关属性：法决定、有境界、为主（主动性）、令心心所取自所缘。按照唯识学大师窥基的分析，[2] 它们分别是指：

法决定，是强调某一事物的依据必然依此而非彼，如此这一依据对于某一事物而言就叫法决定。所以至少有三类法是不确定的，即（1）眼耳鼻舌身五种识对于第六识的生起；（2）眼耳鼻舌身五种根对于第八识的生起；（3）前六识对于第七、第八识的生起，这些关系中前者对于后者都会间断，没有做到确定的依此而非彼，故而不能叫作法决定。

有境界，是说要能够成为所依，境界或现象的存在必须是能够被知觉或者能够发生关联的，才可以被称为所依，所以，比如四大、五尘、命根、种子等，虽然性质确定，可是如果没有被内六处纳入，则不能是所依。

为主，是强调心王的地位，唯识家的共识均承认心王具有主动性，而与心王伴随的心所则不如心王那样具有主动性，故而这是所依要成立的第三因。

令心心所取自所缘，则是强调要保证心和心所能够与自己相应的现象，产生相应的功能。所以，八识种子没有一种相应的取自所缘的特性。

如此一来，具备四个要素而成为一切心和心所之所依，就只有内六处了。“如枢要说，其体是何？谓内六处，即是五根、及意根也。”[3]

其次，俱有依中的诸识关系。《成论》说，前五识的俱有依，共有四种：五色根，第六、第七、第八识。此处的第六、第七、第八识可以合成一个就是意根。前五识发生作用的时候，五色根不同的性质决定了五识各自的特点，如眼根只能对眼识，表现了一种能够看见的功能。同时前五识，如果没有第六意识支撑和接纳前五识的信息，那么前五识作为视、听、嗅、尝、身的五种功能就不能被清晰地交代和显现。最后，前五识因第七识作为我执的染污性质，以及作为第八识的见分或者现行，都是不可缺的。

---

① 《成唯识论》，第 20 页。

② （唐）窥基述：《成唯识论述记》，《大正藏》卷四三，第 385 页。

③ 同上。

第六识的俱有依只有第七识和第八识。第七识的俱有依只有第八识。其道理正如前五识相似。只是越加深层的识，其俱有依也就越简单而微细。

这一俱有依的解释，其理论目的是解答，世界与个体之间的联系。并通过这一联系阐述出个体要超出自身而迈向世界时，个体对向世界的基本机制。

（三）开导依——等无间缘依

开导依，也叫作等无间缘依。[①]《成论》云：

"开导依者，谓有缘法为主能作等无间缘。此于后生心心所法，开避引导名开导依。此但属心非心所等。若此与彼无俱起义，说此于彼有开导力。"[②] 按照窥基大师的解释：

开导依，其实就只能限制在心和心所的范围，甚至在更严苛的定义下，只能是心王。开导依中也包含着诸多因素，分别是有缘、为主、能作等无间缘。有缘，是强调能够产生对象性的能力，如此则色法、无为法等都不会具有对象的能力。为主，则是说能够主动发生引发功能的法，即心王，至于与心王先天就并存的心所，即使是遍行心所，也都不具有引发下一刹那心王的能力，所以心所并没有开导依的性质。最后一个是能作等无间缘，就是前一刹那的心王，可以引发后一刹那的同类心王和相应的心所，前后刹那之间是无间断的。

诸上的道理，就是为了说明心识具有能够流转的功能，特别提出开导依，即在于将此特性赋予心王，强调心王所具有的强大的主动性。但是，具体到八识的关系时，《成论》的注疏家们则一如既往的，仍以护法论师为正，提出"故自类依，深契教理"。[③] 八识均以自类为开导依，上面我们对开导依的引述中，提到"灭前意"之意，当是之前一刹那的各类心王的同类。

① 对于开导依的理解，《成论》记载了难陀、安慧和护法三类最具有代表性的阐述，近人文智做了整理，韩廷杰先生亦做了引用。（韩廷杰校：《成唯识论校释》，北京：1998 年版，第 280—281 页。）

② 《成唯识论》，第 21 页。

③ 同上。

由此，可见开导依揭示的是心王在整个世界的运动中，所具有的主导力。

三 结 语

三所依的问题结构，首唱因缘依，再论俱有依，三述开导依，分别从种子与现行，到内六处，最后到心王。其理论路数，仍然确定了以第八识之种子和世间万象，尤其是第八识内藏的诸转识种子与转识之关系，这个心识理论的开启；之后，心识发动作用，其向内即诸识，向外即诸境，必须是在内六处的中介之上产生联系，内六处是诸识去直观、知觉、判断、实践世界，并且是按照诸识的方式去结构世界的中介；最后，心王其强有力的不间断力，再次回应了八识作为主导世界的能力。如此，从宽泛的意义上说，三所依的理论始终在“唯识”的方式陈述着这个世界，而从中我们理解了世界在唯心化一面的特点，甚至为我们理解某些重要的哲学之普遍原则，即因果联系，提供了卓有成效的启迪。

论《成唯识论》的四缘与八识之关联

唯识学固然在以八识为中心的讨论世界万法的存在与变化之原理，可是具体是如何运动的，则主要可通过三依、四缘、十五因的理路，得以管窥。但唯识的研究成果，集中在识的问题上，对因缘说的探讨则相对薄弱，[①] 故而本文将通过《成唯识论》（以下简称《成论》），集中考察八识、四缘关系，力图揭示出唯识运动之机制。至于三依、十五因和五果将在以后的研究中专文讨论。

所谓的四缘，分别是因缘、等无间缘、所缘缘、增上缘。由于它们预期论证的要点有异，所以在相应的内容上，又存在着较大的不同。

一　因缘：种子现行互熏

因缘，是以种子和现行的互动而说。这是强调一种直接的互生关系。这里较多地涉及种子和现行互相熏习的内容。

首先，种子和现行的关系看。种子是自类种子和由种子引生而产生的自类现行果相的因，并且是最根本的因。当然，种子只能处于第八识中。现行，是前七转识作为正在起作用的当下，能够对第八识产生熏习的影响力，[②] 如此形成种子而留存在第八识中，前七识也是生自类种子

---

① 民国时期，雨曇法师有《唯识与四缘十因之研究》专门谈论该类问题，值得重视。该文载于张曼涛编：《现代佛学学术丛刊》卷二五，《唯识思想论集》（一），1981 年版，第 169—209 页。

② 《成论》认为，除了两种情况，即作为纯善、至善的佛果，以及作为基本不发生功能、善恶性质不明确的异熟无记，其他的前七识都是可以产生自类种子的。“除佛果善，极劣无记”。［印］护法等注，（唐）玄奘编译：《成唯识论》，《大正藏》卷三一，第 40 页。

最根本的因。介于这样的两重关系，因缘所指即种子与现行的直接生成关系。

其次，熏习的关联。第八识是所熏，前七识能熏。

第八识，作为藏识，能够具有能藏、所藏、执藏之义。藏的对象就是种子。种子，"谓本识中亲生自果功能差别。"[①] 相对于第八识，种子有四个核心的特点：(1) 含藏一切特点，能够引生各种现实功能；(2) 种子就是第八识变现出来能够被转识所面对的境界——相分之一；(3) 种子的性质可以分成有漏和无漏两大类，它们储藏在性质不确定的第八识(无记)，但本身的性质是不会改变的。[②] (4) 种子、第八识、现实的果，三者不能相离，故而在俗谛上，说为"实有"。

在因缘中讨论的核心动力是熏习。《成论》云：

> 内种必由熏习生长，亲能生果是因缘性。[③]

种子能生的功能是依靠熏习而实现的。熏习，是一种比喻的说法，唯识家常以香熏为例，比喻花香对于具有花香的衣服存在必然的原因性，以及后者对于前者带有必然的结果性。熏习的比喻同时也说明了这种必然因果性，是一种不可思议的特点，与第八识对于其他诸识具有的不可思议性是一致的。

种子本身具有六种含义："刹那义"旨在种子才生即灭的无实体性；"果俱有"以反思式的方式说明种子果和因是同时生灭；"恒随转"强调种子在彻底解脱（究竟位）之前具有恒常性；"性决定"说明善恶之因导致种子必然具有相应的善恶之性；"待众缘"强调种子必须要有各种条件聚合才会出现具体之功能；最后，"引自果"强调种子必然的生出性质相类之果。《成论》指出种子诸多的特点均是在第八识中出现的，所以第八识叫作"种子识"。

---

① 《成唯识论》，第 8 页。

② 由于无漏和有漏是性质相反的，那么如何调和两类不同的种子共同存在于无记的第八识，以及如何能够在第八识中发生各自的功能，是一个非常重大的问题。《成论》是以护法作为根本，而认为种子的来源有本有、新熏两类。

③ 《成唯识论》，第 9 页。

在种子具有的诸功能之下，熏习之义方可理解。《成论》以为，熏习有两方面，一个是作为第八识的所熏之性；一个是前七识的能熏之性。这两种熏习共同构筑了种子之被生与生果的关系，也就是最重要的因缘性。

第八识具有所熏的四义："坚住性"，是第八识能够在最终解脱之前具有持续性，并且能够维持着习气[①]的存在；"无记性"，即第八识自身不能具有明确的善恶性质，这样才能接受带着鲜明之善恶性质的各类种子[②]；"可熏性"，是说第八识必然自身具有一种可以接受熏习的特质（我们始终强调这是一种喻证）；"与能熏共和合性"，这是强调第八识与前七识不能相离，而是永恒地同时同处结合在一起，这是为了避免第八识作为孤立之生成因而限制的必要保证。在所熏之义上，《成论》特别指出，所熏之第八识只是阿赖耶识，而不包含与之相应的五种遍行心所。

前七识具有能熏的四义："有生灭"，即前七识并非恒时常住的，但具有能够发生实际功能生成习气的能力；"有胜用"，是说前七识具有强大的效能，可以引生种子；[③]"有增减"，是说前七识的效能在不同的状况下，可增可减；"与所熏和合性"，这是指前七识与第八识不即不离的关系。最后，前七识的能熏之义中，必须包含作为心王之前七识，以及各自相应的心所。

如此，第八识、前七识以及种子，三者具有因果，同时循环往复的特点。即第八识中无始以来所蕴含的种子，在相应的条件下当下转变成为相应的果相，这些果相总是以各种形式表现着与前七识相联系的特性，于是，第八识又接受了来自于前七识所有熏习而成为种子，至于前七识以及相应心所形成的种子，在时间上是与第八识始终同步的。

---

① 种子即是习气，故"种子既是习气异名。习气必由熏习而有。如麻香气花熏故生。"《成唯识论》，第8页。

② 第八识中含有清净的一面，《成论》认为其清净种子是无始以来就有的，所以不属于此一问题的讨论。这也是第八识一个非常独特而引起争论的方面。

③ 种子，具有生因和引因两种特点。前者指种子对于果相在性质上、时间上的直接原因性；后者则强调在因为时间间隔，而带来种子对果相的牵引作用。所以，生因似乎可以与四因中的因缘相配，而引因则与增上缘相对应。

另外，种子储藏于第八识中，种子本身具有的刹那义，使得其自身不能长久不变，故而种子具有自类相生的特点，即同类的前一种子刹那刹那地生成后一种子。这种种子相生的方式，一定程度上似乎表现为某种时间的前后性。

总的看来，因缘性即表现为种子现行互相熏习而生，以及种子自类相生两大类别。

不过，《成论》指出有如下两种情况不属于因缘性：（1）第八识不会作为第八识自身的因缘，因为它本身就是所熏。（2）前七识的现行，不能彼此成为因缘性，比如第七识与第六识不可能发生因果必然性，因为它们二者属于异类。

二　等无间缘：心的延续性

“等无间缘，谓八现识及彼心所，前聚于后自类无间等而开导，令彼定生。”①

在等无间缘的定义中，特别注意到“现识”一词，该词旨在说明等无间缘仅仅限制在发生功能的心与心所的层面，强调的是诸识的现实作用。

八识，以及相应的心所，是前后相续而生的。并且不同的心所总是伴随着各自的诸识而延续。不过，这只限于同类的心王心所，而非异类的心识。比如第八识的心王和心所，前一刹那，不间断地延续，成为下一个刹那的第八识之心王心所，但是绝对不会引发前七识中的任何一个。并且心所只有伴随心王的能力，它们仅因心王而具有了与心王一致的等无间缘，而自身是无法拥有这一功能的。

不过，等无间缘却允许在诸识之中具有时间的并存和并行之特点。即在某一刹那之上，八识中任意几识，或者全部八识都可以存在，并且具备进入到下一刹那的条件。

等无间缘体现的是诸识和相应心所（本段的“心所”均省略不言）的现实效用，所以根据各自个性，显现出不同的特点：

① 《成论》，第40页。

首先，第八识可以在三界、九地[1]中平行式的延续，也可以下上、生死的相对式之延续，还可以有漏生无漏的单向矛盾式之相续。比如欲界的第八识就在欲界无间的持续，或者也可作为欲界的下界第八识无间的引生作为色界的上界，或者前一刹那众生的死亡却能够引起下一个的第八识，或者有漏的第八识可以引起无漏的第八识（当然无漏的第八识已经转识成智了，所以不再具有第八识的特点，故而也不会再引生下一刹那的第八识）。《成论》特别指出，根据《瑜伽师地论》的最高理论标准，[2] 真正的无漏是在色界第四禅的净居天，即净居天是无漏圣者的居处，不过在这一居处，解脱者需要到佛的果位才最终完满，即使是十地菩萨也要有这样的经历。所以有漏第八识引生无漏的话，就是在净居天得以实现。如此推论，声闻、缘觉二乘的修行者，如果发愿要求得大乘菩提，那么他们在欲界修行，也需要到了色界净居天处方能成就无漏，即说欲界有漏第八识无间引生的无漏第八识也是需要在色界方才可能。这样的描述，即平行式、相对式、单向矛盾式，反映了第八识在业力轮回、生死解脱存在的某种必然性。

其次，第七识可以在三界、九地中平行式的延续，也可以在有漏无漏的双向矛盾式的相续。第七识是以第八识为根据，[3] 并且永恒地执着为我，形成俱生我执。所以第八识生在具体哪一处，则第七识也会执着着第八识而随在那一处。同时，第七识的有漏和无漏互相无间而生。这一状况主要就地上位菩萨（即是十地菩萨）而言：在初地的菩萨，已经证悟了人我空和法我空，但这只是对烦恼障和所知障两类种子，它们虽然在见道位断除，并在修道位的得到初步断除，可是在修道位还存在。所以，如果初地菩萨一旦出定，那么俱生我执就会再现，虽然这是无记的，但始终是有漏的，于是无漏无间生有漏。但，如果此俱生我执，又可以因生空智、后得智或者灭尽定，甚至法执，或者下一刹那的我执，则又体现了有漏生出无漏（空智、后得智），或者不染（法执、灭尽定），或者染（我执）。

---

① 一般而言，三界是指欲界、色界、无色界，九地是指欲界、色界四禅、无色四禅。

② （唐）窥基撰：《成唯识论掌中枢要》，《大正藏》卷四三，第 648 页。

③ 安慧认为第七识以第八识的识种子为俱有依，护法则认为应以第八识的现识和种子为俱有依。《成唯识论》，第 19 页。

最后，对于第七识而言，地上位菩萨的有漏无漏互生之状况，只发生在欲界和色界。原因是地上位菩萨并未在无色界成就。这里，其实解释了第七识在拥有唯独该识才具有的特性之下，心和心所延续的某些特征，回应了在没有完全解脱之前心识相对于修行的某种进退之可能。

再次，第六识的等无间缘，情况是三界、九地、有漏、无漏、善、不善等界、地、性均可相互引生。不过，《成论》强调，从修行的角度看，考虑强调有漏第六识引发无漏第六识的话，最初生起的无漏只能在色界。所谓无漏，宽泛地说，是包含了见道、修道。按照《成唯识论述记》的解释，似乎即使是临近见道的抉择分之善，也只能存在于色界。[①] 这里阐述了与第八识、第七识一样的性质，实则彰显了色界在解脱中具有的某种殊胜独特之价值。

最后，五识的等无间缘。按照唯识学共许的观点，欲界具备全部的五识，色界没有鼻识和舌识，无色界则没有五识。如此，欲界五识各自不同类可以无间的引生自类，而色界只有的眼、耳、身识能够无间引生自类。对于眼耳身三识而言，便可欲界、色界两界上下等无间缘。五识的有漏无漏之间的引生，与上面三识是相似的。[②]

---

① 窥基法师认为，抉择分就是世俗修行进入到圣位修行的过渡，即暖、顶、忍、世第一法四种所修之世俗善，严格意义上它还是有漏的，正如别疏中云："抉择分名如实观。为见道名实观。此为加行。如见道中真实观。故名如实观。或作唯识四谛观等。故名如实。称理知故。如者称义。以此观等伏除二取。顺生见道可名为正。体是有漏。可断法故。故可名邪。"（（唐）窥基疏：《辩中边论述记》，《大正藏》卷四四，第 42 页。）但在谈论第六识等无间缘的时候，似乎也可宽泛地理解为引导见道无漏之一个部分。（《成唯识论述记》，第 502 页。）

② 在前五识的等无间缘中，《成论》特别批判了有漏根等无间的引发无漏五识的说法。对于五识的等无间缘，有两种说法，第一种认为，五识在达到初地菩萨时，并且在未成佛之间的状况下，有漏无漏可以互相等无间缘；第二种认为，五识只有在佛的果位时，才可以在纯粹无漏的状况下，五识相互之间无间的引生，比如眼识可以引生鼻识。除此之外，无漏不可能引生有漏。具体而言，如果没有达到佛果，则即使是地上位的菩萨，也还是存在有漏五根。有漏根存在四个不能直接产生无漏识的局限。即（1）有漏根是有漏，而非无漏；（2）五根是五识独享的、不共的，它们不像第八识那样可以成为五根的共同的根据（因为五色根是阿赖耶识变现出来的相分），并因此成为无漏识的可能性依据；（3）五根与五识的结合是共时性的，没有具有前后刹那生灭，其生成机制与等无间缘不同；（4）根识和合，所面对的境界是一致的，所以有漏根，只能结合相应的有漏识，而面对同一的境界。综上所述，有漏根不会生成无漏识。五识与根的讨论，严格限制了等无间缘只能在五识自身之间，保证了等无间缘之定义的完整性。

三 所缘缘：心与境关系

《成论》云：“谓若有法是带己相心或相应所虑所托。”①

所缘缘就是能够让心和心所产生对象性的存在。心是对象性存在的主观能动方面，对象性的存在则是相对于心而言的被动一面。《成论》认为，这个对象性的存在是心挟带的相，这个相就是心或者心所的能够（所缘）面向的对象性存在（缘）。这一层定义，以带己相的方式限定了对象性的存在，绝对不是完全外在于心的某物。另外，这一带己相，对于心和心所是所虑所托，其不同之处，或许可表达为刺激的强度与清晰度的差别。因为作为心王的心识最大特点是了别，这是具有强烈应激的分别性，而心所则是伴随心而具体的属性，本身并未如心识一般的清晰明了，这一层意思反过来又限制了带己相必须具备的特质。②

所以，所缘缘是内含于心识的、但又与心和心所之关系有些微差别的对象性存在。

《成论》认为，所缘缘分为亲和疏。

亲所缘缘是心的见分能虑托的对象，在此见分和对象是不能够相离的，并且该对象只能完全依靠心而存在。在亲所缘缘中，这种对象被分为两类：一者内识所变的，与见分相对的各种有为法，即见分能够觉知思虑的相分；二者是“真如体不离识名所托”。③ 也就是说，真如空智的体相原则上是无为的，但是要借助于识来获得。这是一种断灭证离而自然呈现的状态，识与真如表现为现量的关系，即用现代术语阐述，似乎可以表达为智的直觉，即智慧直面真如之体，对此智慧是能、真如是所，能所是直

---

① 《成唯识论》，第 40 页。

② 按照《述记》的解释，所缘缘中强调“带己相”作为心性的根本属性，是为了防止某些类似但不属于所缘缘的情况。镜子能够照到外境，进入到镜子中的外境就是镜子的带己相，因为此外境之相成为镜子之所有，并且镜子的能照与所谓对象的镜子中的外境之所照，表现出一种所缘缘的关系。可是窥基大师认为镜子的能照只是一种客观的没有任何主动性的功能，而所缘缘一定要突出心的能虑能托之特点，能虑能托即意味着对于对象具有绝对的能动性，只有如此方能够叫作所缘缘。这样的诠释，对理解所缘缘的心性之本质特征，或者唯识之特质，有很大的帮助。《成唯识论述记》，第 501 页。

③ 同上书，第 507 页。

觉观照。所以这一层也是亲所缘缘的重要方面。

疏所缘缘则指对象与心相离，但该对象的性质却天然具备某种能够让心发生了别功能的特性，只是这个特性对于心而言其存在时有时无。这一对象也有两类：一种是他者的八个识所变现出来的东西；另一种是自身的其他识变现出来，能够让自身识之见分所取的东西。

具体到八识而言，所缘缘的问题，主要集中在疏所缘缘的是否存在，或者如何存在的讨论之上。

首先，第八识的所缘缘到底怎样，有三种意见：第一种认为第八识只有亲所缘缘；第二种认为第八识必然具有亲所缘缘和疏所缘缘；第三种认为第八识的亲所缘缘是必然具有的，但疏所缘缘则不确定。依照《成论》对所缘缘的解释，支持的应该是第三种观点。而争论的焦点是疏所缘缘存在的方式。以第三种观点来看，第八识固然天然的具有根身、器界、种子，与见分保持着亲缘的特点，但如果只是如此，则第八识就会被封闭在各自领域中，A 和 B 就不能有公共领域，当然就无法建立公共世界，结果是违反了日常的经验，即比如一个人的身体死亡，对于另一个人而言，该尸体仍然是可以被察觉到的。所以第一种只是唯独有亲所缘缘的观点，就有所缺憾。另外，说第八识的疏所缘缘在一切时候都必然存在，这也是有问题的，因为各类众生的种子不同，比如数量的不同，所以各类众生的第八识之种子并不是总是一样的，总是会有至少是量上的差异，那么 A 的第八识的种子在变现而被 B 或 C 的前七识的见分所面对的时候，就是有不同的。A 之种子，有的会被 B 所缘而非 C 所缘，那么这些被 B 所缘的种子，因为对于 B 的见分而言是他识所变，就成为其疏所缘缘，而对于 C 就是不存在疏所缘缘了。综合如上的分析，《成论》主张第八识的亲所缘缘必存，但疏所缘缘则不确定。

第七识是俱生的我执，执着的是第八识之见分，并将此见分始终执着为我和我所。《成论》云：“此无始来一味转故，应知此意但缘藏识见分，非余”，“未转依位唯缘藏识，既转依已亦缘真如及余诸法。”[①] 第八识的见分，相对于第七识就是让该识能够产生我执的对象，它并非第七识自身之所变，故而满足疏所缘缘的依仗之原则，而第七识对第八识的执着，如

① 《成唯识论》，第 22—23 页。

果在没有解脱的有漏期间，是天然与生俱来的。所以，在有漏位，第七识必定有亲所缘缘。但是第七识到了无漏位时，成为平等性智的时候则不一定有，比如真如、虚空等不构成对象，故无疏所缘缘，但对于面对有为法时，则有疏缘。

第六识是俱生我执和分别我执的共同承担者。第六识“缘识所变五取蕴相，或总或别起自心相执为实我”，“分别我执亦由现在外缘力故非与身俱。要待邪教及邪分别然后方起故名分别，唯在第六意识中有。”[①]俱生我执是在没有解脱之前，第七识和第六识对第八识之见分的执着，第七识是恒常的，第六识是间断的；分别我执，是因为外缘而导致第六识错误的执着生成我相，唯独第六识由此分别我执。所以，第六识的疏所缘缘有无不定。

前五识的见分必然依据第八识的见分，而前五识所对的境是第八识的相分相应于前五识的外缘，所以前五识在有漏位的时候，疏所缘缘就是外境，必然会有。《成论》认为：“五识身内依本识。外随作意五根境等众缘和合方得现前。由此或俱或不俱起。”[②] 但是，转依以后的无漏位则不一定有，这与第七识原理一致。

如此看来，疏所缘缘的有无问题，很大程度是看，是否有一个与之相应的、能够托起的外缘存在，或者怎样存在。可以说，这是心和心所突破孤立个体朝向外界的重要环节。

四　增上缘：修道的助成

增上缘，从狭义上定义，就是二十二根，就广义上而言，以上的三缘都因能够对各种法的增长消亡具有强大的效用，亦可纳入增上缘。

二十二根，作为增上缘最核心的内容被讨论，是因为它们对于一切法，或者一切万象，具有四种重要的辅益或损减。这四个方面，是一切法的生、住、成、得。在唯识家的视野下，生，就是无始的种子在各种条件的和合之下，从潜在的种子相，显现为现实的现行相。住，则是指

① 《成唯识论》，第 2 页。

② 同上书，第 37 页。

支持、支撑的含义，比如大地对房子的支撑。成，具有两个含义，一是能够让思想产生确定的含义，并借助此含义可以准确理解对象；一是借助各种工具和条件，建造出某种东西。成的两个规定性，说明了精神和物质两个领域的成立之标准。得，针对的是涅槃之果，唯识家认为根据声闻、缘觉、大乘菩萨的三种天生之种姓，由内在的修行之力，外在的和合之力，最终获得相应的涅槃之果位。这四个方面前三个涉及的是有为法，而最后一个偏向于无为。正是在这一复杂的限制下，二十二根方可充当增上缘的领地。

二十二根，是眼、耳、鼻、舌、身、男、女七种色根；命根；意根；苦、乐、忧、喜、舍五受根；信、胜解、念、定、慧世间五善根；未知当知根、已知根、具知根三出世间无漏根。[①]

以世亲的解释为例，[②] 眼等五色根是阿赖耶识变现的净色根，意根是以总括的方式对八个识的说明，这六根对取境有增上用；男女根是原则上属于身根，对延续家族有增上用；命根是阿赖耶识自身的种子延续流转状态下的一种形容性的假设安立，对生命持续为一生的住一期有增上用；苦等五受根是对受的分类，对善恶业果的形成有增上用；信等五善根是世间对善的清净之信仰有增上用；最后的三无漏根是对解脱出世有清净的增上用。

《成论》比较关注的增上根，是对三无漏根的讨论，尤其是对未知当知根的分析。

首先，未知根有三个角度。第一叫作根本位，即未知根的根本属性。其判断标准是见道前的十五心。[③] 第二称为加行位，即通过四种世间的善

---

① ［印］安慧造，（唐）玄奘译：《大乘阿毗达磨集论》，《大正藏》卷三一，第715页。对于二十二根为何建立的，唯识家有很多表述，如世亲则以为有6种，安慧认为有9种，窥基则归纳为4种，即我们上述讨论。

② ［印］世亲造，（唐）玄奘译：《辩中边论》，《大正藏》卷三一，第470页。

③ 见道、修道是唯识学对修行方式的分类。见道是如实理解通透四谛真理，修道是能够对治一切障碍。（［印］无著造，（梁）真谛译：《摄大乘论》，《大正藏》卷三一，第122页。）可是具体处于怎样阶段，又有不同说法。按照《述记》借用阿毗达磨的说法，见道是领悟四谛之理，所得到的是十六种心。按照欲界和上界（色无色界）两大类的智慧，即法智（欲界）和类智（上界），与四谛相乘，得到八种智。接近根本智的称为“忍”，如此又再乘“忍”“智”二种，见道的智慧就有十六种心。《成唯识论述记》，第502页。

法修行，暖、顶、忍、世第一法四法的修持，能够容易引发出见道位的第十六心。第三是资粮位，是说修行者从发心追求真理、证悟解脱以来各种善法，一直到色界顺抉择分之前，包括还没有得到顺抉择分（世间四智），这一长时阶段就是资粮位。从现代习惯的思路来理解，未知根的三个阶段可以反过来，即资粮位、加行位、根本位，这是修行不断朝上的进步。这三个阶段，总的是通过信等五善根、意根、乐根、喜根、舍根九个根，为修行进步的增上缘。

未知根实则是指没有真正见道，但临近见道的情况。这一主线是为解脱趋近解脱的修行路线之说明。唯识家们还认为，菩萨和二乘学者与未知根还存在着另外一个特殊的情况，需以说明。即菩萨和声闻独觉二乘行者，都在久远之前修行，并都已经见道。按理来说，就不会再与未知根有关系。可是如果要修得世俗智和出世智的圆满，菩萨又会修行世俗智的种子，相对于世俗智而言，就仍然存在未见道的问题，所以菩萨会有旁修式或附带修行式的未知根。二乘人也一样，他们都是在已经获得见道的基础上说，旁修或得修修世俗智。或者二乘人在已经得到第三果（不还果）时，为了回归大乘教法，要重新修行菩萨初地的大乘空法，如此也存在没有见道，而与未知根有所关联。

其次，已知根，在总的方面，也是具备了如未知根那样的五善根、意根、乐根、喜根、舍根等根，并且因所修还没有圆满，故而未知根、已知根都既是有漏，又是无漏的。即对于之前诸根、诸增上缘是无漏的，但是对于最后的佛果或具知根则是有漏的。

最后，具知根就是如上九根的完满无漏。按照瑜伽大论的解释，菩萨修行的过程，就是三根圆满的历程，亦对应着修行的三个阶段：未知根对应地前的修行（或称为“胜解行地”），具知根相对于十地，具知根则是佛地。诚如论云：“于胜解行地建立初根，于净增上意乐地等立第二根，于如来地立第三根。”①

① ［印］弥勒造，（唐）玄奘译：《瑜伽师地论》，《大正藏》卷二〇，第618页。（案：《瑜伽师地论》将净增上意乐地也叫作初地，十地均有相应具体的名称。）

论《不真空论》对“有无”之辩的新诠

在魏晋玄学的理论发展过程中，僧肇运用般若思想给中国学术注入了新鲜的血液，产生了深远的影响。僧肇以缘起性空的思维形式，对魏晋玄学主要问题之一“有无”之辩，提供新的理论视野和讨论内涵。在此历程中，僧肇主要是通过对传统的“有无”概念进行解析（即最有代表性的三家：王弼、裴頠和郭象的理论），然后借助佛教般若学对“有无”的概念做了新的诠释。并以不真空思想，阐述了不同于前的理论思维成就，从而为进一步深入探讨“有无”之意义，提供了深厚的精神资源。

一　问题的缘起

僧肇，是中国佛学史上一位重要的人物，他将一种新型的外来理论与中国本土的思想近乎完满的结合，用本土的语言对外来思想进行了成功的诠释，这甚至成为学术史上的一种成功范例。而在讨论的诸多问题中，对“有无”的分辩，是其最具代表性的成就。这一成就使得佛学（般若学）成为玄学讨论的中心，并意味着玄学进入以佛学为核心的时代，实现了玄学的转向，即从内容上以道家为主题的讨论转移到以佛学为主题的论述。

据《高僧传》记载：“释僧肇，京兆人。家贫以佣书为业，遂因缮写，乃历观经史，备禁坟籍。爱好玄微，每以庄老为心要。常读老子道德章，乃叹曰：美则美矣，然期神冥累之方，尤未尽善也。后见旧维摩经，欢喜顶受，披寻玩味，乃言始知所归也。”因此而出家，后鸠摩罗什来华，僧肇得以侍师跟随其左右，“入逍遥园，逐详定经论，肇以去圣久远，文义多杂，先旧所解，时有乖谬，及见什咨禀，所悟更多。因出《大品》之后，肇便著《波若无知论》，凡二千余言，竟以呈什，什读之称善。……肇后又著《不真空论》《物不迁论》等，并注《维摩》及制诸经论序，并传于世。及什之亡后，追悼永往，翘思弥历，乃著《涅槃无名论》。"①

按照传略所载，僧肇的学术成长应该是从经史等中国典籍入手，其中尤为偏好老庄，然后才进入佛藏研究的。当时老庄除了原始文本以外，已经有大量的玄学著述存在，故而我们可以从僧肇的文章中推论他研读过玄学家们的作品。虽然僧肇钦慕老庄，可是，在他看来，老庄对于终极问题所给出的答案（我们同时也应该注意到这也包括玄学家们所给出的答案）无法满足其需求，故而又觉得美中不足。所以直至看到《维摩经》后方认为找到了最佳的诠释，从而继之全心研究佛法。总的来说，他的思想集中表现在以《般若无知论》《不真空论》《物不迁论》《涅槃无名论》和《维摩诘经注》等为代表的著作中。虽然僧肇遗留的著作文字不多，但是其思想却达到了极其深邃的程度，并且所涉及的范围几乎涵盖了当时佛学讨论的所有重大课题。僧肇每一篇论文都有一个最核心的概念作为其讨论的基石。其中《般若无知论》主要涉及的是佛教关于智慧的学说；《不真空论》关涉的是"空"的思想；而《物不迁论》则是以动静的问题为引发来论证如来功德不灭的思想。这三篇论文，被汤用彤先生视为"无上精品"②。《涅槃无名论》则讨论了涅槃的问题。至于《维摩诘经注》及其他文章主要是就诸多般若学的基本概念进行分疏和解释。

在佛教理论中，"空"是最核心和根本的思想。佛教的智慧理论、世界理论、成佛理论（价值论及修行论）无一不是建立于其上的。所以探讨"空"的思想对理解佛学而言是基本的前提，由此就理解僧肇而言也是当先的一步。由于特殊的历史时空限制，对"空"的诠释和理解从一开始就具有中国人的学术气质，即带着浓厚的玄学影响来解释这一思想。③ 所以，我们在理解僧肇以及那个时代"空"的思想时，就不能一味按照印度原始含义去阐释，而应该从当时的佛学与玄学的双重背景去探

---

① （梁）释慧皎撰，汤用彤校注：《高僧传》，中华书局2004年版，第249—251页。

② 《汤用彤全集》第一卷，河北人民出版社2000年版，第249页。

③ 方立天：《中国佛教哲学要义》上卷，中国人民大学出版社2002年版，第37—38页。

讨。毕竟，“两晋佛教，佛教史家们称之为佛教玄学化时期。”①

故而，为了两方面都相对明确地展示出来，从而更好地看到僧肇思想在这个时期的学术意义，本文先通过对魏晋玄学主要问题之一“有无”进行分析（主要是最有代表性的三家：王弼、裴頠和郭象的理论），展示“有无”之辩中不同的理论特色。然后再对僧肇的思想逐一解构，阐明他的不真空思想，显示不同于前的理论思维。最后，也就是余论部分总结僧肇思想对于“有无”之辩的重大转向。

二 “有无”之辩

在魏晋玄学所讨论的诸多问题中，极具思辨意味的是对“有无”的讨论，即“有无”之辩。无独有偶，在佛学的般若学中，“空有”也是具有深刻含义的概念。可是在佛教的早期传播中，学者们对于“空有”的理解却是在“有无”的概念下解释，从而在理解上出现了很多问题，直到僧肇方给予解决。为了更好地清晰判断和解读僧肇关于“空”，以及相对而存在的另外一个概念“有”，我们有必要先考察魏晋玄学时期的一对相似概念的争辩，即“有”和“无”。

如果以“有无”之辩作为讨论的核心，那么魏晋可以粗分为三段②：何晏、王弼以注疏三玄首发玄学的开端，历史上称为正始之音，二人尤其是王弼，在《老子》注中提出了以“无”摄“有”本体论思想，经过激烈的讨论和批判后，裴頠因意识到了贵无论的弊端，在于世人玄谈虚浮，不务实事，荒废名教，反其道而行之，提出以“有”摄“无”的存在论主张。从而由“贵无”论发展到“崇有”论。但是二者均有走向极端的弊垢。之后，玄学走向了融合，以向秀、郭象《庄子注》为代表的“独化”论思想补充了“崇有”论的本体论上的不足，吸收了“贵无”的方

① 许抗生：《三国两晋玄佛道简论》，齐鲁书社1991年版，第173页。

② 魏晋玄学的分段问题牵涉极广，基本的分段思路是以汤用彤先生的“名教”与“自然”的关系为原则来区分的，并由此而延伸出了历史时期（汤用彤先生等）、本体论问题（李锦全先生等）、政治学术问题（方立天先生等）不同的划分方式。由于与本文关系不大，故而只做简略的勾画。

法论进行融合。①

（一）本体论意义上的“贵无”说

王弼在《老子注》的第一章，也是极富有本体论意义的一章中指出：“凡有皆始于‘无’，故未形无名之时，则为万物之时；及其有形有名之时，则长之、育之、亭之、毒之，为其母也。言道以无形无名始成，万物以始以成而不知其所以，玄之又玄也。”

王弼的这段注至少能从四个层面来理解：首先，“有”是所有呈现出来的事物的显象，它不是具体的“有”，而是就显象共性上存在的一般来说的“有”。这个“有”在一般的意义上说，就无所谓从数量或质量上分辨个别了，因此，它是包罗万象的，以及抽象的。这样被抽掉所有具体规定性的“有”，到达最抽象的阶段也就等同于“无”了。“无”并非是什么都没有，恰恰相反是所有“有”，虽“有”却“有”而未发的状态。于是“无”便成了“有”的根本。“无”一定要经过“有”的演发才能实现其作为“母”的意义；而“有”只能在“无”的前提下方能找到能够显发万物的根据。其次，“形名”是“有”发扬其功能，显现其状态的初始状态。“形”可以说是万物得以展现其自身的状态，但仅仅是状态，而“名”则可理解成是人用自己的语言来对“形”进行规定的表象或者概念。于是，万物就以两种形态表现出来，我们或许可以说是物质的状态和精神的状态。从“无”到“有”这是抽象的层面，而从“有”到有“形”、有“名”的阶段则是具体展现的阶段。第二阶段虽然已经脱离了“无”的抽象，但是由于“无”是有而未发的状态，所有的“有”的性质都是可在“未发”中找到，因此即使到了现象展示的阶层，“无”仍然在“长之、育之、亭之、毒之”。故而，在第三个方面看，“道”得以成，必然要在“有”之先，为“有而未发”的“无”，只有这样在“有”有

① 对于这一时期的学术走向现代学者们做出了不同的解释。许抗生先生在《三国两晋玄佛道简论》一书中指出，《庄子注》是“贵无”“崇有”两派学说的“合题”。《列子注》则与后期的《肇论》等构成了最后一期的魏晋玄学。王晓毅先生在《儒释道与魏晋玄学形成》一书中同样把《庄子注》视为玄学理论的“巅峰”（见第276页）。康中干先生在《有无之辩——魏晋玄学本体思想再解读》中也认为《庄子注》是有无二论的有机统一，但是不同在于他认为《列子注》标志着魏晋玄学从本体理论向人生理论的转向，僧肇则推动了这一转向地完成（见第76—77页）。

“形名”之时，“形名”才能从“未发”的性质而为“发”的现象。然后，道才能一以贯之。而最后一个层次，我们才能说“有”而形名，为第一玄，“无”而现“有”为第二玄。此之为“玄而又玄”。

基于以上的解释，王弼才在以后说道：“载之以道，统之以母，故显之而无所尚，彰之而无所竟。用夫无名，故名以笃焉；用夫无形，故形以成焉。守母以存其子，崇本以举其末，则形名俱有而邪不生，大美配天而华不作。故母不可远，本不可失。”（《老子注》第三十八章）

因之明确地提出了“守母存子”“崇本举末”的本体论命题。所谓的“守母”“崇本”就是站在本体论的角度上，对于大道的把握和认知，而“存子”“举末”则是通过对大道把握和认知后的具体的运用，因为只有在认知“道”而不为“道”之下的具体的“有”所障蔽时，才不会出轨，才可能在具体的生存中永远都顺于“道”，以“道”为依据和标注来处置“形名”。所以王弼的“贵无”在本体论意义上并非是崇尚虚无，或者应该更准确地说是“贵道”，崇尚包含着无限的“有而未发”的“无”，这就是“道”。所以提高“无”之“道”恰恰是为了更好地体现“无”的价值，使这一思想具有深层的哲学意义。

（二）存在论意义上的“崇有”说

然而随着历史环境的演变，到裴頠的年代，学术的背景发生了很大的变化，据《晋书·裴頠传》记载：“頠深患时俗放荡，不尊儒术，……乃著崇有之论，以释其蔽。……王衍之徒，功难交至，并莫能屈。”《世说新语·文学》注引中说道：“頠疾世俗尚虚无之理，故著《崇有》二论以折之。”由此可见“贵无”思想确实有一些负面的影响出现。于是政治生活的现状成为直接导致裴頠作《崇有论》的原因。不过我们也应该意识到《崇有论》尽管是直接服务于政治的，但是当它成为理论著作时，又必然成为一种新的学术走向，而且由于“崇有”是直接针对“贵无”的，因此自然成为了前一阶段理论的反动。

《崇有论》开宗明义认为：“夫总混群本，宗极之道也。方以族异，庶类之品也。形象著分，有生之体也。化感错综，理迹之原也。夫品而为族，则所禀者偏，偏无自足，故凭乎外资。是以生而可寻，所谓理也。理之所体，所谓有也。有之所须，所谓资也。资有攸合，所谓宜也。择乎厥宜，所谓情也。……众理并而无害，故贵贱形焉。”①

在裴頠看来，各种存在的事物，当最终走向终极的时候，就有一个“道”作为总揽，统摄着万物。从“道”以下，就可以分成族类的不同；族类之下，由于具体的形象的产生，于是有了所谓的个别之体。从族类开始，既然有了具体的形象或者具体的规定，因此它就不可能自足，其性质有所“偏”而非全。这样，一个事物的产生和形成必然要通过他类来成就。因此就“道”而言，万物的“道”或者根本就是“有”，而“有”的用则是“资”相互为条件。所以“有”不是抽象在万物之外的某个东西，它本身就是万物的自体和效用。但“有”又不是超越于所有“有”之上的本源，而是实际的存在。

既然“有”才是万物的根本，是“道”，那么“无”就只能是伴随着“有”而出现的一个附属。“夫至无者无以能生，故始生者自生也。自生而必体有，则有遗而生亏也。生以有为已分，则虚无是有至所谓遗者也。故养既化之有，非无用之所能全也；理既有之众，非无为之所能循也。……由此观之，济有者皆有也，虚无奚益于已有之群生哉。”②

“无”本来在王弼的哲学里面是最高的范畴，可是到了裴頠这里出现了变化，“无”不再是高高在上的，能生万物，万物又时时体现着的大道，在裴頠那里，它只不过是“有”的一种空缺，而这种空缺又仅仅是具体事物规定性达到最外延时的，相对于他者的空缺，因此不是虚无产生“有”，恰恰相反是“有”产生虚无。所以虚无只是一种存在的状态，不能有任何生发功能。每一个事物的存在就是因为它们自身是“有”的，即使每个具体的“有”在规定性上是不全面的，但是这种状况并不需要“无”来实现完善，所需要的只能是“有”与“有”之间的相“济”。如此一来，“有无”的关系完全颠倒过来了：在存在论意义上理或道以“有”的方式实现所有的个别的“有”，而“无”只是附带，为“有”的亏缺，“有”能在分有中实现“用”，其唯一的方式就是各个“有”之间的相济来完成，而不是靠虚无。

如果从抽象的角度来看，我们认为裴頠的“崇有”论，把“无”排

① 《晋书·裴頠传》，北京：中华书局1982年版。

② 同上。

斥为“有”的亏缺，仿佛“无”变成了“有”的不重要的一个结果，或者仅仅是当作一种性质上的不完备，这体现的是存在论的观点，然而，它的缺陷是直接将“无”，这一已经研究过的、蕴含着丰富内涵的概念直接放入一个次要的和具体的现象中，这种做法使得裴頠对“无”的处理变得比较简单并显得不成熟。因为王弼的“贵无”论体现的是生成论的观点，即以“无”，一个不是空无的、包罗万象的“未发”的“有”作为逻辑的起点，由它而显发万物，使万物只是作为已“显发”的分有。这种将“无”放在本体论上进行的思考，在哲学的创建上是非常深邃的。不过他却一味地强调直接把握“无”的方式就是无为，体无，常静。这将会出现与事实生活的明确地断裂，于是成为了裴頠批判的依据，并且从理论上说本体论意义的概念是否能直接地不经任何中介就能展现于现象世界本身也是一个极为复杂的问题，而这也是“崇有”论看来不可理解的东西。

由于裴頠的思想只在《崇有论》一文中体现，并且加之他末世过早，很多东西没有完整地发挥出来。所以真正完成对“有无”之辩进行综合批判的是与他同代的郭象。

（三）现象论意义上的“独化”说

虽然郭象对“有无”之辩的总结是偏向从“有”的方面来阐发，但是他与裴頠之间却有很大的不同。[①] 我们认为如果就本文的论题来说，郭象超越之处在于：以“独化”而“相因”来融合王、裴二人的本体论。

在《庄子注》中，郭象针对“无”的问题提出了“独化”的、否定“无”的本体论意义：

“无既无矣，则不能生有，有之未生，又不能为生。然则生生者谁哉？块然而自生耳。自生耳，非我生也。我既不能生物，物亦不能生我，则我自然矣。”[②]

在“有无”的问题上，郭象一如裴頠一般，否定了“无”能生物并

---

① 汤一介先生详尽分辨了裴郭二人的不同，主要表现在四个方面：“有始”与“无始”；“外资”与“独化”；“无为”与“有为”；“入世”与“出世”。参见《郭象与魏晋玄学》，第156—160页。

② 郭庆藩注：《庄子集释》，北京：中华书局1961年版，第754页。

使变化的观点。他认为“无”就是“无”，既然是“无”，在性质上与“有”便不是一样的东西。所以在“无”与“有”之间不存在“生”的关系。能生“物”的只能是物本身，它是如其所现那样，“自生”的而不需他者来实现其产生。自己便是自己的根据。所以说“夫有之未生，以何为生乎？故必自有耳，岂有之所能有乎！此所以名有之不能为有而自有耳，非谓无能为有也。”[①] 可是，“世或谓罔两待景，景待形，形待造物者。请问：夫造物者有邪？无邪？无也，则胡能造物哉；有也，则不足以物众形。故明乎众形之自物，而后始可与言造耳。是以涉有物之域，虽复罔两，未有不独化于玄冥者也。故造物者无主，而物各自造。物各自造而无所待焉，此天地之正也。故彼我相因，形景俱生，虽复玄合，而非待也。明斯理也，将使万物各反所宗于体中而不待乎外。外无所谢，而内无所矜，是以诱然皆生而不知所以生，同焉皆得而不知所以得也。”[②]

通过这段引文，我们可以看到，郭象注意到一般的流俗观点，认为就是连影子（罔两）也要有形作为依靠，更何况一般的物，所以形或有形之物是依靠着造物主而有的。但是在郭象看来，造物主是“无”的话，“无”与“有”的性质是不一样的，故无不可生有；而如是“有”的话，“有”是不全面的，也不能生出万物的每一个性质。这样“无”或“有”作为造物者的性质来说，都是不能成立的。于是郭象认为物只能是“独化于玄冥”，自然而然地生住异灭。虽然像影子和有形之物似乎有相合关系，但这种相合并不是一种原因产生结果的必然，而影子和有形之物的关系只是某种不为所知的“玄合”。这样的冥合既不是对“有”也不是对“无”暗合，因为“玄冥者，所以名无而非无也”[③]，我们或者可以强名之为某种状态或境界，于是冥合就只能是对某种“玄冥之境”的暗合。所以影子还是影子，有形之物还是有形之物，彼此之间不能产生因果的相生关联。只能是影子或有形之物自类相生。所以在讲到相生的联系之时，郭象用了“诱然”一词来表示不可知的特点。从而否定了“无”能生

① 《庄子集释》，第 802 页。

② 同上书，第 111—112 页。

③ 同上书，第 257 页。

“有”的观点。为了保证这一论题的严密性，他甚至指出“有”也不能生“无”的说法：“非唯无不得化无而为有也，有亦不得化而为无矣。是以夫有之为物，虽千变万化，而不得一为无也。不得一为为无，故自古无未有之时而常存也。”①

郭象对于“有无”之辩的问题，我们可以说从一定程度上给予了解决。首先他否定了一个造物主的存在，因此否定了作为外因的原因，并且通过分析指出造物主的性质“有无”皆不可，从而否定了作为始源性的第一因。这样，无论具体的“有”或“无”都是不能互生的。其次，郭象因此用玄冥之境来代替造物者，而只承认万物“独化”都是暗合此境。在这样的前提下，才作出物是“独化”的自性相生相变的，其生灭变化原因只在于自身的内部，自身的规定性成为自身的原因。

但是这样的理论是否完全解决了“有无”的问题呢？我们认为郭象虽然以否定造物主的性质的方式否定了“有无”，但是这时的“有无”只是一个具体的“有无”了，至少说是在造物主概念下的有局限的性质。相对比较，王弼说的“无”是本体论意义上的，具有始发性、功能性和逻辑性的意义，而裴頠说的“有”则是就存在论上的，具有现实的意义，是一个相互“资”“济”条件下的全“有”或“存在”。所以郭象所说的“有无”在本体论意义上和存在论意义上都达不到他们的深刻。而之所以说他的理论在某种程度上融合了前两家，我们认为是就他以“独化”而“相因”这样的自体自性而自生的现象论对“有无”讨论进行了转向，即将本体论意义上和存在论意义上的“有无”限制在具体的有规定性的“有无”上，从而以“玄冥之境”来悬设“有无”的讨论，使其理论呈现出现象论的特质。可是我们应该注意到即使以生灭变化来作为说明形而上学的问题，仍然有很大的漏洞。

行文至此，我们完成了对魏晋玄学中“有无”之辩的三个著名理论进行的分析和梳理。王弼理论的“无”主要是本体的、逻辑的和功能的。裴頠的“有”体现的是存在的、现实的。而郭象的“独化”则表现了现象的和变易的。但是总的来说他们的思想源泉均是中国的本土思想。而正是这样的玄学思想站在强势的方面影响着初期的佛学思想。

① 《庄子集释》，第763页。

三　僧肇的“不真空”思想

当僧肇撰写《不真空论》时，魏晋玄学的讨论高潮已经接近尾声。就文章的写作时间来看与上文所说的三家距离较远，但是就学术的发展来说，其时代讨论的问题却并没有隔阂。更何况在僧肇前，由于玄学思维的影响，使得其间出现了一大批以“格义”为学术特征的玄僧。虽然道安、慧远已经对般若思想做了正本清源的工作，鸠摩罗什至华后，亦使般若经典的翻译更为准确，但是玄学对世人的影响仍然没有消失，所以为了让般若学能被正确地理解，作为四大义解高僧之一的僧肇，不得不依托在玄学的一些基本命题上（《肇论》有76处用到老庄的语言[①]），如“有无”以及相关的“名物”的问题，来陈述其观点。所以我们下面要做的工作是将《不真空论》中对玄学，尤其对“有无”之辩的批判以及对缘起性空思想的总结阐发出来。

（一）何谓“不真空”

“欲言其有，有非真生。欲言其无，事象既形。象形不即无，非真非实有。然则不真空义，显于兹矣。故《放光》云：诸法假号不真。”[②]

元康《肇论疏》认为：“此论第二明空申真谛教也。诸法虚假，故曰不真。虚假不真，所以是空耳。有人云：真者是有，空者是无，言不真空，即明不有不无中道义也。此是为蛇画足，非得意也。若如所云，则空非中乎？大分深义为何所在？既不然矣，今不用焉。”[③]

德清《肇论略注》：“此论真空不空。以为所观真谛之境也。不真有二义。一有为之法。缘生故假。假而不实。其体本空。此俗谛不真故空。名不真空。真性缘起。成一切法。体非断灭。不是实实的空。名不真空。有是假有为妙有。空非断空为妙空。此则非有非空为中道第一义谛。”[④]

这两个注疏都是立足于第一真谛来解释“不真空”的。元康是三论

① 许抗生著：《僧肇评传》，南京：南京大学出版社1998年版，第181—190页。

② 《续藏经》第二编第一套第一册，僧肇《肇论》。

③ 《续藏经》第二编第一套第一册，元康《肇论疏》。

④ 《续藏经》第二编第一套第四册，德清《肇论略注》。

宗的背景，所以在注释时强调诸法的虚假，就是“不真”，而虚假不真的性质就是“空”，所以他反对“真者是有，空者是无”这种带有极强玄学味道的看法，认为“空”于“不真”是当下即是的关系，“空”就是“不真”之物的空性，所以是“不真”即“空”。而德清，认为“不真”有两层意思：一方面将俗谛的诸法不实在当作不真之空或假有而空，故而为妙有；另一方面又将真性（空性）的启用，对假法的启用后，形成一切有为的假法，当作不真空，不是假有断灭后的空空如也，故而为妙空。所以最后是非有非空，“非有”就空性而言，“非空”就假有而言，这便是作为“第一义谛”的“中道”。虽然说法上不同，但是元康与德清所依据的都是中观学性空的思想来解释的。唯一不同只在于侧重点偏向，元康侧重于以空性为基点说真空妙有，而德清则强调中道的不落两边。

（二）缘起与性空的“不二”中道①

僧肇根据中观学派的两部经典《中论》和《大智度论》即《摩诃衍论》的思想集中通过论述“有无”的问题，来说明最基本的一对般若学的概念。

“《中观》云：物从因缘故不有，缘起故不无。”

“然则万物果有其所以不有，有其所以不无。有其所以不有，故虽有而非有。有其所以不无，故虽无而非无。虽无而非无，无者不绝虚。虽有而非有，有者非真有。若有不即真，无不夷迹，然则有无称异，其致一也。”

“夫有若真有，有自常有，岂待缘而后有哉！譬彼真无，无自常无，岂待缘而后无也！若有不自有，待缘而后有者，故知有非真有。有非真有，虽有不可谓之有矣。不无者，夫无则湛然不动，可谓之无。万物若无，则不应起，起则非无，以明缘起故不无也。故《摩诃衍论》云：一切诸法，一切因缘故应有。一切诸法，一切因缘故不应有。一切无法，一切因缘故应有。一切有法，一切因缘故不应有。寻此有无之言，岂直反论而已哉！若应有，即是有，不应言无。若应无，即是无，不应言有。言

① 我们要注意僧肇很多地方所用的“无”是与“自虚”或没有自性的“空”相对。而非指绝对的“虚无”。

有，是为假有以明非无，借无以辨非有。”（《肇论》）

首先他指出一般的人都认为物是有一个自性的“常”存在。可是如果事物有自性的话，那么为什么还需要条件呢？因此，僧肇偏向于缘或条件的方面，认为一切诸法都是由缘起来生成的，当然就不会存在所谓诸法有没有自性的问题。任何的法都是由无数的缘所成，所以物就不可能有“常”，不能有自性。这样万物只是缘起时候的现象，这些现象只能是假有。于是，“有”便是一种相对于“真”的假，它只是在相状上的“有”，而不是性质上的“有”，所以“有”的意义不是在于去规定任何的事物，它也没有能力去产生其他事物，更没有能力去规定他者。它的存在是消极的、虚幻的。诸法因为缘起所以消极地存在，就是说不真实地存在。但是，并不是就说虚妄的“有”便是“无”了。因为僧肇认为无是“湛然不动”的，[①] 是某种不会变化的，具有自体自性的彻底的虚无形式，如果按照缘起论，这样有自性的“无”也是不能成立的。所以说如果万物的自性就是这样的虚幻，则万物就不会缘起而成为万物了。既然万物在事实上是要各种条件来完成的，要通过缘起的方式来呈现起相状，就必然不能是“无”。于是在没有自性为前提下的“有”“无”才有可能成为相通的概念。否则“有”是有自性的，它就不能转化为“无”，而“无”因为以绝对不动的虚无为规定性，因此也不能转化为“有”。只有在万物自虚、缘起和合的条件下，才能够相互利用。它们的相互运用，就是在承认缘起的前提下，“言有，是为假有以明非无，借无以辨非有”，以假有来限制否定有真的“无”，而以“无”来显现“有”的无自性。如果回想一下前面关于郭象的分析，我们不难看出二者的相似，我们认为这应该是前者对后者的影响吧。

僧肇通过缘起说来否定自性的观念，而这样的观念是玄学重要思想。因为不论是王弼的“无”，或者裴頠的“有”，还是郭象的“独化”，都是建立在自性上的。所以从这个层面上说，僧肇确实是对魏晋玄学思想上的一个转向。而这一转向在僧肇的理论中还需要另外与“缘起”相对的

① 对于此处所说的“无”，元康注道：“若湛然不动，始可名为无也。”德清则注为：“若无则湛然不动。可谓之无。湛然者，以始教相宗，不许真如随缘，谓凝然不变。”两家的注释均认为是一种与“有”相隔绝的某种自性。

概念“性空”。所以接下来他集中地对“性空”进行论述。在僧肇看来，否定自性就是在否定事物与事物之间的隔绝。也就是说，事物之间是可以相通，虽然具体的相状不同，但是就缘起而生来说，是相通的。既然任何事物都是缘起的，所以事物在本性上就是“无”的，也就是“无”自性的。但是问题在于是否事物无自性，就一定是“性空”的呢？虽然事物是由条件和合而成的，那么是否可以说在和合状态下，事物就获得了某种和合时的特性？僧肇认为这是不对的。他用幻化人的著名比喻来说明，即使这样和合也是没有自性的。“譬如幻化人，非无幻化人，幻化人非真人也。”（《肇论》）这个例子说明，幻化人，本身是幻的，但是它有能够显现自己的现象，所以幻化人不可能有自性，即使有因缘能形成幻化人，这时和合状态下的幻化人仍然是幻化的，不实在的。因此，不论幻化人也好，世间的事物也好，都只能是虚幻而不实在的，也不存在什么自性，这样很自然地就说明了性空的原理。既然缘起，又是性空，于是世间上的一切现象在两个层面上相通：缘起便是假有，假有就是性空。

现在的问题是，虽然“缘起性空”的命题已经可以成立，但是缘起和性空的关系又是什么呢？是先缘起后性空，还是先性空后缘起？这个问题曾是“即色宗”遗留下来的。僧肇明确地指出，二者并不存在先后关系，而是“即”或说是“当下”的关系。

“《经》云：色之性空，非色败空。以明夫圣人之于物也，即万物之自虚，岂待宰割以求通哉！是以寝疾有不真之谈，超日有即虚之称。”

《经》据元康考证应该是《维摩诘经》。该经的旨要就在于否定有无，而不落两边。僧肇指出经论中所提到的“色”法或者说诸法，本来就是性空，就是“自虚”的，所以色法并不需要自身灭除后，再有一个空性显露出来，这就是“非色败空”。我们可以推论这样的结果，如果要色败以后才有空性，那么空性很可能带上自性的特点，而与缘起论相违背。所以说物本身在缘起时，就已经是幻有了，而幻有就是不真，不真之性就是空性。作为色法的假有，诸法的自性空，从根本上说，就是一体的两面。也正是从这一点上说，汤用彤先生将僧肇的理论视为体用论的①（当然这种说法是否得当，还应进一步研究）。因此“色”在本性上是“空”的，

① 《汤用彤全集》第一卷，河北人民出版社2000年版，第250页。

当然也就不用废除色法而显空性。这一结论随后导致出另外一个结论，也是僧肇最终要得出的结论：

"《摩诃衍论》云：诸法亦非有相，亦非无相。《中论》云：诸法不有不无者，第一真谛也。……《经》云：真谛、俗谛谓有异耶？答曰：无异也。此经直辩真谛以明非有，俗谛以明非无。岂以谛二而二于物哉？"（《肇论》）

这段引文表达了僧肇关于真谛与俗谛的看法。即真谛是就万法皆空的方面来说，而俗谛是就万法假有的方面来说，由于在上面我们已经分析过了他关于假有即真空的思想，因此可以很明显地看到僧肇要呈现的意义在于真谛与俗谛对于世间的万物来说，无所谓二，它们本身就是一，这样诸法不有不无，不落两边，真谛俗谛，不异而一，便是"第一真谛"或者说即是"中道"。而这亦是中观学派的旨要所在。

到此，僧肇通过缘起，性空，缘起即性空，缘起即俗谛、性空即真谛，真俗二谛圆融即中道五个环节深入地辨析完成了对整个般若学的解构，可谓理深而文约，义幽而词华。

（三）批判三家

在魏晋时期，般若经典虽然有所翻译，但是翻译的用语很多都是借用魏晋玄学的语言，这就使得学者们在理解般若思想时产生了极大的困难。同时，般若思想在初传之时，印度独特的思维方式又与中国本土思维模式不同，由此又导致了理解外来思想时不得不带上本土的学术气质。兼之中国自汉朝以来的注释学甚为发达，这一传统治学方法至魏晋时仍为学者们所继承。基于以上三个原因，初期般若学的研究呈现了极强中国学术气质的"格义"学，并形成了"六家七宗"的般若学流派。但是格义学往往会带来对很多内容的强行解读，很容易导致佛教思想的歪曲和误解。因此，时至僧肇，他的理论客观上形成了对以上各家的总结性的批判，从而对佛教般若学进行了梳理，实现正本清源的目的。

元康的《肇论疏》中提到："宋庄严寺释昙济作《六家七宗论》。论有六家，分成七宗。第一本无宗；第二本无异宗；第三本即色宗；第四本识含宗；第五本幻化宗；第六本心无宗；第七本缘会宗。本有七宗，第一家分为二宗，故成七宗也。"以上七宗都是不同时期关于般若学的不同观点，但是其中和般若学中“空”的思想联系密切的，则主要是本无宗、即色宗和心无宗，所以这三家也就自然成为了僧肇的针对对象。①

首先僧肇批判的对象是心无宗。

> “心无者，无心于万物，万物未尝无。此得在于神静，失在于物虚。”（《肇论》）

心无宗提倡者应该有两支，一是吉藏和安澄考证：

> “第三温法师用心无义宗。心无者，无心于万物，万物未尝无。此释意云：经中说诸法空者，欲令心体虚妄不执，故言无耳。不空外物，即万物之境不空。”（《中观论疏》）② 安澄引《二谛搜玄论》说：“晋竺法温为释法琛法师之弟子也。其制《心无论》云：夫有有形者也；无无像者也。然则有像不可谓无，无形不可谓无有。是故有为实有，色为真色。经所谓色为空者，但内止其心，不滞外色。外色不存，余情之内，非无如何？岂谓廓然无形，而为无色？”③（《中观疏记》）

另据元康考证：

> “心无者，破晋朝支愍度心无义也。”（《肇论疏》）

根据上面的引文，我们可以大概地了解到，心无宗对般若学的解读是放在“心”的上面。法温法师以围绕形和像来说明事物的真实存在。他认为“有”就是有形有像，而“无”则是无形无像，这一观点我们似乎可以从裴頠的《崇有论》中找到相似之处，而且以形像为有无载体作为讨论有无，本身就继承了魏晋玄学的风格。所以法温承认外面的境像是实

① 关于六家七宗的主要资料可参照吉藏的《中观论疏》、安澄的《中观疏记》，以及《名僧传钞·昙济传》。

② 以下所引均出自吉藏《中观论疏》，《大正藏》第42卷。

③ 以下所引均出自安澄《中观疏记》，《大正藏》第65卷。

在的，是“真色”的观点，与其说是接近佛学，不如说是接近玄学。至于经论中所说的“色即是空”，他认为就是空心于万物，使得心不为万物所动，保持宁静，就这一点我们亦能从庄子的“心斋”“坐忘”中看到一丝关联。如果以中观学来看，法温的观点是执外境为实有，从根本上与佛学相违。《大智度论》中专门有“十八空”一章论述空的具体含义，其中就有批判外境为实有的外空思想。所以僧肇虽然认为“神静”基本符合般若智慧，但是也抓住了法温的问题，即执外境的过失。另外的一支我们以为似乎和僧肇批判的有所不同，所以此处不予涉及。①

僧肇批判的第二家是“即色宗”：

> 即色者，明色不自色，故虽色而非色也。夫言色者，但当色即色，岂待色色而后为色哉！此直语色不自色，未领色之非色也。（《肇论》）

元康在《肇论疏》中说：“第二破晋朝支道林《即色游玄义》也。今寻林法师《即色论》，无有此语。然《林法师集》别有《妙观章》，云：夫色之性也，不自有色。色不自色，虽色而空。今之所引，正此引文也。”

吉藏指出：“次支道林著《即色游玄义》，明色即是空，故言‘即色游玄’论。此尤是不坏假名，而说实相，与安师（道安）本性空故无异也。”（《中观论疏》）

安澄引《山门玄义》所保留的《即色游玄义》曰：“夫色之性，色不

---

① 元康引证了《世说新语》的材料：“愍度欲过江，与一伧道人为侣。谋曰：若用旧义往江东，恐不辨得食。便立心无义。既此道人不成度江，愍果讲此义。后有伧人来，先道人语云：为我致意。愍度心无义那可立？此法权救饥耳，无为遂负如来也。从是以后，此义大行。”而吕澂先生在《中国佛学源流略讲》中也引用了该书刘注：“旧义者曰：种智是有，而能圆照。然则万累斯尽，谓之空无；常住不变，谓之妙有。而无义者曰：种智之体，豁然太虚，虚而能知，无而能应。居宗至极，其为无乎？”随后指出“旧义把般若看成一切种智，是无所不知的，因而是有。支敏度已弃旧说，提出了心体的问题，认为心体是无，如太虚，虚而能知，无而能应”。第48页。如果按照僧肇原文所说的话，他所说的心无宗，似乎不是在批判心体的有无问题，而是在批判外境是否有无的问题。同时这一支涉及的主要是般若智慧的思想，与中道的真空假有还是有一定距离的。所以我们认为支敏度应该不是僧肇针对的主要一支。

自色。不自，虽色而空。知不自知，虽知而寂。”（《中观疏记》）从上面所保留的材料看，支道林的思想主要表现在两个方面：一方面，色法或事物不能成为自己，或者自己产生自己，这叫作“色不自色”，之所以这样的原因就在于色法是没有自性的，因此，事物在没有自性的条件下是不可能产生自性的自己或他者。这是僧肇所肯定的。因为色法即空性的思想与中观学说相一致。但是另一方面僧肇否定的是支道林，他没有意识到，色法虽然是自性空，但不是先否定了色法才是空。色法本性就是空，其根本原因就是假有和性空本来是一体的。没有时间或者空间的前后，而有所谓色法是因，空性是果，或者空性是因，色法是果的说法。反过来，也就是说在因缘聚合的时候，各种因缘条件就已经是色法了，它们都是假有的，所以说“色即是色”，假有与假有聚合时所显现的聚合状态下的色法，仍然是假有。因此也就不存在前一种色法生后一种色法的结论了。在此我们应该注意到僧肇非常思辨化的论证，直接用性空的思想防止了假有生假有的危险，而保证了假有性空的统一。

第三家被批判的是“本无宗”：

> 本无者，情尚于无，多触言以宾无。故非有，有即无。非无，无亦无。寻夫立文之本旨者，直以非有非真有，非无非真无耳。何必非有无此有，非无无彼无？此直好无之谈，岂谓顺通事实，即物之情哉！（《肇论》）

元康的《肇论疏》说：“第三破晋朝竺法汰本无义也。”但是吉藏却指出本无义另有其人，应为法深。据汤用彤先生①和吕澂先生②考证均认为应该就是竺法汰，而许抗生先生③却认为是法深。不过将法深归为心无异宗是没有问题的。所以僧肇批判的第三家应该准确地说是心无异宗。

吉藏引述道：“深法师云：本无者，未有色法，先有于无，故从无出有。即无在有先，有在无后，故称本无。”（《中观论疏》）

---

① 《汤用彤全集》第一卷，河北人民出版社 2000 年版，第 190—191 页。

② 吕澂著：《中国佛学源流略讲》，中华书局 2002 年版，第 54 页。

③ 许抗生著：《三国两晋玄佛道简论》，齐鲁书社 1991 年版，第 205—207 页。

安澄亦引："夫无者何也？壑然无形，而万物有之而生者也。有虽可生，而无能生万物，故佛答梵志：四大从空生也。""诸法壑然无形，为第一义谛。所剩万物，名为世谛。故佛答梵志：四大从空而生。准之可悉。"（《中观疏记》）

按照这两条材料，法深法师所说与魏晋玄学中的"贵无"论非常相像。他将佛教所说的空，当作了"无"，"无"能生"有"，"有"只是作为具体的规定性的能生之物，所以"有"不能生长万物。但是"无"是无形的，壑然，不为人知，所以"无"没有具体的规定性，这样在生养万物的时候，就不会被限制了。"无"成为了发生学上的第一因。于是色法就必然带有"无"的性质了。当这一理论联系到佛教时，就成了"空"也是发生学上的本源，"空"因而能生出色法，色法亦因为此而与"空"为有机的统一。这样的观点可以说是佛学和玄学融合的产物，但对于般若学而言是不准确的，故而也受到了僧肇的严厉批驳。

僧肇认为本无异宗，最大的问题是对"无"的青睐，从而对"空"产生误解。他直接针对该宗将"有""无"完全分开表示了不满。而对法深的破斥则是用中观的非有非无的观点。僧肇认为，法深的错误在于承认了"无"最高的地位之后，出现了两个问题：一个是"有"因为最终要依靠"无"生，于是"有"的意义完全被取消，所有的"有"的性质都只能归于"无"，这样不论是"非有"还是"非无"都只能是"无"了。即"故非有，有即无。非无，无亦无"。第二个是即使暂时地承认"有"可以具有独立的存在个性，但是当这个具体的"有"消灭或者在它的规定性之外而承认有"无"的存在，"无"也是有自性的，即相对于"有"而言的没有。这样，"有"和"无"仍然是两边的，没有办法相通。即"非有无此有，非无无彼无"。所以无论从哪一方面来看，僧肇认为法深都没有理解缘起性空理论。因此，他最后指出，万物皆缘起，故而"非有非真有"，但性空不是绝对的虚无，所以"非无非真无"。

如果说本文的第二部分揭示的是僧肇关于缘起性空的思想的话，那么我们可以说第三部分是他对这一理论的具体运用，事实上如果我们参照魏晋玄学的"有无"之辩的争论，将会发现一个事实：僧肇对三家的批判，就其思想所涉及的广度和深度来看，不只是局限于佛教内部的思潮，而是深入到了魏晋玄学以来的"有无"之辩的问题。

四 余论

魏晋玄学“有无”之辩经过数百年之后，人们已经非常熟悉所讨论的问题实质、内涵、概念、用语。但是如果用自己很熟悉的思维模式和语言对新问题解释就很容易误解，更重要的是不容易摆开学术习惯，不能对新的思想体系形成贴切得当的理解。所以说在般若学初传时不成熟的佛学黏着在玄学之上，很多概念问题没有展开，而当般若学作为一个完整的体系由鸠摩罗什带入中国后，新问题意识才被激发了。在这一过程中，僧肇对于理论上的建树是极高的。他很清晰地意识到旧有的“有无”之辩的思想与般若思想的不同，因此，他立足于旧的语言来说明新的问题。并以此极为准确地表达了般若思想，使人们清楚地理解两个问题的不同。从这个意义上说，我们认为僧肇在客观上实现了哲学转向，即以缘起性空的中观思想对“有无”之辩的转向。

魏晋玄学的“有无”之辩，我们认为有一个共通的特质，这也是中国本土思想的一个特质，就是承认自性的有。王弼的“贵无”理论中强调“无”作为一种“能发而未发”的本体是有自性的，如此下来，兼备形名的“有”是从“无”而来，因此其规定性更加明确。虽然裴頠的“崇有”论强调“有”是一种存在论的，但是，每一个具体的“有”又是实实在在的，可以相互资济的，即使从存在论的角度看“有”，“有”也是如实的“在”，在本身就不是虚无的或虚假的，同时“无”虽然是有的缺无，但它也可以从“有”得到负面的规定性。及至郭象提出了“独化”论，虽然他悬置了“无”而用“玄冥之境”来回避，但是在“独化”的状态中每一个物都是能生自类的，所以“独化”之物是有自性。同时郭象虽然指出了事物在不可知的条件下获得了组合，但是这样的条件也是可与“玄冥之境”暗合的。所以仍然没有脱离开自性的基本概念和范畴。

相对于魏晋玄学的般若学说，则是用两个缘起性空的概念来否定自性之说，而僧肇就是看到了这一点。所以他无论在批判三家般若学派也好，还是建构自己的般若理论也好，始终围绕缘起性空而论。根据我们上面的分析，“有无”之辩的一个核心问题是自性。所以僧肇以否定其自性的根据作为要旨。在他看来所谓的自性就是“常”，“常”便是永远地不会变化，那么既然不会变化，如何能生能灭呢？同时既然是“常”，那么事物为何还要条件呢？所以他认为“常”是不可能存在的，无论是“常有”还是“常无”。一切的事物都是缘起的。在这一点上与魏晋玄学就具有极大的差异。因为魏晋玄学的无论是本或末，或有或无，或独化或相因，都是在体性上一致的。而僧肇恰恰反对的就是这一观点。因此，他用缘起来取代自性。但自性的取代，不是完全没有，与缘起直接相连的是性空。于是性空正好针对绝对的“无”。这样僧肇运用般若学以缘起转化体性的“自性”的“能生”，以性空转化“自性”的“有无”。于是，在学术特质上呈现不同于以往的性格，并客观上实现了魏晋玄学“有无”之辩的向缘起性空的转向。

参考文献

僧肇：《肇论》，《续藏经》第二编第一套第一册。

元康：《肇论疏》，《续藏经》第二编第一套第一册。

德清：《肇论略注》，《续藏经》第二编第一套第四册。

慧皎撰，汤用彤校注：《高僧传》，中华书局2004年版。

吉藏：《中观论疏》，《大正藏》第四二卷。

安澄：《中观疏记》，《大正藏》第六五卷。

郭庆藩：《庄子集释》，中华书局1961年版。

《晋书·裴頠传》，中华书局1982年版。

汤用彤：《汤用彤全集》第一卷，河北人民出版社2000年版。

吕澂：《中国佛学源流略讲》，中华书局2002年版。

方立天：《中国佛教哲学要义》上卷，中国人民大学出版社2002年版。

方立天：《魏晋南北朝佛学论丛》，中华书局1982年版。

任继愈：《中国佛教史》，中国社会科学出版社1982年版。

许抗生：《僧肇评传》，南京大学出版社1998年版。

许抗生：《三国两晋玄佛道简论》，齐鲁书社1991年版。

郭朋：《魏晋南北朝佛教》，齐鲁书社1986年版。

余敦康：《何晏王弼玄学新探》，齐鲁书社1991年版。

汤一介：《郭象与魏晋玄学》，北京大学出版社2000年版。

刘贵杰：《僧肇思想研究》，文史哲出版社1995年版。

涂艳秋：《僧肇思想研究》，东初出版社 1995 年版。
康中干：《有无之辩——魏晋玄学本体思想再解读》，人民出版社 2003 年版。
王晓毅：《儒释道与魏晋玄学形成》，中华书局 2003 年版。
［日］峰屋邦夫：《道教思想与佛教》，辽宁教育出版社 2000 年版。

论元晓对《大乘起信论》的“佛性”之充实

《大乘起信论》（以下简称《起信论》），被誉为中国佛教思想特色的典型代表，尤其是其佛性论中一心开二门的思维形式，被公认为是中国佛教对整个传统哲学的重大贡献。不过，从佛教理论自身的微观角度看，《起信论》关于佛性的分析，是由多重内在因素组合而成的。在《起信论》完整的古注中，净影寺慧远、新罗元晓和贤首法藏的注疏是最具有代表性的。而元晓的《大乘起信论疏》并《别记》，由于其对法藏疏的启发，深刻影响了中国佛教的理解方式。本文将通过元晓疏对《起信论》中佛性思想的理解，揭示出《起信论》佛性论的复杂结构，及其逻辑关系。

一 综 述

在《起信论》的研究中，分成真伪、历史、哲学三大类。就真伪而言，20世纪对《起信论》的出处，曾分成中国造和印度造之争，但没有具体结论。所以人们更加关注于历史和哲学方面的探讨。[①] 就历史论，吕澂强调《起信论》对华严宗、天台宗和禅宗的影响，并指出天台之分裂与起信思想相关。[②] 现代研究，较为突出的是分析《起信论》注释史上的人物关系、思想变

---

① 张曼涛编：《现代佛学丛刊》之“大乘起信论与楞严经考辨”，北京图书馆社卷三五。

② 吕澂：《中国佛学源流略讲》，中华书局2002年版，第200—204页。

迁等。[①] 就哲学论，学者做了大量探讨，比如本觉与始觉的关系、如来藏与染净的关系、熏习和种子的关系、一心二门的理论意义等。[②] 但《起信论》中关于佛性结构之关系，以及《起信论》本文和注释者们的关系是否能做统一观之，似乎谈论较少。针对此问题，我们将从《起信论》的佛性之结构要素，以及元晓疏入手，观察其中之端倪。

二 《起信论》佛性的结构与层次

《起信论》，建构了一心开二门的结构，通过五对范畴：真如与生灭、空与不空、觉与不觉、本觉与始觉、净心与染心，展开了一心二门的佛性要素。但是在具体的研究中，我们发现如果单独抽离出问题而没有结构的呈现的话，要弄清楚《起信论》中的主要关系几乎是不可能。所以，就佛性论中涉及的诸要素之间的层次展现，是我们首先需要处理的，即使它看上去仿佛是一种重复性的工作。

一 摩诃衍：法、义

1. 法：即众生心，或一心。

（1）心真如相：大乘之本质，摩诃衍中本体；

（2）心生灭相：大乘法进入现象世界中所表现出的生灭因缘相。

2. 义：体、相、用。这是来自于生灭因缘相，它使得大乘本质能够体现出三种样式。并且是法的展现和运用，所以称为义。

二 一心：真如相、生灭相

（一）真如相，是法性的本质，是如如不动的，离于虚妄的。强调自

① 印顺：《印顺法师佛学著作全集》之“大乘起信论讲记”，中华书局2009年版，卷三，第1—15页。文章有魏常海：《元晓“和净”理论与义天“圆融”思想》；张文良：《澄观与〈大乘起信论〉》；袁大勇：《梁隋之际的起信论学派》《元晓、法藏、太贤〈大乘起信论内义略探记〉对阿梨耶识的阐述》《论法藏〈大乘起信论的判释〉》。

② 牟宗三：《四因说讲演录》，上海古籍出版社1998年版，第213页。另见方立天：《方立天文集》之《中国佛教哲学要义》的“大乘起信论的三身理论”部分，中国人民大学出版社2002年版。文章有周贵华：《从心性本净到心性本觉》；龚隽：《梁译〈大乘起信论〉的本觉思想》；袁大勇：《种现熏习与染净熏习：〈大乘起信论〉之如来藏之缘起思想》等。

体具足无漏性功德。

1. 如实空：离开染法、离开差别、离开妄心。

2. 如实不空：法体无妄、真心恒常、净法满足（特别强调唯与实践“修证”相关）。

（二）生灭相，即如来藏、生灭心、阿梨耶识。阿梨耶识能生、能摄一切法。

1. 觉为中心的讨论

（1）觉义与不觉义

①觉义：心体离念。

A. 本觉：离念、等虚空、法界一相。

a. 智净相：以法力熏习，如实修、满足方便、破和合识相、灭相续心相、现法身；

b. 不可思议相：依智净作一切胜妙境界，随众生根性自然相应。

B. 始觉：性同本觉，因不觉而又始觉。共四层次：

a. 不觉；b. 相似觉；c. 随分觉；d. 究竟觉。

②不觉义：不如实知真如法一、不觉有妄念。

（2）觉体相与不觉体相

①觉体相：A. 如实空境；B. 因熏习境；C. 法出离境；D. 缘熏习境。

②不觉体相：

A. 无明业相，即不觉心动；

B. 能见相，即依动而见；

C. 境界相，即以见而境现。

（3）同相与异相

A. 同相：真如性相；

B. 异相：染幻差别。

2. 心、意、识为中心的讨论

（1）阿梨耶识：意，即无明不觉而动，能见、能现、能取，念念相续

A. 或业识，无明心动；

B. 或转识，依动能见；

C. 或现识，能现境界；

D. 或智识，能分别染净；

E. 或相续识，念念不断、能持过去、能成现未、忽尔而念、不觉妄虑。

（2）意识：即相续识

A. 或意识或离识，分别我和我所，执着六尘；

B. 或分别事识，见爱烦恼增长。

3. 无明染心为中心的讨论

（1）无明：智障（所知障），不达一法界，忽然而起

（2）染心：烦恼障，障真如根本智

A. 执相应染，依二乘人、依信而断；

B. 不断相应染，依信而断；

C. 分别智相应染，依戒而断；

D. 现色不相应染，依色自在能离；

E. 能见心不相应染，依心自在能离；

F. 根本业不相应染，依菩萨尽地入如来地能离。

（3）相应与不相应

A. 相应：心念法异，染净差别，知相、缘相相同；

B. 不相应：不觉之下，知相、缘相不同。

4. 生灭之因缘为中心的讨论

（1）生灭之二相

A. 与心相应：粗大之相，为凡夫境界；

B. 与心不相应：细微之相，为菩萨和佛境界。

（2）生灭之二因

A. 总因：无明熏习。

B. 别因：a. 依因，即不觉；b. 依缘，即妄作境界。

（3）灭与不灭

A. 灭：心之相；B. 不灭：心之体。

5. 染净熏习为中心的讨论

（1）四种熏习类型：真如、无明、妄心、妄境界

（2）染法熏习

A. 妄境界熏习，即六尘：

a. 增长念熏习；b. 增长取熏习。

B. 妄心熏习：

a. 业识根本熏习，能受二乘、菩萨诸苦；

b. 分别事识熏习，能受凡夫诸苦。

C. 无明熏习：

a. 根本熏习，成就根本业识；

b. 所起见爱熏习，成就分别事识。

(3) 净法熏习

A. 妄心熏习：

a. 分别事识熏习，依凡夫二乘，厌生死苦，趣无上道；

b. 意熏习，诸菩萨发心勇猛证涅槃。

B. 真如熏习：

a. 自体相熏习：无漏法备，不思议业，作境界之性。即如来藏，或如来法身；

b. 真如用：

ⅰ) 众生外缘之力：差别缘与平等缘；近缘与远缘；增长行缘与受缘；未相应与已相应；

ⅱ) 如来因地：发大慈悲、修诸波罗蜜、摄化众生、立大誓愿、生佛平等、自然业用。成就二种佛身：

应身佛：依分别事识，凡夫、二乘所见；

报身佛：依业识（阿梨耶识），菩萨所见。

6. 生灭转向真如的讨论：由五阴、六尘，转向无念、不动（下略）

通过上述结构的整理，我们发现《起信论》的佛性观表现在如下几个方面。

首先，思维上的两个特质，即对峙式和互嵌式。所谓对峙，即总是体现出以一摄多，以及一分为二的特点。一，即一心或一法界。其中一法界是世间和出世间的所有现象，可以直观为量的总和或者大全。另外一法界，还涉及法界诸法在本性上的同一性，即诸法平等无碍，这是法界能够统一完全相状不同的世间法与出世间的根本所在。亦是，一心能够贯通染净相状的依据。二或者多，是指相对于“一”的同一性和统一性而言，呈现出的内容之二分或多元。从宏观上看，《起信论》将一切法或众生心分成两个最大的类，即真如相和生灭相。但是真如相和生灭相，在文本的数量上有所不同，即讨论主题是在生灭相之上，不过，这并不能取代真如相支撑变中不变的本性的一面。所以真如相是一条暗线，而生灭相则是明线。从微观上看，生灭相之中，分布着的六大主题展现出生灭的多元性。觉、识、染净、生灭、熏习、转向等问题，分别从生灭之根源、生灭之运动、生灭之表象、生灭之机理等角度，全面阐述了生灭的丰富性和复杂性。

所谓互嵌，是说二分或多分，不是机械式的划分，而是互相牵涉和嵌入的。体相用的格局不离摩诃衍法，觉因为不觉而有觉义，本觉是因有始觉而有本始之分，染法熏习和净法熏习均因有无明和真如的对持才能够熏习不断。这种互嵌的思维方式，始终体现着诸法本自平等无碍，因众生心而又差别的思路。从根本原则看，是不离一心开二门，而二门依于一心的立论旨趣的。

其次，内容的启发性，主要表现出几个原创点，当然也是争论的要点。第一，即法性与心性的关系。《起信论》认为一切法的大全，是包含可以表现为众生心的方式。法，本身只是一种客观的静止的存在，法本身不具有能够变化的能力，所以，法是如如平等。法之所以呈现出千差万别的表象，恰来自于它与众生心能够沟通一面，即众生心如果从存在的意义看，也可以被归入法的大范围之中。然而，众生心最大的特点，恰恰是心具有的能动性或主观性。心的能动角度，才开显出法的被理解、被认知，乃至因为众生心之本性是如如不动的，所以它可以含藏法的一切性质，不论是染性还是净性，也不论是有漏还是无漏。这里，便出现了一种法性与心性关系的可深究之处。

第二，本觉和始觉的重要创见。二者是互嵌的，本觉在众生心之天然具有之如如性，始觉则是从现实众生存在染污而欲求觉悟的层面，展现了一种逻辑与现实，理论与实践的贯穿方式。这种本始之观念固然对应了南北朝以来觉悟问题的展开，但从《起信论》所创建的互动和互嵌的动态关系，则鲜明地体现出中国佛教解脱论的某种灵活性和全局性。

第三，真如缘起论的特色。这一问题很容易引起问题，但其中又包含着深刻的思辨。真如，与诸法、众生心、法界等概念的结合，形成了真如一而多的含义。一，即真如是诸法之平等无碍的空性（或说是真空妙有）。多，即横跨出世与世间的一致性，或者是诸法的本性，或者是众生心的法性，或者唯独在生灭中呈现出的不动性，或者唯独在生灭门中，呈现出的真如与无明的关系。尤其真如和无明互相熏习最为玄奥和不可言说。这也成为后世佛学立论与争论的一个重要基础。

第四，染净互熏。《起信论》特别提出在阿梨耶识的范畴之内，存在着真如熏习无明、无明熏习真如的模式。无明熏习真如需要两个条件，即真如存在的同时，无明已经无始以来就存在了，这样真如被熏习而有染法，才能够实现真如被熏为染的被动性和接受性。而被熏的真如，仅仅是两重性质的叠加，即无明是因，而生出众生心的心识上的染法，而众生心之真如性则被覆盖，就如摩尼珠被覆一样。另外，真如熏习无明方面，则强调真如具有的某种辐射性，即真如之性能够以真如自身的光芒辐射出真理的光彩，从而逼迫无明褪色，最后消失。表现在众生心上，就是一种心的能动性。这一互熏的问题，尤其是真如能够熏习无明被诟病的历史悬案，似乎可以这样理解：如果仅仅将真如不恰当地当作主动者，当然就是需要批判的，但如果用比喻说真如之性的光芒是辐射，而真如内嵌为众生心，众生心具有的能动性，可以主动逼退无明，那么这两层解释或者可以回应混淆了的真如熏习无明之说。

第五，二识缘起。《起信论》即重视业识和分别事识的区分，而较少地以严格的唯识学之八识缘起来作为生灭变化的思考。这是一个非常重要的创见，它与真如缘起的思路是一贯的，这是真心妄识的二分结构之呈现。

第六，海水、波浪、海风的比喻，是《起信论》中表达真如缘起最重要的譬喻。

综上所述，以上诸内容是《起信论》中佛性结构中必须涉及的必然要素。

三　元晓疏对佛性元素的充实

在元晓的疏和别记中，对一些隐含着的具体问题，都做了展开和充实。佛性的元素便以“和净”的方式得以创见性地论述。具体而言，理事观、如来藏观、熏习观，是元晓讨论佛性最具代表性的观点。

1. 理事与一心二门的关系

《起信论》中体相用，更多的是以结构之一而二分，以及法性平等为解释进路的。元晓疏，则吸收了多家思想尤其是般若、华严、涅槃和楞伽的思维，将缘起性空和事理互涉融合起来，阐述了一而二分、真如与生灭的关系。

首先，心是寂灭和兴造之义。在《起信论》原文中，心的用法主要有两类，一是涵盖包藏万法一心；二是生灭门之下的真妄和染净之具体性质的心。可是，元晓疏却刻意阐释道：“如经本言，寂灭者名为一心，一心者名为如来藏。”① 作为寂灭是静止的、消除无明风动的、没有差别相的性质，而如来藏则是善不善之因，能够兴造一切现象。所以，寂灭在真如门，而兴造在生灭门。但是，寂灭之性是在无明风动之前的本然状态，故而寂灭作为体性而内嵌于生灭门中。那么，是什么性质可以具有寂灭的相状呢？元晓以为即后文所讲的空性。

其次，一心之真如门，包含着如实空、如实不空。可是元晓以为生灭门中也有空与不空。因为，生灭门本身都是自性清净心之性，即空性，同时又被无明之风所动，即染性，但染是不染而染，即心性之空性不会被无明改变其自然法尔之本性，但是心之相上却有了改变，即生灭之染相。②那么，空到底为何义呢？他认为，空有法性空和有无有性之空。前者即离开有和离开空而言的空空，或叫作本性之空；后者则是从现象上说，诸种现象存有相，但是现象之相并不是如它呈现的那样作为现象能够规定和限定的性质，诸现象也是空性的，即缘起意义上的空。所以，生灭门中自性之心体现了法性空，而生灭变化则表现了缘起之空。在生灭门中体现出的空与不空，即表现了真如之心或真心具有的随缘之特性。在后面的讨论中，元晓疏对随缘之义给予极富启发的阐述。

最后，理事关系中的一心二门。元晓借用了华严学中理事的观念来诠释之。理，即本性；事，则为现象。理是不生不灭的空性，事是生灭变化的缘起。所以理也可以说是整个法相世界的体性。对于心而言的理，一心

① （唐）元晓疏记：《大乘起信论疏记会本》，《续藏经》第25册，第206页。

② 同上。

之理，“体含绝相随缘二义门”。[1] 绝相就是寂灭，是空性，是静止不动，随缘则是如来藏识或者生灭门。随缘只能在生灭门之中，这就叫作随缘不变，理体寂灭真如能够随缘，在体性上不会变化，但是性相之上则会有随缘的生灭变化。依这样的思路，元晓总结道，真如门是泯相以显体，生灭门则是揽理以成事。

如上所述，一心二门中，元晓的理论取向带有很强的性觉之特点。从寂灭和兴造两个角度看，寂灭的空性之义，是一种客观背景和前提，或者也可以叫作诸法万象的普遍联系之前提，可是兴造之义却是带有极强主动性的心的能动性之特性。理，本身是绝相的，但是，却因事的运作而得以被认知和被显现。所以，从一定程度上看，理仅仅是一种前提式的存在，从大乘法的精神来看，通过事的能动之觉，才是真正的理论与修证的重点。依此，元晓实则是以能动的觉性来充实法性的静止。从这个意义上看，《起信论》乃至元晓疏确实体现了前人所说的性觉之意趣。

2. 如来藏之下的诸识说

如来藏，是一心处于生灭门部分的心之体相。所谓体，即如来藏直通寂灭之法性，所谓相则与无明相关而出现生灭之相。从总的方面看，如来藏是可以叫作阿梨耶识的，不过起信论并没有像唯识学那样，明确演绎了八识说，而是强调阿梨耶识的各种变相的名称，尤其重视阿梨耶识生出来的分别事识，即是说，（作为业识的）阿梨耶识与（其他由之所生的）分别事识才是理解其识体说的关键。

按照元晓的思路，如来藏之下的诸识，可从宏观的二分说，即阿梨耶识和分别事识，以及微观的诸识说。

首先，以二分的角度看，元晓认为关键在于“能生”这个关节上。

所谓能生，如来藏因无明所动，而成为可以生灭的阿梨耶识。阿梨耶识，“能摄一切法，能生一切法”。[2] 能生一切法，是从上而下、由一而多地产生出万象。但正如上文所说，万象的多样性之呈现，本身是没有意义的，只有心的知觉或者能觉，现象才有意义。对现象的认知，不是单一的经验，而是一种来自于多样性的认识，从多样而体悟到体性之一，或者说

① 《大乘起信论疏记会本》，第210页。

② 同上书，第210页。

就是要从万象的差别分别才能回到一的领悟。这样，阿梨耶识从某个意义上来说，它是一个相对静止的原处，从它产生出的分别事识，才是真正能够回复阿梨耶识之寂灭性的途径。故而，如来藏之下，阿梨耶识和分别事识成为理解流出与回复的两个结构。当然分别事识之中包含的就是唯识学中的第七识和前六识。元晓依据《楞伽经》提出三识八相之说，三识就是“真识、现识、分别事识”。[①] 真识即如来藏，现识则是阿梨耶识，分别事识是其他七识。从能生的角度看，真识就是真如，具有能摄之义，或内嵌于诸法的本性之义，但不具有能生之义。能够具有能生之义的只有阿梨耶识。从能生和所生看，阿梨耶识为能生者，分别事识为所生者。这即是二分的结果。

其次，从微观角度说，在不觉的视野中，阿梨耶识与其他七识又存在某些复杂的关系。第一层，阿梨耶识含灭不生灭，但前七只有生灭之义。“七识一向生灭，不同梨耶俱含二义”。[②] 元晓以为阿梨耶识为无明风动，所以产生诸识和诸法。无明遮蔽阿梨耶识呈现出不觉之相。不觉之相有所谓三细六粗之别。三细，即无明业相、能见相和境界相。六粗，即智相、相续相、执取相、计名字相、起业相、业系苦相。起信论中没有明确指出三细和六粗与诸识的归属问题。元晓则提出，三细为阿梨耶识，六粗为七识。因为三细存在先验的逻辑结构，即无始以来已经含藏无明的业种子，同时有存在着能见和所见的天然要素，这能所之分都是在无明业力之下而具备，它们是一种对峙的逻辑关系，而不是谁能生谁的关系。那么如何知道有这样的先验结构呢，元晓认为，“由事故知有此识。此识能起一切烦恼业果报事”。[③] 所谓的事，已经是现象层面的。在现象界中，能见可见所见，能见来自于阿梨耶识，而所见则是阿梨耶识变现出的境界。所见的境界，因为能见的功能而分别出六种粗相。这六种粗相正好符合于人的认识发生学的规律，即首先认可人的能动性（智相），然后依次根据感受（相续相），有苦乐（执取相），再有概念（计名字相），经概念再有贪爱（起业相），最后有各种认知和实践结果（业系苦相）。正是经过现象界的

① 《大乘起信论疏记会本》，第 220 页。

② 同上书，第 217 页。

③ 同上。

反思，阿梨耶识所具有的先验结构被认知。反过来，因为认知进入到现象界，它是在先验结构的限定下得以实现的，所以进入现象界的认知就表现出单纯生灭的特点，而不存在不生灭的性质。所以，元晓以为六粗为七识所具有，并表现为现象上的生灭。

再次，三细六粗与不觉五识的关系。在起信论中，不觉共有五识。业识、转识、现识、智识、相续识。元晓根据起信论对五识的解释，做了新的诠释，以匹配唯识学的八识说。并具创见地提出阿梨耶识意义下的无明，叫作根本无明，而生灭变化的七识无明，则是枝末无明。“此中先三相是微细，尤在阿梨耶识位，后六粗相，是余七识，但望彼根本无明，皆是所起之末，故名枝末不觉也。”①

他认为前三识，都是阿梨耶识，并且是对阿梨耶识先验结构的三个侧面的定义：业识，是无明风动而不觉，符合无明业相。转识，即无明不觉而又能见之相。元晓以为转识有两义，除上一义外，还有在现象界中被境界所迷惑而生灭变化的七识，但在不觉五识中转识是前一义。现识，则对应于以无明不觉而能见的境界，或所见。

智识，属于第七识，符合六粗中的智相。根据《起信论》对智识和智相的共同性的解释，都指向了妄执我我所。按照唯识学的观点，对阿赖耶识的见分的执着，就是第七识最大的特点。并因此执着产生了我爱、我见、我痴、我慢四个根本业性。所以元晓以为智识所指就是第七识。

相续识，所指为意识，具体是第六意识。元晓认为，意识是依据我执而产生出对境界的执取，所以叫作法执。法执具有不但执着现在，还执着过去和未来，所以叫作相续之义。元晓非常重视第六意识。在他看来，意识能够对过去无明所留下来的现象进行保存或者回忆，并进一步引发未来的业力所导致的各种行为，在现在对境界的迷惑而产生种种现行的烦恼。所以从保存三世业果相续不断的角度说，贡献最大的当属意识。“如是三世因果流转不绝，功在意识，以是义故名相续识。”②

复次，染心六相与八识，及其果位的关联。《起信论》认为，无明忽然念起，便有了染心之相。染心相，分别是：一执着相应染；二不断相应

---

① 《大乘起信论疏记会本》，第216页。

② 同上书，第220页。

染；三分别智相应染；四现色不相应染；五能见心不相应染；六根本业不相应染。元晓以为，一、二对应的第六意识法执中的两个方面，前者是执着于能见所伴生的烦恼，后者则指因执着而产生出延续、相续的功能，所以前者较粗为二乘修行者见所断，后者较细为十信位菩萨修所断。第七识相应于第三分别智相应染，第七识即在于了我和我所的执着，这是分别的开始，故在七地菩萨以上所断，七地菩萨能够自由地缘事而不被现象所迷，其根本即在于破除了第七识的我和我所之执着。第八识有三个角度，分别是现识、转识和业识。现识，所体现的是先验的所取之境界，现象界的境界一般需要色法的存在，相应于现色不相应染，对此境界执着的破除，则成就第八地的菩萨，此地菩萨可以成就净土自在，而脱离秽土。转识，执着能见的先验能力，也就是染心的能动力，其对应于能见心不相应染，此染由第九地菩萨破除，并且因之而成就四无碍智。业识，是最根本的业障之识，它是无明之动的源头，所以叫作根本业不相应染，破除此染就是第十地的菩萨，圆满无碍，回归真如。

最后，对唯识学和《起信论》的和诤态度。元晓关注到了唯识学派与《起信论》也存在着较大差异。如何解答之，他表现了求同存异的态度。其中最具代表性的问题，就是阿梨耶识或阿赖耶识的刹那和不变之异同。按照《楞伽经》《摄大乘论》《瑜伽师地论》的说法，阿赖耶识的种子是刹那生灭。

《楞伽经》说："如来藏为无始恶习所熏，名为藏识。又言刹那者名为识藏故。"①

《摄大乘论》云：诸种子有六种，"胜义诸种子，当知有六种，刹那灭俱有，恒随转应知，决定待众缘，唯能引自果。"②《瑜伽师地论》也认为异熟识是"一向生灭"。③

《楞伽经》对如来藏被染污而说为藏识，染污的藏识生灭变化，生出种子，故而叫作识藏。《摄大乘论》《瑜伽师地论》则都认为，阿赖耶识通过种子的存在而导致整个世界形成和运动，种子作为一种潜在因转向现

---

① 《大乘起信论疏记会本》，第 209 页。

② ［印］世亲造，［唐］玄奘译：《摄大乘论释》，《大正藏》，第 31 册，第 329 页。

③ 《大乘起信论疏记会本》，第 210 页。

实因，是在原因的角度，对世界发生影响，但种子本身不是一种实体存在，所以它作为因的力量表现为瞬间性。

《起信论》的观点却认为阿梨耶识包含了生灭与不生灭和合的两重特点。

元晓认为，楞伽的如来藏就是《起信论》中的如来藏，即既包括了本来的心清净和寂灭，又包含着被无始所染的熏习，而如来藏成为识藏之后即表现为起信论的生灭门之范畴。所以《起信论》继承了这一思想，即如来藏是不生灭和生灭和合。其理论目的是为了澄清真俗不二的道理。即染污和清净、无明熏习和净法熏习、无明与真如均是如来藏之一心的两面，这两面缺一不可。“今通取所依如来藏与能依生灭心。合为心生灭门。故言心生灭门者。依如来藏故有生灭心。非举如来藏。而取生灭心。为生灭门也。”①

至于唯识学中所提及的异熟识一向生灭，是相当于如来藏之心生灭门说的。即阿梨耶识无始以来熏习，有两层：一层是阿梨耶识以及由之所生的其他七识，都有无始的业力所染，当然这种染也同样可以通过净法来转变，所以业烦恼是生灭不住的。另一层是阿梨耶识无始以来的一念无明所成的根本无明，此根本无明既然来自于一念，如果无此一念，则阿梨耶识本然清净，所以即使根本无明也是生灭的。由此，元晓认为唯识学的异熟识仅相对于起信论的心生灭门，其提出一向生灭的道理乃在于破除对异熟识具有恒常不变的误解。“依深密经，为除是一是常之见。”②

四 结 语

总的来说，元晓对于《起信论》的解释，在思路上是与之一致的。尤其他在不觉与觉、本觉与始觉、真如无明互熏等问题上，基本没有对《起信论》做出更大的诠释，而是继承《起信论》互嵌的思维方式来论述。但是，我们认为元晓疏中对于一心之法性和心性问题的探讨、如来藏和诸识的关系探讨，却因为借用了般若、楞伽、华严、唯识思想资源，而

① 《大乘起信论疏记会本》，第 209 页。

② 同上书，第 210 页。

使得《起信论》中过于简略的讨论，转向了更加深层的思考。

从佛性的结构和要素来看，《大乘起信论》的一心开二门，以及生灭门的诸要素已经得以展示，真如、无明、熏习、如来藏、觉、心、意、识、染、净等概念都被纳入了佛性论的建构中去，这是一个伟大的理论创见。但是，它们每一个概念都是亟须再开发的。元晓疏的重大意义在于，对心性和法性的问题，以及对生灭心与八识的问题，做了极具启发的探索，这可谓对佛性之结构做出更为细腻的展开和梳理，对佛性之要素的复杂性进行更具开拓的探讨，在客观意义上丰富了中国佛性论的整体内涵。

论《宗镜录》的一心之理论特色

《宗镜录》，是永明延寿对当时佛教所存诸宗教籍和思想的整理汇编。延寿站在禅宗的立场，以一心的思想对天台、华严、唯识、禅宗、净宗、律宗等宗派的观点进行了总结。但是要对理论成就已经很高的诸宗进行融摄，延寿的“一心”本身就先得达到圆融的理论高度。为此，延寿从三个方面对“一心”的理论做出了说明。首先，确立“一心”纯净无染的体性，以此作为包容他宗的理论基础。其次，以一念无明说明真心被染而成妄识的过程，以此说明心现万象后呈现的真心和妄心两种相对分别的状态。最后，分析了阿赖耶识的含义，指出此一妄识在体性上的真实，以及具有的觉知功能，从而说明了阿赖耶识作为转识成智的特殊意义。由此，延寿的“一心”说具有了圆融的理论特性，使融摄他宗成为可能。

永明延寿禅师（904—975），俗姓王，字冲元，原籍为江苏丹阳，稍长迁居余杭。早年曾做过吴越国的地方官员。后出家，从学于法眼宗第二代祖师、吴越国师德韶，并获德韶印可，成为法眼宗第三代传人。

代表延寿禅师思想成就的一百卷《宗镜录》，以禅宗的“一心”折中融合了当时的天台、华严、唯识等理论，并在具体的修行和指向上，提倡念佛、持咒、守戒等方法。在理论架构和修行实践上，实现了禅教合一、禅净合一、禅戒合一，对时下佛学理论做了批判性的总结和创新。“延寿所宗乃一真心，《起信论》所谓一心也。千经万论皆说此一心法。……一时教折中综合而来，唯是一心，何须立宗分派相竞为哉！”① 这样的思路和工作，启发了后世佛学的发展方向，并为研究提供了必备的资料积累，

① ［日］忽滑谷快天：《中国禅学思想史》下，上海：上海古籍出版社1994年版，第376页。

"延寿以禅宗命家，属法眼血脉，但其弘扬范围之广、内容之杂，为此前禅宗诸家之所未有。禅教合一、禅诵无碍、禅净并修，禅戒均重，内省和外求兼行，是他所宗禅法的特点，为后来禅宗向佛教全体的整合，提供了完备的理论资料，并做了成功的示范。"①

但是，在佛教诸多思想流派中，"心"的概念并不是一致的，有时甚至相互冲突。而《宗镜录》恰恰是以"一心"为核心，融合诸宗思想，以达到理事圆融的理论模式。这样"心"的含义和运用，就具有了丰富的内涵，亦成为研究延寿思想的关键，值得进行深入的探讨。②

从《宗镜录》的文本中看，延寿对"一心"的剖析基本上是在体性、真妄、心识的区别和联系上进行的。

一　一心之体性——自性清净心

延寿在《宗镜录》自序解题中说，"举一心为宗，照万法如镜"。吕澂认为："他所说的'一心为宗'的心就是自性清净心，并由编纂经论语录予以证明。"③

---

① 杜继文、魏道儒：《中国禅宗通史》，南京：江苏古籍出版社1995年版，第371页。

② 当前学术界对延寿的"一心"思想研究取得了丰硕的成果，专著有张志芳的博士论文《一心统万法——永明延寿佛学思想研究》（南京大学哲学系2002年）。文集有《永明延寿大师研究》《吴越佛教学术研讨会论文集》等，在其书中含有大量关于"一心"理论的探讨。中国期刊网上亦有多篇文章涉及延寿的此一思想。总的来看，对一心的研究可以分成四种思考：（一）从历史的角度对延寿"一心"思想的解读。如方立天的《永明延寿与禅教一致思潮》解释了延寿一心提出的理论背景。慧仁的《中国化佛教性觉思想刍议》说明了延寿"一心"在佛教史上的地位。（二）对延寿与诸宗的融合关系的探讨。如陈兵教授的《中国佛学的第二位集大成者——永明延寿》等，提出一心作为性相圆融的基础和融合诸宗的前提。小岛岱山的《〈宗镜录〉的根本思想在五台山系华严思想》，认为延寿的一心思想应该是华严化了的禅学思想。（三）对延寿与诸宗的心、识比较分析。如杨维中的《以〈宗镜录〉为例论永明延寿对唯识思想的摄取》，提出延寿吸收《大乘起信论》以及唯识思想对一心做出了创造性诠释。又如周贵华的《〈宗镜录〉之圆融观》从三重观心之法上对心的层次做出了分析。（四）对延寿所谓一心的内涵分析。如肖永明的《唯心与唯识关系论辩——从〈宗镜录〉谈起》"心"的就是"真心"，并以此出发研究了大小乘经典中心与识的内涵与变迁。又如江建昌的《〈宗镜录〉指归三主要道》将真心分析为出离心、菩提心、清净见三个内容。诸位前辈的启发，本文亦欲通过对延寿的"一心"的内涵之探讨，展现出"一心"具有的圆融性相之特性的可能。

③ 吕澂：《中国佛学源流略讲》，北京：中华书局2002年版，第252页。

所谓自性清净心，延寿认为就是众生和佛没有区别的、纯净无染的真实体性，也是佛法的一贯所在。

“西方释迦文佛云，佛语心为宗，无门为法门。此土达摩大师云，以心传心，不立文字。则佛佛手授，授斯旨，祖祖相传，传此心。……杜顺和尚依《华严经》，立自性清净圆明体。此即是如来藏中法性旨体，从本已来，性自满足，处染不垢，修治不净，故云自性清净。性体遍照，无幽不瞩，故曰圆明。又随流如染而不垢，返流除染而不净，亦可在圣体而不增，处凡身而不减，虽隐显之殊，而无差别之异，烦恼覆之则隐，智慧了之则显，非生因之所生，唯了因之所了。斯即一切众生自心之体，灵知不昧，寂照无遗。……《佛地经》立一清净法界体。论云，清净法界者，一切如来真实自体。无始时来，自性清净，具足种种过十方界极微尘数性相功德。无生无灭，犹如虚空，遍一切有情，平等共有，与一切法，不一不异，非有非无，杂一切相，一切分别，一切名言，皆不能得。唯是清净圣智所证，二空无我所显真如为其自性。诸圣分证，诸佛圆证，此清净法界，即真如妙心，为诸佛果海之源，作群生实际之地。此皆是立宗之异名。”①

上述对“心”的描述，表达了延寿的多层理解。在延寿看来，“心”被作为首要的地位予以提出，关键在于“心”是佛教的内核所在。他认为在《楞伽经》中的释迦文佛直陈了一心就是佛经的根本，禅宗初祖达摩在华传法时，亦仅传一心。这说明祖、佛已经为后来者确定了修行的标准，因此“心”的地位是作为圣言量确定下来的。那么，“心”是什么？具有什么性质？延寿引用华严初祖杜顺（法顺）的话说，就是“自性清净圆明体”，《佛地经》则说“清净法界”。具体而言，“心”在自性上清净，具有不变的特性，不会因为任何时空或生佛而改变，是真实的存在，这是二者共同的地方。可是二位法师对自性的诠释是有些微区别的，杜顺法师强调了自心中的显隐问题，而亲光则关注的是自心与诸法的关系。相对于显隐而言，“心”是与烦恼、智慧相关的。烦恼使真心遮蔽，但没有使其本性丧失，仅是隐覆了真性，然而，“心”具备了能知觉的功能，也就是智慧，使烦恼去除，从而复归

---

① （五代）永明延寿著：《宗镜录》，《大正藏》卷四八，第417页。

本真。另外就心、法而言，二者在根本德体性上是一致的，而且二者不即不离，但要证得二者的体性一致，则必须要修习我空、法空。这里，我们会发现，延寿的“心”具有心性、心体、心相三个层面。心性反映了心、法体性不变的前提，心体呈现了作为觉知能力的载体，心相显现染净二种表象。

由于延寿将佛法的所有问题都归结为“心”的问题，所以除了说明“心”具有的自性之外，还要讨论“心”之性如何可以贯通于一切现象界的表象，而这些表象不论是精神的或物质的，都必须在逻辑上和本质上与“心性”保持一致。为此，延寿借用马祖的语录说道：

> 佛语心者，即心即佛，今语即心语。故云佛语心为宗，无门为法门，达本性空，更无一法，性自是门，性无有相，亦无有门，故云无门为法门，亦名空门，亦名色门。何以故？空是法性空，色是法性色。①

此处指出了“心性”的本质就是“空”，并由于性空，心性实质就是法性。“性空”本是佛教的思想内核。延寿延承了这一思想，并引证般若偈来说明，“法性者，所谓空性、无生性。此即诸佛第一义身。”②在性空的前提下，任何事物都只能出于缘起的状态中，没有实在性，而“性空”本身即可作为通达万象的唯一可能。所以，将“心性”明确地规定为性空，就是保证了心和万法的一致性。这样，自性清净的本质即性空。通过性空，可以了知一切法的本性，而不需要在诸法之上另立其他方面，只需以直接了达心性本来即空的方法，当下了知诸法实相。所以法门虽然开为空、色二门，但是就性上说都是心性一门，也可说是“无门”。

除了说明心性之外，延寿还进一步分析心的另一层面——心体或般若。虽然心性即空性，是心性和万法得以贯通的条件，但是这仅仅是在性上理解，如果只是将“心”的性空局限于此，那么心性是没有任何意义

---

① 《宗镜录》，第 418 页。

② 同上书，第 508 页中。

的，所以“心”除了具有空性之外的智性。我们认为智性也可以叫作心体，因为“智”使得“心”呈现出了灵明的状态，而不是单纯地表现为呆板、抽象的本性。这层含义，就是自性之“清净”的实质。延寿指出：“大般若经云：般若波罗蜜多清净，故色清净。若色清净故，一切智智清净。若色清净，若一切智智清净，无二无二别，无别无断故。通于观照，即实相也。”① 在智慧的层面，心具有了超越其他万法的殊胜意义。由于心具有智慧，才能作为一种觉知的相状表现出来，使心可以作为一种不同于万法的表象呈现，并通过智慧的形式观照万法，契合法性，从而使心体具有统摄诸法的功能。

如上所述，延寿提出的“一心”包含了抽象的心性和能动的心体两个根源性的内涵。但是它们不是分开的，心性就是心体，性空就是般若，这在传统的中观学派那里可以找到根据。诚如魏晋僧肇《肇论》所说：“夫至虚无生者，盖是般若玄鉴至妙趣，有物之宗极。自非圣明特达，何能契神与有无之间哉？……是以圣人乘真心而理顺，则无滞而不通；审一气以观化，故所遇而顺适。”② “是以圣人虚其心而实其照，终日知而未尝知也。故能默耀韬光，虚心玄鉴，闭智塞聪，而独觉冥冥者矣。”③ 其中的性空，就是至虚无生，只有菩萨和佛的般若智慧才能通达证悟性空的道理，般若了达性空，必然是清净无染的状态中进行的。所以，对于万法来说是缘起性空，对于性空来说是般若无知。这样的讨论，将智慧和性空同等观照。可以说延寿受到了这一传统的影响，将性空和般若合而为一，成为了同具自性、清净之心，将性和体结合，以一心的形式表达出来，使心成为法界之源、智慧之基、成佛之本，“此一心法，理事圆备，是大悲父，般若母，法宝藏，万行原。……是以若了自心，顿成佛慧，可谓会百川为一湿，抟众尘为一丸，融镮钏为一金，变酥酪为一味。”④

但是这里的问题是，自性清净心虽然法性不动、性体具足，然而在经验生活和修行实践中的“心”却并非如此，那么，这些心与自性清净的

① 《宗镜录》，第504页。

② 僧肇：《不真空论》，见《中国佛教思想资料选编》，第144页。

③ 僧肇：《般若无知论》，见《中国佛教思想资料选编》，第147页。

④ 《宗镜录》，第424页下。

本心有什么样的区别和联系呢？

二 一念心起——真心妄相二分

为了说明成佛的可能性和众生的现实性之间的矛盾，也就是本具自性清净心和沉迷惑乱的现状，此二者之间的关系，延寿对之做出了分析，他借用《楞严经》中的经文，阐述了真妄二心的分流。认为造成这一原因的关键在于，真心被一念无明所覆，从而出现了妄心。真心是本具的成佛可能性，妄心是沉沦的现实性。

“首楞严经云，佛告阿难，一切众生，无始以来，种种颠倒，业种自然”，“皆由不知二种根本”，“一者，无始生死根本，……二者，无始菩提涅槃”。“释曰，此二种根本，即真妄二心。一者，无始生死根本者，即根本无明。此是妄心，最初迷一法界，不觉忽起而有其念，忽起即是无始。如晴劳花现，睡熟梦生，本无元起之由，非由定生之处，皆自妄念，非他外缘。从此成微细业识，则起转识，转作能心，后起现识，现外境界，一切众生，同此业转现等三识，起内外攀缘，为心自性，因此生死相续，以为根本。二者，无始菩提。涅槃元清净体者。此即真心。亦云自性清净心。亦云清净本觉。以无起无生，自体不动，不为生死所染，不为涅槃所净，目为清净，此清净体是第八识之精元，本自圆明，亦随染不觉，不守自性故。”①

延寿指出众生流转生死的原因在于妄心，妄心是对自性清净的迷覆，丧失了自性清净的功能，将虚妄执着为真实，不断地进行攀缘，从而陷入无始无终的轮回中，这是现实众生的状况。而真心也就是菩提，自性，一真法界，它是如如不动的真常所在，本来就有觉悟的性质，是众生成佛悟道的本质以及可能性所在。而使真心覆藏、妄心显现的是无明。但是延寿在引用经文时，对无明而升起妄念的具体过程，并没有加以清晰的解释，而只是沿用原文的描述，说真如不受自性，突然念起，从而造成真妄的分离，但是真如自性既然是真实的、觉照的、圆明的，那么又如何会不守自

① 《宗镜录》，第430页。

性，而妄动呢？由于这一观念是《楞严经》阐述真妄分割的理论原点，所以延寿对之放弃了逻辑论证，只是将它继承下来，把注意力放在了阐发真妄分离后所带来的问题上。

既然有真心和妄心的不同，自然需要对二者进一步的解释。首先，延寿对真妄心的两种行相①作出了说明。

"问真心行相，有何证文。答持世经云，菩萨观心，心中无心相，是心从本以来，不胜不起，性常清净，客尘烦恼染，故有分别，心不知心，亦不见心。何以故，是心空，性自空故。"②

"问妄心行相，有何证文。答胜天王般若波罗蜜经云，佛言，菩萨行深般若波罗蜜，念心作是思维，此心无常而谓常住，与苦谓乐，无我谓我，不净谓净，数动不住，速疾转易，结使根本，诸恶趣门，烦恼因缘，坏灭善道，是不可信，贪嗔痴住，一切法中，心为上首。"③

无明不觉的一念生起，导致心分为真妄二种，一个是真如的体性；另一个是烦恼的根源。延寿认为，真心的体性是性空，所以不会执着，而妄心的问题是将不真实的妄相当作是真如，从而在根本无明的带动下，二种业障烦恼生起，流转生死。实质的问题就在于众生在一念无明的遮蔽下，没有办法看到实际的体性，所以真心的特征在于性空，而妄心的性质表现为无明执着。

真心主要是从体性上说的，所以基本的含义一致，但是妄心随境而生，具有很多现实性的相状，对理论的构建，更主要的是对佛教修行的认识具有极为重要的意义，所以延寿非常重视对妄心的研究。由于自性心一念无明对境而有心相起，打破了心境圆融的境界，所以"心"对境时，

① "行相"是有部、俱舍学，以及唯识学常用的一个概念，简单地说，就是心或心识所对的境，或者是心的对象。如《俱舍论光记》："言行相者，谓心、心所其体清净，但对前境，不由作意，法尔任运，影像显现，如清池明镜，众像皆现。"（《大正藏》卷四一，第26页）《成唯识论述记》："心上有似所缘之相，名行相。"（《大正藏》卷四三，第318页）因为延寿基本认为境相是心所变现，所以此处的行相可理解为心在分割为真心和妄心后，二者各自对境时表现出的不同特征。

② 《宗镜录》，第431页下。

③ 同上书，第432页下。

出现了诸种心相，延寿将它们分为“心王”和“心法”二种①，这里虽然借助了唯识学的名相概念，但是他却按照自己的解释，对这一范畴进行定义，并借此阐述了心在境中的具体形态。

“夫所言心法者。云何是心？云何是心法？答：了尘通相，说明心王，尤其本一心，是诸法之总原也。取尘别相，名为数法，良因其根本无明，迷平等性故也。……心法总有四义。一是事，随境分别见闻觉知；二是法，论体唯是生灭法数。此二义论俗故有，约真故无；三是理，穷之空寂；四具实，论其本性。唯是真实如来藏法。”②

延寿将一心分成了心王和心法，心王是真如体性，心境无碍，般若玄鉴。但是心法是有分别的性状，分别是由无明所染，从而出现了遮蔽真如智慧的现象，所以心法具有四事，“前二义是缘虑妄心，后二义是常住真心”③，也就是被无明所覆的心具有了两重含义，一是妄心；二是真心。但是真心和妄心并不完全是在一个层面上说，而是就性和相而言。

延寿仔细分辨了五种妄心，这是从心对境时产生认识的秩序分析的。“有五种心。一率尔心，为闻法创初，遇境便起。二寻求心，于境为达，方有寻求。三决定心，审知法体，而起决定。四染净心，法诠欣厌，而起染净。五等流心，念念缘境，前后等故。”④ 心被无明所染后，成为有分别的心识，于是认识开始出现先后的层次和秩序。延寿认为，心初对境时，眼、耳、鼻、舌、身等纯粹感觉（五识），直接对应境界，而没有起任何的知觉，就是说当眼睛对色境时，意识没有起作用。在意识初起作用，也就是有知觉的时候，便有了分别善恶的寻求心。然后对于善或恶有取或不取的心，即决定心，并由决定心而起善恶欲求喜好之心，于是染净心显起。最后，反过来由意识再指令五识对境生执着，形成等流心。由

① 需要注意的是延寿这里所用的心法和唯识学的心法有很大的不同。唯识学中的心法是就眼、耳、鼻、舌、身、意识、末那识和阿赖耶识等八识而言，它们是除了色蕴、受蕴、想蕴之外的行蕴中所包含的缘识之法，这些法的共同特征是与心识在不同的背景、时空等状态下相应而起。因此成为心所法或者心法。（《大乘广五蕴论》，《大正藏》卷四一，第850—854页）但是延寿所用的心法类似于心所起之法，因从《宗镜录》四一卷起融摄唯识学的诸章中，明确地按照唯识学的心所法定义，而将之称为心所。

② 《宗镜录》，第433页下。

③ 同上书，第434页。

④ 同上。

此，延寿开显了自心出现性相分离的局面。另外，延寿还借用部派上座部的九心轮说明对境的心相。“一有分，二能引发，三见，四寻求，五贯彻，六妄立，七势用，八返缘，九有分体。”① 有分和能引发相当于率尔心，见和寻求相对于寻求心，贯彻和安立为决定心，势用为染净心，返缘为等流心，最后的有分体是回到境界上说有是虚妄的境界与妄心相对。

延寿从认识的过程区分了现实中妄心产生的具体进程，强调妄心对境的特质就在于攀缘、执着，从而违反性空真如，湛然不动。因此，心对境可说是一念无明以后，使真心隐覆的实际原因。

结合延寿引用经文证明真妄二心的相状，我们会注意到妄心除了对境而生攀缘之外，它的另一个相状就是由心变成了“识”——第八阿赖耶识。

三 真心妄识——阿赖耶识

在延寿所引的经文中，我们看到心分成真妄后，妄心表现了多种相状，但是真正具有理论意义的却是“阿赖耶识”的问题，因为“众生迷故，成阿赖耶，如来悟故，成如来藏。”②

永明延寿按照古注对“心”的内容做了一个总结，以此强调问题的实质是阿赖耶识。

“一纥利陀耶，此云肉团心，身中五藏心也，如黄庭经所明。二缘虑心，此是八识，俱能缘虑自分境故。色是眼识境，根身种子器界世界，是阿赖耶识之境，各缘一分，故云自分。三质多耶，此云集起心，唯第八识积集种子，生起现行。四干栗陀耶，此云坚实心，亦云贞实心，此是真心也。染第八识无别自体，但是真心，亦不觉故，与诸妄想，有和合不和合义。和合义者，能含染净目为藏识，不和合义者，体常不变，目为真如，都是如来藏。”③

很明显，在延寿语境中的“心”不是物质条件下的心，而是指对境

① 《宗镜录》，第434页。

② 同上书，第441页。

③ 同上书，第434页。

而言的觉知之心。首先，“心”在对境时，是缘虑心，也就是唯识学的八个识，它们分别缘自己能够缘的境界，如眼识可以缘能被看到的境物，其他的识也是一样。这层关系指出心由“一念”妄起并执着境相，由此心成为“识”。其次，“心”专就第八识来讲，具有集合种子，发动熏习的功能作用。最后，说“心”就体性上，是真如，真心，或如来藏，并指出了真心和识的关系是，和合状态即为妄识，具有染净的性质，而就不和合而言则是真实。由此，“心”的讨论重点也因此转向了“识”。[①]

事实上，延寿对“心”向识的转变这一问题，基本上可归摄到阿赖耶识上去。阿赖耶识是唯识学中最重要的概念，在《宗镜录》中的地位也同样不可忽视，正如我们后面将看到的，把阿赖耶识作为讨论的中心，可以同时解决三个纲领性的问题。首先是阿赖耶识自身的特点；其次是诸识与阿赖耶识的关系；最后是阿赖耶识与真心的关系。

“大小乘教名阿赖耶，此识有能藏、所藏、执藏故。谓与杂染互为缘故。有情执为自内我故。……且所藏义，谓此识体藏也，是根身种子器世间所藏处也，以根身等是此识相分故。……此能藏义，谓根身等法，皆藏在识身之中。”“执藏者，坚守不舍义，犹如金银等藏，为人坚守执为自内我，故名为藏。此识为染末那坚持为我，故名为藏。”[②]

延寿基本继承了阿赖耶识的含义，并指出，阿赖耶识具有的三重意义，能藏、所藏和执藏。所藏是万象种子的储存处，储存者根、身（有情众生的生命载体）的种子，器世间（相对于生命的外在所有的现象）的种子。第八识不但是种子的处所，同时也是能藏。因为根身器界全部都是识种子，并且是识感知对象的根据，所以第八识能够收藏这些种子，以及各种种子显发后的诸法，而种种诸法又作为种子被第八识收藏。这里应该注意的是种子都是阿赖耶识变现的，“第八识能变为身器作有情依，与

① 延寿借用当时遗存下的唯识学著作，如《楞伽经》《密严经》《唯识三十颂》等思想，对以上诸识尤其是阿赖耶识的问题做出了诠释。但是，他的主要思想是以《大乘起信论》的唯识说为纲目，所以与护法玄奘系的思想有很大的不一致。即延寿持真谛系的真心如来藏说明阿赖耶识，而护法玄奘系则是完全站在虚妄层面上说的。具体内容可以参照周贵华的《唯心与了别》《唯识、心性与如来藏》两书。这里，我们仍然是忠实对延寿思想进行分析。

② 《宗镜录》，第692页。

一切漏无漏现行法而为所依，以能执受五色根身，与前七识现为俱有依故。"[1] 所以识所面对的一切对象，不论是作为对象的自身，还是外界的境相，所有都是阿赖耶识所造，是虚妄的，最终，一切的境相成为诸妄识所了别（前六识）对象，所以执着的对象显现就是相分。除了能藏和所藏外，第八识还是执藏，即被第七识所执着，把第八识执着为真实的"我"，从而形成无始无终的我执，这就是见分。

除了阿赖耶识的基本含义之外，还有十种含义[2]，但是其中能充分显示能、所、执三者关系的是"持种心""异熟心""染净心"三个含义。

持种心是指"杂染清净诸法种子之所集起，故名为心。"[3] 异熟心是说"即第八识，为前世中，善不善业为因，招感得今生第八异熟心是果。"[4] 染净心则是"心杂染故，有情杂染，心清净故，有情清净。……染净法以心为本，因心而生，依心而住，受彼熏，持彼种故。"[5] 在这几处，延寿将阿赖耶识都称为"心"，其中最根本的原因在于阿赖耶识是作为集中诸法，不论是善或不善的诸法种子之处所，并且由于阿赖耶识包含了各种种子，所以它的能藏性质导致了种子显发现实效应（现行）后，接受了果报种子。同时，由于阿赖耶识含备诸法种子具有染净善恶，所有由此而出的诸法都先天具备了染净的性质。从以上的方面说，阿赖耶识作为"藏"恰恰正符合了"心"的"集起"之义。也正是因为阿赖耶识作为妄心集起种子的相状，于是才有可能解答阿赖耶识与其他识的关系。

延寿运用以上阿赖耶识的三个含义，把所有境界种子都归藏于"妄心"，在逻辑上仍然是站在一心上来解释。并由此出发，对妄心攀缘（攀缘是虚妄的表现状态）的两个层次给予了说明，一方面是对境的攀缘，其实是前六识对阿赖耶识相分的执着；另一方面是对虚妄自体的攀缘，即第七识对阿赖耶识的执着。

"此第七识但缘见分种子，非余相分种子心所等。唯缘见分者，为无

---

① 《宗镜录》，第 692 页。

② 同上。延寿总结了阿赖耶识十种义，分别是持种心、异熟心、界趣生体、有执受、寿暖识、生死有心、缘起依、识食、灭定有心、染净心。

③ 同上。

④ 同上。

⑤ 同上书，第 693 页。

始时来，微细一类，似常似一，不断故似常，简境界故，彼色等法，皆间断故。种子亦然，或被损伏，或时永断，由此遮计余识为我，似一故”，“夫言我着，有作用相，见分受境，作用相显，似于我故。”①

这是从第七识和第八识的关系来说明见分，我执的含义，延寿认为第七识所缘的就是第八识的见分种子，由于是从无始以来就执着的，所以好像是不断的，是常一的，在这样的情况下，就产生了“我”的观念，生成我见，于是仿佛出现了我具有作用，能够认识的功能，去感知境相和自我。这样执着的错误认识，根本原因是攀缘，即第七识攀缘第八识的见分种子，从而造成了似义妄见。这便显现了第七识最大的特点不共无明，“微细横行，覆蔽真实。”并由这一无明而使第七识带有了染污的性质。

“第三能变者，差别有六种，了境为性相，善不善俱非，此三能变是了境识，自证分识了别性，见分是了别相，有覆有记。识以了境为自性，即复用彼为行相故。则了境者，是识自性，亦是行相，行相是用故。识论云，随六根境，种类异故。或名色识，乃至法识，随境立名，顺识义故。”②

这是对前六识性质的说明，六识自身的特性就是认识境物的功能，它们随着眼、耳、鼻、舌、身、意等六个不同的身根和意根对现实的境物产生认识和分别，这样境物就因为不同的识具有不同的名称，如所看、所听等。但是六识所认识的境物不是离开心外而具有的实在事物，而是六识生时所变的似境妄相，“识生时，内因缘力，变似眼等色等相现，即以此相，为所依缘。”③ 由于六识所依靠的根身和各种境物都是由识所变，所以所有的境相都是在妄心之内的。结合阿赖耶识的种子说，就可很明显地看到，六识能够有这样的功能，根源即在于第八识中已经含藏着六识的种子了。

所以无论是针对第七识的我执，还是前六识的法执，追其根源均是由于第八识藏备了各种种子，并能使诸种种子与前七识共同作用，现实发生作用，然后这样对心对境的执着才能实现。

① 《宗镜录》，第720页。

② 同上书，第724页。

③ 同上。

延寿借用唯识中阿赖耶识为一切法所依的理论模式，将诸法都归摄到“妄心”阿赖耶识中去。但是他并不承认“妄心”阿赖耶识与真实如来藏，或自性清净心是分裂的，而是坚持阿赖耶识只是妄心之相，而它的真实体性仍然是圆明清净体，于是延寿甚至提出了第九识的观点。

真谛三藏翻译的《摄大乘论》中安立了第九识“庵摩罗识”，由此而引起了唯识学史上影响深远的讨论。这些讨论的关键在于第八识外是否还需要再有一个第九识清净识，所谓真如。延寿这一问题的看法是第八识只是相，它的体性是第九识，所以并没有一个孤悬的真如。

延寿认为之所以会产生虚妄第八识，是因为真如为无明之风所动，而不守真如体性形成的。阿赖耶识是“自性清净心，因无明风动，心与无明具不形相，不相舍离。”[①]“此识体净，被无明熏习，水乳难分，唯佛能了。以不觉妄染故，则为习气，变起前之七识瀑流波浪，鼓成生死海。若大觉顿了故，则为无漏净识，执持不断，尽未来际，作大佛事，能成智慧海。”[②]

在此，延寿指出，第八识就本身的体性来说是真实的，但它作为现实的层面则是虚妄的。虚妄与真实的差别就在于有没有“觉”，如果沉迷与不觉中，就会轮转生死；反之，如果自觉就回复本净的自性，获得涅槃菩提的佛智。这里，阿赖耶识的性是真如、体是觉知，无论性或体都是本具自性、清净的，有了自性真如和清净觉智，阿赖耶识就可自己破除一念无明形成的无始无终生灭，而达到证悟本心的指归。所以阿赖耶识正是自身本具的条件，为无明的去除，垢障的清理提供了可能性和现实性。这样，延寿对第九识的解说，就不是站在实体意义上说，而是从阿赖耶识去蔽之因和除垢之果而论的。

由于延寿看到，真心成为虚妄，是因为一念不觉的无明导致的，阿赖耶识在相上与无明俱生，与不觉同行，所以立第九识的意义正是在于突出“觉”的重要地位。禅宗讲自觉本心，般若观照，都是从觉醒去蔽的角度上说的，“若起正真般若观照，一刹那，妄念俱灭。若识自性，一悟即至

---

① 《宗镜录》，第 714 页。

② 同上书，第 708 页。

佛地。”[①] 众生具有本觉的能力是佛教修行，得到成佛的基要所在，只有在众生本性中具有了本觉的能力，才可能主动地进行实践，否则只是讲众生具有体性上与佛一致的性质，按照禅宗自力的原则，是很难得到解脱的，所以必须要靠本觉的能力。这样，在对“觉”的佛教理论的圆融性和宗教实践的可行性上，安立第九识是必要的。

“以第八识染净别开，故言九识，非是依他体有九，亦非体类别有九识。九识者，以第八染净，别开为二，以有漏为染，无漏为净。前七识不分染净，以俱是转识摄故。第八既非转识，独开为二，为染与净。合前七种，故成九识。……诸佛如来，常以一觉而转诸识入庵摩罗识。何以故，一切众生本觉，常以一觉觉诸众生，令彼众生皆得本觉，觉诸有情识空寂无生。”[②]

这就是说第九识在体性上就是第八识，第八识分为染净两面，从性上说，染净都是妄念，所以与第九识的性是一样的，本来性空。但是第九识是就净的一面说，突出“本觉”之心体的一面，所以安立第九识。或者说，第九识是第八识中清净的觉体，而第八识中的染污不觉与前七转识共为妄心之相。为了更突出第九识作为本觉的意义，延寿还对楞伽经的三识说做了诠释。“夫楞伽经所明三种识，谓真识，现识及分别事识。……真谓本觉，现谓第八，余七俱名分别事识。……真谓本觉者，即八识之性，经中有明九识，于八识外，立九识名，即是真识。若约性收，亦不离八识，亦性遍一切处故。”[③]

四 结 语

至此，延寿用“一心”的方式，将“心”的本性、体性、相用等方面展现出来，并以此为纲目，解释了“自性清净心”作为“举一心为体”的实际含义，为成佛理论提供了基本的理论内核，然后通过揭示现实境况下的真妄二心的分别状态，解答了“心”如何由真到妄的变化，从而将

① （唐）慧能著：《坛经》（宗宝本），《大正藏》卷四八，第351页。

② 《宗镜录》，第738页。

③ 同上书，第742页。

抽象的、形而上学的“心”放到现实的生活经验中，为成佛理论提供了现实性思考的方向，最后延寿通过对心与识的各种关系的考察，明确了“心”诸多层面的意义，使“心”呈现出具有丰富内涵和实际操作的特点，构建了《宗镜录》中一心融合诸法的理念，并指出了具体可见的修行径路。

但我们应看到，延寿虽以“一心”来开显成佛理论和实践修行，并借用大量华严、天台，尤其是唯识的“心”的理论，然而由于他基本站在禅宗的真心论进行论述，所以以禅宗的角度看，延寿所做的工作是非常有意义的。但是在历史上，对于延寿的思想，即使是其他非禅宗派别，甚至是禅宗内部诸派，均有不同的声音和观点，亦使我们感到很多问题的存在，因此，对延寿思想的研究，仍然需要多方位、多角度地立体研究。

论“众生成佛”的佛性与解脱之理论关系

众生成佛是一个真理式的命题。佛教理论从佛性和觉悟两个层面论证了成佛的可能，即众生之性与法性、心性，乃至佛性，可以达到某种意义上的统一，这是成佛的根本；具有佛性的众生，能够经过渐悟和顿悟的方式，以不同阶段的修证，实现最终的成就，这是成佛的实践之路。通过这两层问题研究，本文力图较好地揭示出成佛的理论归趣和思维方式。

一言以蔽之，成佛理论是佛教思想和修持的最终归宿。

从纯粹思辨的层面考察，“成佛”并非简单的一个经验陈述。按语言学的理解，“成佛”是一个动宾短语，既包含了作为动词的“成”，又包括了作为名词即宾语的“佛”。但是以哲学的思维考察，这里还存在着一个可以放在动词——“成”之前的隐含的主语。所以，“成佛”的理论，可以用这样一个关系式来表达，即“（　）成佛”或者“X 成佛”①。这样，“成佛”即需回答：X 是什么；佛是什么；X 与佛的关系；作为动词的“成”。

在此，为了佛教理论具备的另外一个特质的一面，即作为宗教的、实践的，我们将把作为动词的“成”的问题，放在这一领域中讨论。因为佛教不是一个纯粹思辨的哲学，虽然思想上需要思辨，但一定程度上说，更重要的是要求真正的力行，所以佛教最终要回归到现实生活，即使这样的现实体现出某种彼岸的样式。

简言之，对于成佛理论，我们要解决的仍然是一个“老生常谈”的思路，成佛何以可能，其次如何可以成佛。第一个问题，我们是以成佛可

---

① 以下为了方便书写，我们就用 X 来代替“（　）”，虽然“（　）”具有某种更加表诠的功能。

能之“性”来展开，因为“性”的思路，可以回答上述提出的疑惑，而第二个问题则从方法和实践的视角来进行阐述。

一 成佛可能之“性”：佛性、法性、心性

我们将通过佛性、法性和心性三者的同、异的关系，展开“成佛”概念中的三个问题的探讨。不过在讨论之前，先要规定一下“性”的定义。“性”是从逻辑的意义上说，而非时间的层面，是指前提的绝对一致性和在先性。

佛性，是佛之作为佛的前提；法性，是法作为法的前提；心性，是心作为心的前提。佛，梵文是 buddha，即具有智慧的觉者，其中出现的关键词是智慧和觉，所以佛性即包含着智慧和觉两个基本因素。法，梵文是 dharma，是一切存在的总称，其中法具有的存在性，而不是绝对的虚无，这就是法的前提性规定。心，梵文为 citta，或者 vijnāna，前者是精神性的存在状态，后者则是强调认知或者智识系统，故心包含的精神的、认知的和智识的即成为其前提性的条件。

由此，三者就所涵盖的范围来看，法性最大，佛性和心性分别占据了法性的一个部分。这便是三者产生的第一层联系：佛性与心性都属于法性的范畴，所以法性可以作为二者成立的与沟通的基础。但是，应该看到，佛性与心性所表示的范畴是不同的。佛性关注的是佛的属性，而心性则关注心的属性。如果没有具体的语境，佛性与心性完全可以表现为彼此的默然无关。不过，在佛教思想发展中，佛性与心性却被佛教大师们给出了惊人的联系，实现了二者的贯通。由此，又产生了三者的第二层关系，即佛性与心性在某个意义上表现出关联。那么，佛、法、心三性的两层关系，是否还有更为深刻的含义呢？我们认为是有的。

（一）法性

它指的是一切存在者的存在。

“一切法从本已来，不来不去，无动无发，法性常住故。”[①]

---

① ［印］龙树造，（姚秦）鸠摩罗什译：《大智度论》，《大正藏》卷二五，第 411 页。

在佛学中，存在者就是法，“法”是呈现出来的显像，以及待呈现的显像的可能。呈现出来的就是存在，而可能呈现但还未现实出现出来，还处于潜在状态的，就是不存在。对于存在和不存在而言，都需要某个载体，就是“法”。所以“法”就表现为呈现出来的存在，以及没有呈现出的、但却是作为呈现之可能的存在（这也可以叫作不存在）。所以法性所表达的存在的含义，就同时体现了处于显像的存在和没有显像的存在。那么是否存在完全没有存在可能的非存在者呢？佛教认为是不可能的。

这里涉及一个问题，即作为存在者的“法”是什么？佛教认为，首先“法”不具备任何属性，它是刹那刹那形成的流变，而其表现出来的各自不同方面，完全都是偶然性的。

“众因缘所生法，我说即是空，亦为是假名，亦是中道义。”①

不过，我们的思维却可以对这些“法”作某种归类，并形成千差万别的范畴，这些范畴最后又可以归结成法体或者心体两种形式。但它们只是一种反思以后的结果，所以在思维之中具有某种思辨的有效性。法或者法体或者心体，都仅仅是思维中的存在，如果要将之推演到显像世界之中，“法”就仅仅在存在的意义上，表现它具有此唯一的属性，除此之外，不可能再有任何其他的性质。其次，既然“法”作为存在者只能具有存在这一属性，那么法的各种各样的差别，或者存在者的差别是如何形成的？这里就要回到偶然性的问题上去了。偶然性是说存在者表现出来的不同，并非是各个存在者属性上的不同，即各种存在者不能因为具备属性而成为真实的存在者，所以存在者仅仅是一种无原则的、偶然的显现，但是这些偶然的显现，却有一个一致的地方，就是都是存在的，或者都是显像的。因此，佛教提出的“法”，其实是要依靠“法”来说明法性，法性就是存在。如果，我们方便假设一个真理观的言诠，“法”是否真实，或者是否有真实的具有质的差异的本质，佛教是不给予考虑的。佛教思考的是法性，存在如何可以成为显像的前提，此前提为什么是真的？这就是缘起性空的思想。缘起是法，性空是存在。作为缘起的法，并非真实的，但它们之间的共性却都是作为显像的存在，也就是空性。正如《大智度论》云：“佛言，诸法一性无二。一性所谓毕竟空，无二者，无毕竟不毕竟一

① ［印］龙树造，（姚秦）鸠摩罗什译：《中论》，《大正藏》卷三〇，第33页。

法性，即是无性毕竟空。”①

保证了空性，作为一切法的唯一真实的属性，那么，佛与心都是法的部分，这样佛和心均在空性的层面保持了统一。可是，按照上述的论证，佛如果仅仅是显像的话，并因此而完全属于偶然性的存在者，甚至因为其偶然性而取消其真实具有与众生不同的属性的话，这是让人无法容忍的。那么如何理解佛呢?

（二）佛性

佛，从纯粹的理论上说，也是法，所以佛性，即法性或者空性。

“佛性者名第一义空，第一义空名为智慧，所言空者不见空与不空，智者见空及与不空，常与无常苦之与乐我与无我，空者一切生死，不空者谓大涅槃，乃至无我者即是生死，我者谓大涅槃，见一切空不见不空不名中道，乃至见一切无我，不见我者不名中道，中道者名为佛性。”②

可是，这里潜藏着两重困境：第一，佛是法，那么佛就只是偶然的显像，是不真的；第二，佛与众生完全没有区别。在此，佛教大师们引入了一个重要的思路——时间，对之做了较好的回应。

首先，佛有无量，但是当世出现的释迦本师佛，就是一位在时间或者历史中的存在者。一方面，本师佛显现了涅槃的显像，这正好说明本师佛身体体现的法的偶然性或者无常性，但是释迦所开示的真理，却是法性之真理；另一方面，释迦之所以能够被称为佛，就是他曾经证悟到智慧，也就是觉悟到空性的，或者存在的普遍之性，并且将此智慧进行教化和开示，所以从推理上看，能够学习到该智慧的，并且因此而觉悟的就是佛。这样，本来完全是一个理论上偶然性的存在者（缘起），就产生了一种可能性，即在时间和历史中，偶然性转化为必然性（空性）。当然，这是一种主动的转化。我们下文将进行论证。

其次，佛与众生虽然具有存在意义上的一致，可是佛与众生毕竟有着

① ［印］龙树造，（姚秦）鸠摩罗什译：《大智度论》，《大正藏》卷二五，第510页。

② （北凉）昙无谶译，《大般涅槃经卷》，《大正藏》卷一二，第523页。

本质的区别，即佛的觉和众生的不觉。从时间的角度看，成佛就是一个从不觉向觉的转化。虽然佛和众生均是法，可是二者在显像上是根本不同的。这里的根本当然不是一种本质的、可以保证对方成为真实存在者的一个条件，而毋宁说是一个相对原则，这种相对原则在纯粹的理论上，只是言说的方便，但到了时间中，则变成了界限和范畴、差异和不同。

最后，在时间中，佛表现了一种精神性的存在者，释迦佛通过觉悟而成就。这里实则暗示了一个重要的原则：佛至少在时间中体现出具有认知和智识的存在者，而众生也是这样的存在者，所以在一切诸法之中，客观上还存在着的草木等，就不是佛或者众生的后备选择，或者说在一切法中，可以分出具有精神存在的和非精神存在的两类，也就是佛教大师说的有情和无情两类，当然这两类在法性上是没有任何差别的。所以，谈论成佛的问题，只能在佛与众生之间分析。

既然佛与众生具有法性意义上的、精神意义上的两重特殊关系，那么当我们的研究是以成佛为中心的话，众生性就成为现下亟须解决的问题，而众生性所揭示的关键，即心性。其一，众生是法的一类形式，既然是法，就具有不真的一面，但同时也是以存在的方式显像，所以与法性、佛性是同义异语，这是逻辑的前提。其二，如果进入到时间的领域，众生与佛存在着本质差异，即表现为不觉或者无明，及觉或者明的严格区分。其三，众生能够与佛成为具有目的性的贯通，秘密即在于他们都是精神性的存在者，而他们都体现于某种主动性特点。

如此观待，我们会发现，众生具备了不觉的现实因，以及觉的潜在因，这个潜在因就是佛和众生的法性同一，这里即体现出不觉与觉的一体性，而此一体性最终得以显现，就是在众生的精神性方面，也就是心性。所以，众生性实则可以转化在心性的问题上进行探讨。

（三）心性

它是对心的规定。它作为存在的显像，也只能在存在的意义上才具有真实性，这与法性、佛性是一样的。

“如是菩萨悟入唯识性故。悟入所知相，悟入此故入极喜地，善达法界生如来家，得一切有情平等心性，得一切菩萨平等心性，得一切佛平等心性，此即名为菩萨见道。”[①]

但是，进入到时间之后，心性就体现出兼备静态和动态的特点。

“仁主，心性本净不可思议”；“仁主，阿赖耶识，虽与能熏及诸心法，乃至一切染净种子，而同止住性恒明洁，如来种姓应知亦然，定不定别体常清净，如海常住波潮转移，阿赖耶识亦复如是，诸地渐修下中上别，舍诸杂染而得明现。”[②]

在佛教思想中，心的静态，即表现为其存在的一面或者空性的一面。心的动态，则展示了心这一类存在的某种相对特性，也就是说心具有认知和智识的能力。所谓认知，就是能够形成经验知识的能力，并建构起客观的外在的世界。所谓智识，则是对心本身的反思，由此形成对心的与外在世界的一致的同构关系，但更重要的则产生超越由时间来定义的外在世界，进入到法性、佛性的超然世界（净土、佛国），这个世界是外离于时间的，一切存在者之作为存在，但也可是显像的状态（世间净土）。

心性的动态特质对于整个佛学理论是至关重要的。

“众生心性本来空寂而犹动念无始流转。”[③]

佛教提出三千大千的无量世界，三大阿僧只劫的无量时间，此间有无量的众生。佛教以人为例，对心性做了分析。在认知能力中，心仅仅是一种组合型的识别系统的流，六识心、七心界，乃至八识心，都只是侧面地说明了心的显像方式，就以心的结构式的建构塑造了整个外在的世界，当然此客观世界折射出主观世界的诸形式。所以，自佛陀开始，就不断地告知世人，客观世界乃至于主观世界，均是识别系统的一种组合。可是世人对客观、主观的独立的、真实的认知，则恰恰违背了诸法或者诸存在者的真谛。一面是佛陀的开导，一面则是众生的无明，这本身就形成了一对动态的矛盾。在智识能力中，心所具备的反思的能力，使心在能够不断地反观客观和主观的世界，积极地超越于各种或者物，或者识的限制和差别，由此而突破被认知能力所建构，但却因此被左右的无明，走向回归作为本质性的存在。这样的超越，不可能是无目的的，更不可能是自然而然的，

① ［印］无著造，（唐）玄奘译：《摄大乘论本》，《大正藏》卷三一，第143页。

② （唐）地婆诃罗译：《大乘密严经》，《大正藏》卷一六，第727页。

③ ［新罗国］元晓述：《金刚三昧经论》，《大正藏》卷三四，第965页。

它需要一种来自于智识的力量。虽然，力量本身也只是在时间和历史中的显像，最终还是要回归存在的必然。于是，在第二种心的能力中，心性通过时间和历史而实现了法性的回复，成为了佛性。

讨论至此，我们开始提出的三个问题，便可以得到相应地、看似没有任何新意地回答：（具备心性的众生）成佛；佛是在时间内又在时间外的存在者；众生和佛的关系，即法性或者空性或者存在，是众生与佛可以贯通地绝对前提或者叫作平等，而心性是众生与佛既在现实又在超越的唯一关联。

二　成佛可能之路：理行、止观、顿渐

如果上文阐明了众生皆可成佛的理论前提，是纯粹思辨的理论诉求的话，此处讨论的是成佛方法的问题。当然，成佛的方法虽然仍然还会有理论的特征，但是其主要意义在于提供一种生命实践的可行方案。故而，从现实角度出发，其展现出的，即需要丰富性、鲜活性和实践性的内容。

如前所述，成佛就是要获得智慧、实现解脱。由此，成佛的方法，就是围绕智慧和解脱来展开的。智慧的开启，是成佛之路上最锋利的宝剑。

佛教认为成佛需要两条道路，一是理入，一是行入；需要两种方式，一是止，一是观；需要具备两种体验，一是顿悟，一是渐悟。我们要强调的是，这三对成佛的要素是从众生现实的角度去观待的。

（一）理入和行入

正如《宗镜录》所分殊的：

“佛言，二入者，一谓理入，二谓行入。理入者，深信众生不异真性，不一不共，但以客尘之所翳障，不去不来，凝住觉观，谛观佛性不有不无，无己无他，凡圣不二，金刚心地坚住不移，寂静无为，无有分别，是名理入。行入者，心不倾倚，影无流易，于所有处静念无求，风鼓不动，犹如大地，捐离心我，救度众生，无生无相，不取不舍，菩萨心无出入，无出入心入不入故，故名为入。”①

① （五代）永明延寿集述：《宗镜录》，《大正藏》卷四八，第894页。

理入，即在智识上能够真正领悟整个世间万象，诸法存在的真实性，或者就是领悟到诸法的本质性的存在，或者空性。行入，则是在身体力行地去证悟到所领悟的空性。

就理入而论，所入者即法性、佛性和心性的一致性，或者平等性，这是诸法的实相。但这是不够的，万象存在的显像固然在存在上是同一的，可是从众生现实性来看，需要切近自身，觉悟众生心性或者就是修行者自身的心性可以作为修行之开始的可能，而自身心性在本然的自足及现实的不足。这是理入所修智慧的核心。而行入之所入者，就是诸种教法的具体修持和锻造。教法，即三藏十二部中记载的各种教学，是诸佛所开启的透视生命的方式。概括来讲，其原则是对戒、定、慧三方面的实践，表现出来就是对身、语、意三业的训练。而总的运作，则是向外与向内的统一。向外，众生心朝向外在于己的对象；向内，则是面对自身之心。即戒律的修持，体现了止恶（不随外相而遮蔽本心显现的可能性）和培善（保养本心的本然）。禅定的修行，则直接从内心的角度分析心之现实的问题，揭发可能的潜力，它的特殊意义我们将在下文论述。最后，智慧修持，既是全方位的开始，又是整体性的结束。修行者做出第一步的修持，即意味着他已经意识到各种存在者的共通性，而在理上的初步知晓的，促使之可用各种与心相关的方法来进步，在最后实践过程中，不是单调地觉知，而是彻底地领悟，即达到智识的、实践的通达贯通，或者叫作圆融无碍。所以行入的行证，是不能或缺的，甚至在某个意义上说，是首要的。

（二）止与观

止，就是将心停留在主客观世间的诸显像之上，让心将客观的或主观的显像作为对象，当然这里不需要复杂的思辨，而是一种训练，训练心与对象的隔离，以此保证心能够清晰明白地呈现智识的功能。观，则在止之上更进一步，它要求不仅保持心与主客世界的对立状态，更需对立而使心能够在超绝的层面，取消心与对象的对立，乃至取消心与对象呈现出来的显像，从而达到智慧层面的通彻。所以，对于止观法门，智者大师给予了极高的评价：

若夫泥洹之法，入乃多途论其急要，不出止观二法，所以然者，

> 止乃伏结之初门，观是断惑之正要，止则爱养心识之善资，观则策发神解之妙术，止是禅定之胜因，观是智慧之由借，若人成就定慧二法，斯乃自利利人法皆具足。……以此推之，止观岂非泥洹大果之要门，行人修行之胜路，众德圆满之指归，无上极果之正体也。①

止与观在严格意义上说，就是禅定。“定能生慧”是一条实践修行的金科玉律。止，在于防护内心；观，在于成就智慧。所以，止是观的基础，观是止的目标。止，非常强调具体的技术型的训练。它往往需要借助一个或者一系列非常具体的对象，并且在将对象与心隔离开的同时，能够将心的认知固定到该对象上。这样便产生两重效果：（1）保证心的所有认知都在该对象上；（2）确保心不会再关注其他的对象。于是，有效地提供了心通过对象而观（照）的深层觉知。观，或者观照，不能仅仅限制在一个或者一组对象上，它要求一种具有类似于思辨样式的观看，即能够看到一切存在者在显像，又能看到存在者的显像只是在呈现存在。最后，在观看时，能够不偏不倚地把握显像与存在。这一高绝的禅观，从具体的修证次第是需要时间过程的，可是观（照）的三个内容并非是一种时间型的排列，而毋宁说是空间型的结合。由此可见，尽管止与观表现出技术的特点，但是其根本的指要在于证悟智慧，实现最终的觉悟。

（三）顿悟和渐悟

顿悟，描述了众生一刹那领悟到佛性状态；而渐悟，则陈述众生在一个时间段中，逐渐领悟佛性的过程。顿悟和渐悟内部根本没有冲突，它们是修行者成佛之路的一种阶段性的阐明，故而在现实的修证中它们都是必然的，不可或缺的。

顿悟，可以分成两种：（1）纯粹的智识；（2）完满的超越。其表达了修行者在实践整个成佛历程中飞跃的一面。

所谓纯粹的智识，一般处于修行者的修持之初。

“此约解悟也（宗密自注：约断障说，如日顿出霜露渐消，约成德说，如孩子生，即顿具四肢六根，长即渐成志气功业），故华严说，初发

① （隋）智𫖮述：《修习止观坐禅法要》卷四六，第462页。

心时即成正觉，然后三贤十圣次第修证，若未悟而修非真修也。”①

这是说能够在觉察到众生之心性、诸佛之佛性、万法之法性均是同质而异相。这一层的开悟，只能作为一种智识的，或者在思辨意义上的通观，往往它来自于对教法的学习或者对世间各种显像的，应激式的、闪电式的觉察，意识到整个佛、法、心三性的平等。这对于本质性存在之前的认知，此一觉察是超越，超越于认知之上，但却仅仅停留在领悟力之上，还只是纯粹的智识。虽然它很纯粹，甚至只停留于思维的存在，然而由于其具有的飞跃性，又显得极为重要，它是成佛之路第一次质的飞跃。

完满的超越，就是成就了佛果。这是顿悟的真正意义之所在。在佛经中，是以三十二相、八十种好、四无量等词语描述佛的超绝和殊胜。如果我们以理论的理解去思考，这都是在说明佛的能力、功德，即佛是圆满自足的。故而，顿悟成佛的顿悟者，就不能只是仅仅体现出思或者理上的领悟，而是思与行、精神与身体达到圆满的境界。这一阶段的顿悟，是最后的飞跃。诚如道生大师云：

“明理不可分，悟语照极，以不二之悟，苻不分之理，理智恚释谓之顿悟，见解名悟。闻解名信，信解非真，悟发信谢，理数自然，如菓就自零，悟不自生，必籍信渐，用信伪惑，悟以断结，悟境停照，信成万品，故十地四果盖是圣人提理。”②

渐悟，也可分成两种：（1）单一的认知；（2）丰富的智识。其所表达的则是修行者每次飞跃的积累或者资粮。

“渐悟有二义，一者，若从得二乘果发心向大，名为渐悟……二者，但从曾发二心曾修二行，来归大者皆名渐悟。具彼姓故修彼行故。闻思悟解亦名为悟。”③

第一类，单一的认知是指修行者停留在认知的阶段。这时，或者表现在实践上，或者在思维中，修行者通过教法学习和在世的生活，体现到了某种现世生活的不真实性，认知到了佛、法、心性的某种内在联系，但是并不明确，甚至会恢复惯常的认知，遮蔽微弱的明觉。这种遮蔽也被佛教

① （唐）宗密述：《禅源诸诠集都序》，《大正藏》卷四八，第407页。

② （唐）慧达疏：《肇论疏》，《大正藏》卷五四，第55页。

③ （唐）窥基撰：《妙法莲华经玄赞》，《大正藏》卷三四，第653页。

称为退转。第二类渐悟，则是取得了丰富的智识。此一渐悟常常已经有相当的行动和思维履行之后的结果，往往其间还会表现出刹那的顿悟，但这刹那的顿悟也只是包含其中，没有完全形成质的飞跃。不过正因为此，该类渐悟出的内涵是丰富而充盈的，比如六般若之行。

顿悟和渐悟各自的两个类，不完全表现为阶段性，而是表现为修行过程的质与量的特点。当然，从最终成佛来看，顿悟必然是最终的成果。

虽然，我们在成佛可能之路上，分离出三类不同的角度和概括。但是，它们不是孤立，因为成佛的路途本身就是多元的和复杂的。理行二入，指出修行实践的中道原则，不可偏废任意一边；止观二定，旨在突出佛教生命实践的特殊性；顿渐两类，则揭示了修行道路的复杂性和长期性。这三方面实践原则，终究立体地呈现了佛教如何去叩紧觉悟智慧，圆满无碍的终极关怀。

至此，作为动词的“成”，在厘定和分析其含义之后，本文对成佛理论也可以画上结束的句号了——即，在佛教看来，“众生成佛”是一个真理性的命题。

论佛性论思维的四个矢向

佛性论是中国佛教思想最核心的理论体系。考察其理论思维的取向，具有重要意义。佛性理论始终与四个方向保持着紧密的联系，分别是：佛性的主客之分、生佛之性的本始之别、生佛之性的染净之分、世俗知识与般若智慧的甄别。本文将透过这四个矢向的揭示，展现出佛性论问题的某些重要理论特质。

诚如方立天先生云：佛性论，始终是中国佛学研究中的一个重点，也是佛教哲学的一个重要内容。

南北朝以来，佛学大师们对于佛性思想就给予高度关注，如慧远罗什之辩，乃至地摄之争，均涉及佛性。隋唐时期，中国佛学主要流派对佛性探讨更丰富了佛性思想之含义，如诸家判教就深含佛性思想之不同理解。时至当代，佛性思想甚至成为跨国交流的一个显学，尤其是批判佛教所带来的对中国佛性思想之反思，深刻地展现出新时期佛学研究可发展的某种端倪。固然佛教思想的文献汗牛充栋，不过，如果以不是全面而是片面的，不是历史而是概念的方式，去理解佛性的问题，应该可以至少表达出佛性问题的某些重要之价值所在。所以，我们将以挂一漏万的形式，分析佛性思想中的思维形式。

对佛性的思考，我们发现存在着四个比较重要的方面，即定义、时间、性质和可能，或者说主客之分、本始之分、染净之分、知智之分。当然，这四方面并没有涵盖佛性论中的一切问题，但我们以为这些内容却是较为核心的。

一　佛性为何——主客之分

佛性，存在着两个角度的思考：（1）佛性是否遍及宇宙万物；（2）

佛性是否只为众生（有情）所特有。前一问是所谓客观化的佛性；后一问则是主体化的佛性。

客观化的佛性，旨在说明佛性是一种理论的普遍性。佛学以一般的经验为划分原则，将宇宙区别为无情和有情。能够贯通二者的佛性，既然不能被其中之一所独有，就意味着两个问题：（1）佛性必须能够代表，或者就是二者共同的本质；（2）进一步说，佛性就是宇宙万有的本质。那么，有情无情的共同性有哪些呢？从常识看，都有生住异灭的过程，故而有昔今未的变化，不过大乘经论更指出，还存在第一义之性质，也就是其缘起和缘生的实相。常识可谓是现象的，第一义则是本质的。所以佛性并没有隐在，而是幽显出来的（所谓幽显，我们以为形容其可以被思维或者直观，但不是直接显露出来）。在中观思想中，这层关系就体现为缘起性空。这样，佛性中的性空之一面，就得保持住一种概念式的特点，它可以被理解，乃至被直观，但本身并不能拥有任何觉知的因素，并体现出一种冰冷的、静止的存在；佛性中的缘起①的一面，则是生动而活泼的，世间万象富丽多姿，即是诸法存在样式的多元。一面在遮蔽诸法之真实的同时，又为揭开这一覆盖而提供可能。佛性之两面，是寓于万法的，而万法之性，即可称为法性，则从语言推导可以得出法性，即具有两面的佛性。在这样的前提下，无情亦有佛性，或者一阐提亦有佛性，都可以得到理解。既然佛性不唯独局限在有情之中，佛性就可以作为一种道理而存在，一种客观而不为人所改变的真理，所以佛性即真理。

主观化的佛性，则在阐述佛性具有能动的特殊性。佛，本义是觉悟者，是拥有菩提、智慧的觉悟者。大乘经中无数的佛菩萨，均具备慈悲与智慧，小乘经中的释迦牟尼佛和诸无漏罗汉，证悟三十七道品、十智。其反映出的是，佛当为有情所出离者，绝非山河花草等无情。所以，在主观化的佛性论者看来，即使佛性具有普遍性，但是这只是从消极上来说，若从积极上看，唯独有觉性的众生，才有成佛的可能。故而，就成佛的意义上理解，佛性便限制在众生的区域之中。那么，众生的佛性如何表达出

---

① 缘起，所指的是作为缘起的机理，不过因为“缘”不能够独立地展现，而必须借助一个过程的，或者一个缘起之后的东西，才能够显示。所以，缘起，实则可以包括缘起之理和缘起之物。当然，对于大乘佛法来说，此缘起之物本身就是条件性的，所以不应该实有。

来？主要靠众生具有的觉性。觉，与菩提在梵文中是同根词，众生能觉需靠菩提，所觉即是菩提，而菩提恰恰是烦恼的对立面。烦恼，即是不觉，即内心没有明亮起来，所以烦恼的另外一个称谓即无明。众生需要通过觉悟，觉悟必然涉及心的问题。如果从心的角度看，那么佛性不离佛心，众生性也离不开众生心，如此看心，心必然成为了一个类似于包藏万物的容器。一心可以开出二门，二门即真如和众生。从表面上看，佛性在心之中，心似乎成了能造作万物之源，佛性无论在地位和秩序上都成为心之后的东西。但，认真分析一下，就知道并非如此，因为心是从众生没有觉悟一切而说的。心的提出，不在于其能造万物，而是作为现实众生之状况，即为何有三千大千世界之众生的多样性，众生如何能够回证佛性之可能性等这些现实的修行角度来阐述的。所以，我们可以说心在众生位为有，而在佛位则不尽然了，但无论心是如何状态，佛性终归是如如不动的在那里。

二　佛性如何存在——本始之分

本有和始有，是佛性论中另一重大的思维方式。以现代的思路理解古代的本始问题的话，应该可以从逻辑与时间两个方面去阐释。

本有说，认为佛性天然内在地具备于众生之中。从理论上说，本有问题要解释的是众生成佛的一种先天存在的、作为因的、作为前提式的可能性。先天的，是指佛性不能进入时间，其存在是和众生与生俱来的。因的，是指佛性可以作为潜在的原因，导向现实的佛果。前提式的，是说佛果的样式（功德）可以多样化，可是佛果之性必须依靠佛性而得到类上的一致。因佛性本有，所以有“理佛”之说。不过，佛性与众生之性，始终是不同的。佛性本有，虽然是成佛的条件，但是众生性与佛性毕竟是不同种类的性质，如此，则众生如何可以同时容纳两个异性？本有说，强调佛性与众生性并行不碍，都必须放在心的层面来说明。心之性与佛性是同类的，众生性只是外在的障垢，所以心性能动性的发动，或者其觉知功能的发动，就可以去除众生之性，而且其发动完全可能以一种直指人心的方式来证明。可是众生性的去除，至少存在两种解释，一种是完全消除众生的烦恼而彻底清净；另一种是除了佛性彻底显现之外，众生性的无明本性已经消除，唯独留下了众生之相。前者或者容易陷入到“自了汉”之中，而后者则可以成为大乘菩萨的模范。由此，本有佛性最重要的任务，即在于保证众生成佛的基础。

始有说，认为佛性应为当有，或者未来有。始有说，非常清晰地意识到两个重要问题：（1）众生性与佛性不同类，它们处于同一时间刹那，是否可行；（2）佛性乃在佛果中显示，不能在众生中显现。所以，成佛是一个时间的问题。始有说，认为众生成佛存在着一个变化的时间过程，抛弃众生性而获得佛性。这样，佛性对始有说则体现了一个逐渐圆满的过程，而不像在本有说中体现的自足圆满性。如此，佛性与众生性的异性，就特别诉求于一种认识能力和实践能力的提高，而不是通过直接领悟而获得。

但是本有说和始有说，都存在各自的理论缺陷。本有说重于逻辑上的佛性之普遍性，却弱于众生未成佛的现实性；始有说偏重时间上的因果性和生佛二性的区别，但疏于生佛内在之贯通。所以，结合本有和始有，成为中国佛性论的一个主题。即众生本具佛性，这是从理上说，众生要修得方有佛果，佛性才完全展现，这是从事上说；另外众生性与佛性虽然性质不同，但只有同时具备于一心之中，二者才有贯通的可能，即不论是真如无明缘起说，还是法界缘起说。最后，佛性说尤其重视心的觉知功能，本有的顿悟和始有的渐悟之结合，才能将众生成佛的理论与实践两面表达出来。

三　佛性性质如何——染净之分

染净之分，是关于佛性性质的探讨。如果将佛性理解为成佛的基础和可能性，那么因为佛是纯善的，佛性也不能有任何染污。但是，如果佛性潜藏于某种载体之中，那么佛性就可因所载之体本身的情况，而发生现实和认识层面的误差。这层意思，就产生了佛性或者如来藏与如来藏识的问题。

如来藏，就是佛性本身的体现，其性质纯粹善，但是如来藏是普遍性意义上的真理，所以不存在染污。然而，如来藏识却不同，藏识是依附于如来藏之上的各种具有现实性的染净杂陈之垢识。对于众生而言，如来藏和藏识是从无始以来就相伴而生的，因此，如来藏因藏识的覆盖而变得有“相似染污”之相。甚至如来藏与藏识被众生认知是一体的。大乘经典常用自性清净、客尘所染，或者众沤不离大海的比喻来说明。

虽然，藏识覆盖如来藏较直观地说明二者的关系，但却存在一个深层的困难，即藏识是否可以转化为如来藏，也就是说是否有某个过渡者链接如来藏和藏识。藏识是染净间杂的，如何能够以杂陈的性质来达到纯净的善。一般来说，藏识或者被认为是八识，或者被认为是七种识，甚至是九种识。困难的产生和解决都体现在阿赖耶识之上。阿赖耶识，如果被看作是染净结合的，含藏着染净种子，那么将染种转成净种，阿赖耶识事实上就成为了纯粹善的过渡者，于是在性质上如来藏与纯善的阿赖耶识是一样的，只不过前者是天然本具的，后者是熏习而得的。但，阿赖耶识是否因此而消失，以及如来藏因将阿赖耶识完全地转化，而使之彻底成为孤悬者的真理。另外，如果阿赖耶识一开始就只有纯粹的净种，那么阿赖耶识就是如来藏，而其他七识则完全与阿赖耶识隔绝，如此阿赖耶识就不再属于染识，而干脆就是如来藏了。

由阿赖耶识引发困难，似乎很难解决。其实，困难之处恰恰在于误解，即大乘经论所提到的阿赖耶识，并非是一种实体性的存在者，阿赖耶识是无始以来形成的，被众生所迷而为实有的“相似存在者”。在众生不觉的时候，阿赖耶识就是实有的，它体现出转染成净的可能。在佛位的时候，阿赖耶识因其本质的空性，而与如来藏一致。如此一来，如来藏与藏识的关系可以再次获得解决，一方面，如来藏即含藏在藏识中；另一方面，如来藏作为藏识的解脱之目的而得以彰显。于是，可以说藏识从本质上看，就是纯粹的善；但是从现实上看，却可呈现出染净相夺的状态。

四　佛性可知吗——知智之分

知智之分，是对佛性认知的讨论。知，在大乘经论中，地位并不高，一般被定义为世俗之知，或者惑智。包括了现代知识论中的知识，就是在我们物质感官系统中所呈现的知识，以及由此而来的分析、判断、推演等。但还有一层，则是现代心理学中的心理意识，如人格、潜意识等内知觉。佛教认为，这些知识存在着某种实体论的倾向，难以让人理解佛教中的生命真谛，所以均称为惑智。该惑智障碍了理解和领悟四谛之真理、人法二空之真理。与之相对的，就是智，此种智慧被分为一切智、道种智、一切种智，分别对应于声闻独觉、菩萨、佛三个阶位的觉者之能力。一切智是证空的智慧，道种智是观见三千大千世界种类繁多而悟入空理之智慧，一切种智是佛圆满无碍、悲智双运和功德完备的智慧。不过，如果将智慧简化而论，则可用般若以代之。

般若，从中国佛学发展史看，大师们曾经历了晋到南北朝百余年的时间，直到罗什的到来才相对准确得到理解。般若，可以翻译为明、觉、智慧等含义。明，突出的是无明的对立面，无明障盖众生，明则使众生得以解脱；觉，相对于不觉，众生因烦恼而造作惑业，因惑业而轮回痛苦，所以觉即要觉到痛苦之因；智慧，当然是针对不智而言，前一段已经谈过智慧的种类，此处不再赘述。

所以，般若是有对象性的所指，这就构成了般若之所知和能知的两面。首先，对于大乘经论，所知是人我二空之理，可是第一步就是要破除障碍空之理的无明。但是无明是什么，来自于何方、去向何方，无明是否有性质的规定，大乘经论一般从两面来说：一面是认为无明无有性，它是虚无的幻象，它是无始而来的，一旦破除就彻底消失，相对而言是从消极面说；另一面则从积极的角度说明，强调无明是心的突然妄动而形成，但这不是从无始而来所说，而是从现实的当下来观看的结果。所以无明更重要的理论意义在于，它是现实修行的障碍。破除无明就得到觉悟真谛，这是般若所证的目的和所得的果位。其次，般若之能知。这是一种能动性的表现。般若智慧，对于众生来说，需通过闻思修等阶段得到，而佛则以般若之智慧照见万法而度一切众生，所以般若能够表现出修习的过程，以及大用的原则。而这恰恰是，佛性对于众生和佛菩萨所体现出的内涵，即众生依靠佛性而朝向成佛，佛则以圆通无碍的智慧形式多样地度出众生。

由此可见，般若智慧是佛性的另一重大内涵。不过，智慧最后的证得，只能是飞跃性的大顿悟，在此顿悟之时，智慧与佛性达到同一，这是难以用语言和思维去理解的，故而智慧体现佛性之时，往往在言语道断、心行路绝之处。

二　儒释道交流与对话

论船山对“如来藏”思想的重释

船山是明末清初著名的经学大师和思想家，通过对传统文化的批判和继承，他重建了自己的思想体系，而他的佛学思想也不例外。在《相宗络索》中，船山极力批判传统唯识学中“阿赖耶识”与“如来藏”的二元对立的观点，提出了“阿赖耶识”就是“如来藏”的思想，重新诠释了传统唯识证道中“阿赖耶识是虚妄”的正统的唯识学观念。[①] 如此，船山通过否定传统唯识思想的妄真对立论，开创了染净同体论，重建了体用论和发生论，提出“阿赖耶识”即“如来藏”的思想，实现了对传统唯识学的开新与重建。

一　唯识学中“阿赖耶识”与“如来藏”的二元对立

唯识学提出了以“转识成智”为核心的哲学思想：“转识”就是转去虚妄的诸识，“成智”即是证得真实的如来藏，这一结构蕴含了妄识与真智的二元对立。传统唯识学认为，万法体系中，由虚妄的诸识造作的世间是虚假的，这部分成为有为法；而另一部分法是真实的，且不为诸识所造，而是“智”的层面，这是无为法的部分。《入楞伽经》便将万法体系分为五位：“相”“名”“分别”“正智”“真如”。[②] 其中前三位说的是有为法，或虚妄的部分，而后两位法“正智”“真如”则是说无为法，真实性的。唯识学认为，诸识就是第八阿赖耶识，第七末那识，第六意识，还

① 王恩洋：《相宗络索内容提要》，《船山全书》卷一三，长沙：岳麓书店 1996 年版，第 599 页。

② （元魏）菩提流支译：《入楞伽经》，《大正藏》卷一六，第 690 页。

有眼、耳、鼻、舌、身识，总共八个识。它们的存在一来就是俱起而有的，由于它们本身是虚妄的，所以只能放在“相”“名”和“分别”不实有的有为法中谈论。诚如，《摄大乘论》说前六识叫作名言熏习种子，第七识为我见熏习种子，第八识叫作有支熏习种子。“如此诸识皆是虚妄分别所摄。唯识为性是无所有。非真实义显现所依。”①

传统唯识学认为阿赖耶识是虚妄产生的最根本原因，并且有能藏、所藏和执藏的三大功能。②“能藏”是指阿赖耶识能够收藏具有八识各自性质的虚妄种子，这些种子不是实实在在的，而是某种功能；“所藏”是指这些种子有善恶之分，它们会对众生产生现实的作用，使众生形成新的、带有善恶的种子，藏在阿赖耶识中；所谓“执藏”，是说第七识末那识始终执着阿赖耶识，产生真实的“我”的虚妄种子，收藏在第八识中。

传统唯识学中证道的关键就是转识成智：即众生通过显发阿赖耶识善种子的作用，听闻正法，修行证悟，从而使染污的恶种子转化为清净的种子。阿赖耶识在这一过程中，表现为转一分染污的种子，善法成就一分，第八识的虚妄就去除一分，众生也就更靠近真如性智一步。而可见虚妄的东西不能成为真如，或如来藏。虚妄的诸识的存在，只是从众生修行成佛的角度上来说，当证到真如的时候，诸识也被转成了没有无明的智慧。于是，在唯识学看来，诸识与真如比较就是非此即彼的关系。

由此可知，传统唯识学从修证的角度出发，是决不允许妄识与真智（如来藏）同时存在的，这二者的对立导致了唯识学在哲学意义上的割离，这种隔离为船山的佛学探讨提供了理论上的空间。

二 船山对传统唯识思想的批判与重构

妄识与如来藏的对立，致使唯识学体系的割离，这是船山的问题意识。船山从发生学和体用论的角度，创造性地提出了“阿赖耶识”即“如来藏”的观点，重解了唯识学中“阿赖耶识”与“如来藏”二元对立的基本观念。

---

① （陈）真谛译：《摄大乘论》，《大正藏》卷三一，第138页。

② 太虚：《法相唯识学》（上），北京：商务印书馆2002年版，第129页。

（一）如来藏可具染污，颠覆妄真对立论

与传统唯识学不同，船山始终坚持第八识是真实性的存在，他认为：“第八阿赖耶识，本等昭昭灵灵可以识知一切者，本是真如之智。因七识执之为自内我，遂于光大无边中现此识量，而受七识之染，生起六识，流注前五。此识从四缘生。若不作意，则此识虽在而若忘；作意乃觉此识之光可以照境，不如七识之执滞不忘，不因作意。”① 船山就阿赖耶识的本性做出了说明，他将第八识看作是完全清净、没有染污的真如智慧，因此船山视野中的阿赖耶识就成为佛教所说的般若智慧。从一般意义上讲，真如智慧在佛教思想中是唯一的真实，属于离言绝相的无为法，相对于真如的事物，如名言、事项等世间的一切精神或物质的存在形式都只能是虚妄的。正如《中论》中论述的：“众因缘所生法，我说即是空”，所有的世俗现象都是缘起而性空。因此，阿赖耶识如果作为“如来藏”“真如”而存在，就不能具有与世间法一样的性质。但从唯识学的基本含义出发，阿赖耶识是站在虚妄的角度，或者说是世间法的角度对之进行阐释的，认为世间的所有现象都是第八识变现出来的。所以，如果承认第八识为如来藏，就会出现与传统唯识学产生冲突的问题。为了解决这一矛盾，船山便从两个方向来定义第八识的特点，而这两个定义也一直贯穿在全部的唯识学纲要中。如果就本性而言，可以说第八识就是如来藏；如果从现实性来看，由于第七识对第八识执着为真，然后，受染污的第七识的染污，而被动地成为了染识，于是在这一妄识的显现之下，世间的事物便得以呈现出来。这样，船山便以本性和现实性相结合的方式，为解救与传统唯识学的矛盾，做出了卓有成效的努力。

除了直接定义“阿赖耶识”的新内涵外，船山还举出了“五位唯识”的观点深入分析了阿赖耶识的真实性。

所谓“五位唯识”就是从五个不同的方面来宏观理解唯识概摄诸法的性质。“五位”分别探讨了唯识的自性，唯识变现的妄境和诸法，证灭妄境还入实性等五个阶段。在分析初位时，船山指出：“‘自性唯识’，真

---

① （清）王船山：《相宗络索》，《船山全书》卷一三，长沙：岳麓书店 1996 年版，第 526 页。

如自性刹那一念结成八识，各为心王。在含藏未发为阿赖耶识；转念执染为末那识；发动于心意为纥利耶识；依五胜用根为眼识、耳识、鼻识、舌识、身识。总是如来藏中一色光明逐的流转，识八位心王自性皆唯识耶。”① 然后，他认为第五位：“‘实性唯识’，六无为，非识所有境界，乃真如境界。然真如流转而成八识，识还灭而即实性，如反覆掌，面背异相，本无异首，故四智即唯识性也。”②

由此，船山将真如自性作为一个始发性的源头，认为通过妄心一念而形成了八识，如果所有八识没有流转变化，或静止不动，也就是含藏未发的状态，那么整个八识都要规藏于第八阿赖耶识。但是如果有了流转运动，并执着妄念染心，就会进一步形成第七末那，然后第八、第七识共同作用而成第六识。如果要证悟到真如实性，则又通过八识还灭的逆向修证来获得。如此一来，船山实际上是将真如作为一种生成意义上的逻辑前提和体性意义上的本质的结合体来解释唯识学的阿赖耶识了。至此，船山对阿赖耶识的定义深化了，一方面，阿赖耶识是本具如来藏实性的真实存在；另一方面，它又是因为真如刹那起念，并具有染污状态下的染识。

事实上，这样的思考模式很容易让我们联想到船山一贯的哲学思维：“气”是纯善，“理”是气之理，故而也是善的，但是当“气”由形而上的纯净形式，下设到形而下的生活世界中时，“气”的具体化形式，即“情”，便有了善恶之分。然而“情”就性上来说，或者从理上来说，又是与气一致的。故而只要符合理的“情”，也就是善的了。③ 所以，如果我们参照这样的理论思维，就不难理解为何船山将阿赖耶识诠释为真实的了。至此，船山颠覆了妄真对立论。

（二）阿赖耶识因末那染污，创见染净同体论

虽然阿赖耶识的真实性如来藏。但是，阿赖耶识却也是具有染污性质的存在，因此染污是从何而来，就成为亟须解决的问题了。

船山认为导致染污的根源在于第七识末那执着第八识。

---

① 《相宗络索》，第543页。

② 同上书，第545页。

③ 陈来：《诠释与重建》，北京：北京大学出版社2004年版，第27页。

“第七末那识，意之识也，故《成唯识论》亦名此为意识，六识缘此而生。此识虽为思善思恶，而执八识一段灵光体相为自内我，全遮圆成无垢之全体；系此坚持之力，一切染品皆从此气。故梵云末那，唐云染。从三缘生。虽当不作意之时，此中耿耿不忘知此我为我，故不缘作意缘；无所分别而识体不灭，故不缘分别缘。”① 这就是说第七末那识由于三个原因(“三缘”）造成了阿赖耶识具有的染污：末那识对第八识“一段灵光体相”作意妄动，此其一；其二，末那识的存在要靠阿赖耶识；此外，末那识由于执着的缘故，将第八识当作所缘的境，于是根境识三和合而生出虚妄的“自内我”之相，因此遮蔽了阿赖耶识的真实体性，如来藏带有了染污的性质。②

接下来，船山继续这一思路，认为末那识对第八识的执着打破了完满真实体性的如来藏，并促使阿赖耶识作为“含而未发”的存在形式发生了演变，于是产生了阿赖耶识的“相分”和“见分”。所谓“相分”就是所缘，是认识主体所认识的境界，而“见分”则是认识的主体，也称为能缘。

如果就末那执“相分”上说，船山提出了一个新的观点，认为境有三种，即“性境”“带质境”和“独影境”。“性境”是指具有实性的境，没有加入任何意识的分别只是作为纯粹的直觉的境相，也就是原初的第八识的真如之相。但由于“七识妄揽八识为自内我，立八识相分为境，非其真实，故不具此境。第八本如来藏，无有境界，横为末那所执，尔成见相二分，虽缘根身器界以为性境，二本无此境。”③ 因此，就第七识上说，末那从总体上执着第八识，并且因为末那识的执着从而为第八识建立了相分，所以这样的相分必然是非真境界。而后的“带质境”中，船山继续了这一观点，指出“第七为真带质。八识本无区字之质，第七带起而据为自内我，第八即为所带动而成一可据之境，流转生死中，为自境界，故曰真带质。八识虽有五心所，而不挟带外境之质为其见分，故不具此境。”④ 这就是说，第八识本身没有分割相状的性质，但因为第七识执着于第八识，所以阿赖耶识就被分隔出相应的境，或者带有了相分，于是第

① 《相宗络索》，第 526 页。

② 同上。

③ 同上书，第 534 页。

④ 同上书，第 535 页。

七识将第八识的相分执着为自己的真实境界。在这个意义上，末那识便是真正带有相质的一识，也就是说真正会执着第八识相分的识。

如果就末那执“见分”上说，船山在“我法二障各二”的部分给出了答案。他认为：我执和法执，“此二执乃无始时来，以七识所染现行，熏成八识种子，伏于隐微，为生死根本。七识拘定一窍之光[①]，为八识见分，遂与根身器界相依成彼之境，为八识相分。其执见分为自内我，不能打破疆界，认根身为法器，乃至菩提自我得，涅槃自我证，皆是我执。其依相分安立境界，乃至知有法可证，有佛可学，皆是法执。”[②] 从船山对二执的解释中，我们可以较清楚地看到两个方面的信息。其一，对第八识的思量：在船山看来，第八识是一个受动者，是种子的仓库。无始以来，正因为末那识执着的个性，即执着于第八识实有，我执和法执，这样染污的种子，才被种到了第八识中，于是阿赖耶识才可能收藏有染的种子，这是就执着总体的第八识上讲的；其二，船山更进一步指出由于末那识执着了第八识真实性中的一丝真如体性为实有常住，从而造就了第八识之能认识的功能——见分，可是第八识的见分只能因为第七识而显现，并且第七识正是因为执着了阿赖耶识的见分，所以才会将阿赖耶识中的其他部分而显现为境界，分别为其相分。

通过船山的理论建构，我们可以发现船山对第七识的解释，事实上回应了刚刚开始时对阿赖耶识的定义，即阿赖耶识本身是如来藏，是真实的，但之所以它会带有染污，成为妄识，是因为末那识的执着个性导致的。而这一结果也可以解释：为何船山说阿赖耶识即是真实的，又是含而未发的状态。其缘由正是因为第七末那识，第八识才变现出了相对于末那而言具有意义的见分和相分。至此，结合上面第一部分和第二部分两个层次对第八识的论证，我们可知阿赖耶识是如来藏，是真实的存在，它的染污是由其他转识，尤其是第七识造成的。

① 事实上，船山自开始定义第八识的时候，就运用了与第七识的关系。但是，他对于第七识执着第八识的解释，主要是借用比喻的说法，如说第七执第八的大光明，或一窍之光。但问题是大光明或一窍之光是如何能穿过染污到达而为第七识所执？并且这些“光明”在性质上所代表的是什么？是人的智慧，还是能识主体的可识性呢？这些问题致使我们在理解船山的思想时不得不带上很多疑问，需要进一步研究。

② 《相宗络索》，第546页。

（三）阿赖耶识即如来藏，重构发生论和体用论

在前面的论证中，船山指出真如一刹那结成了所有的识，而第八识阿赖耶识与其他诸识是同时顿生的。在这一过程中阿赖耶识有两个特点，一是含而未发的状态；一是被第七识执着的状态，这样的执着是无始以来就有的。由于第七识的执着一直都保持在当下状态，也就是现行状态，因此第八识包含了“执着实有”的染污种子，从而陷入了流转中，于是第八识——阿赖耶识成为了染污的。

然而，这样的论证会让我们去思考，如果第八识的染污可以苛责为第七识的“执着”，那么在第七识没有执着之前的阿赖耶识是什么性质？船山认为“含而未发”的阿赖耶识就是体性上的真如，清净的如来藏。为此，船山说：“有覆无记，覆，盖覆也。如瓦隙日光，四边皆受障蔽，但受一隙之影。此性覆障真如光大之体，于五蕴中，八识执持我为我，我法为我法，虽未为恶，而为染污执本，乃七识别境中一分邪慧所成。无覆无记性，那真如不守自性，加被润生所成，本无覆障，虽为七识所染，而本体自如。”① 船山认为真如或如来藏，因为不守自性从而为第七识染，而有了染污。但在染前的真如实性和染后的真如是体性不二的。如果只到这里，站在传统唯识学的角度上看船山的思想，确实会产生矛盾，因为传统的解释，回避了解释八识成妄识的最初因，仅仅一开始就谈论了作为妄识的八识，所以他们提供的是悟入佛地的一个现实的虚妄世界，因此传统唯识学中八识只是在体性上与真如一致，八识本身仅仅为虚妄的相状或名称而已。如果这样看待船山的思想，那么他解释的真如和妄识体性上的等同，并不能解答为什么真如能生妄识的观点，所以就此而论，真如即如来藏，就是悖论。

但是船山在本段提出“不守自性”的真如，也就是刹那而动的“真如”，却为我们提供了船山解决以上缺憾作出努力的信息。如果结合上面“自性唯识”思想中船山对阿赖耶识给出的特点，即“含而未发”和“被末那识染着”，那么很明显此时的“不守自性”的真如，就应该是“含而未发”的状态，之后被第七识执着的第八识，虽然也叫阿赖耶识，但是

① 《相宗络索》，第539页。

已经成为了染污识。

由此，我们可以看清船山关于阿赖耶识思想的丰富内涵："真如、如来藏，即阿赖耶识"，要从两个方面观照：从体性上来说，三者本来就是性空的，所以是一致的，此为其一；从功能上讲，三者都有能生的功能，此为其二。由此，船山思考的角度完全与传统不同，他事实上已经将真如作为一个源发性的状态，就仿佛其哲学思维中的"气"的性质。而如来藏、刹那而动的真如、含而未发阿赖耶识三者的关系，应该理解为：如来藏、真如是大光明、本来的体性；刹那而动的真如就是被无明妄动的真如，这时的真如便不再具有体性和相状上的一致，于是衍生出来的阿赖耶识，含而未发，本身就包含着真如的内容和虚妄的内容，但是它却没有显现出分别的相状，之后与其他诸识作用流变，才有了相见、染净之分，堕入烦恼。在这个发生学的运动过程中，从真如妄动开始而产生的生灭相状，本身都源于真如，是虚妄的，因此在体性上与真如、如来藏一致。这即是说"真如""如来藏"和"阿赖耶识"是"体"，而且是能生之"体"，他者是"用"。体和用本身是一体的，用是由体而发，所以体用不二。正是出于这样的诠释，船山才坚持站在发生学和体性的角度，以为如来藏就是阿赖耶识，即"真如""如来藏"和"阿赖耶识"均是在"未发"之前就是"一"，体性是"一"，相状是"一"。

由此，船山颠覆妄真对立论、创见染净同体论的同时，又重构了唯识思想的发生论和体用论。

三 结 语

行文至此，我们看到船山对唯识学是创造诠释的。其中既有开新又有重构，这一诠释突破了唯识学将阿赖耶识与如来藏分割开的理论构架，解决了诸识和真如、虚妄和真实相互沟通的问题。对传统唯识思想的重建，使船山唯识学体系与他的"气"学思想更为有机地统一在一块。同时船山运用发生学和体用论的观点将一个二元对立的割离的框架，统摄到完整的哲学体系中来，对于唯识学来说是全新的思想模式。从这种意义上讲，船山既实现了对传统唯识思想的新解，又实现了对传统唯识思想的价值开新与重建。

论熊十力佛学思想取向——判释与择立

作为现代新儒家的开创者——熊十力先生，（1885－1968）其思想的创生点，就在于通过对佛学的创造性诠释和选择，并结合吸收传统儒家思想，建构了极具原创力的、庞大而丰富的哲学体系。所以研究熊十力对待佛学的态度，尤其是与其一贯的思想取向一致的佛学思考，便成为展示其援佛入儒、摄佛归儒的关键之所在。

当代学人对熊十力思想的研究，可谓深入而全面。然而对其佛学研究似乎仍然还停留在熊十力本人“说了什么”，以及“怎样说”，至于“为什么说”似乎显得有些薄弱。[①] 故而，本文预期通过“判”“释”与“择”“立”两个大的方面，以及其中内涵着的四个角度，对他“为什么说”，在其内在哲学一贯性的问题，做出初步的讨论。

判释和择立都是带有佛教历史文化特征的概念。判释，是中国佛教大师们对佛教思想的重大贡献。尤其隋唐时期的天台智者大师通过五时八教的方法，以《法华经》为最终的理论与修证旨归，对整个佛教典籍做了

---

① 在二十余年的研究中，熊十力的思想，可谓事无巨细，方方面面都有了丰富的成果。就专著而言，郭齐勇、景海峰、宋志明等先生，对熊十力思想，以及人格生活等做了整体的把握和分析，论文更是内容多元。这里不再一一列举。就佛学研究的内容来看，存在着赞同式、陈述式、疑问式、否定式等类型。比如郭齐勇和景海峰等专著中认为，熊十力对佛学是创造性的重建，这属于赞同式［参见郭齐勇：《熊十力思想研究》、“论熊十力对佛教唯识学的批评”（《世界宗教研究》），景海峰著：《熊十力哲学研究》］；如曾海龙博士、李宜静等则从佛学和哲学本身的逻辑质疑熊十力哲学的合理性，这属于疑问式［参见曾海龙博士论文：《本体的困惑——熊十力哲学思想研究》，李宜静：“性寂与性觉思想的提出”（《华南师范大学学报》）］；如吴学国的“体用与性相——略论熊十力哲学对佛教唯识学的继承与改造”（《南京社会科学》），陈强的“《新唯识论》之思想史背景论略”（《复旦学报》社科版）等文章详细地分疏了熊十力佛学思想的特质和来源，属于陈述式的研究，当然完全否定式的研究，则均在吕澂、刘定权、王恩洋等同代人的批判中，并且均保留在《熊十力全集》的附卷上之中。

排列和定性。从而，创造了极具中国特色的佛教诠释学。此种方法被后世的大师们所接纳和认同。由此而形成了丰富的判释（判教）理论。当然这种理论最大的特点，就是要确立经典或者思想的最终神圣性和权威性。择立，则是指佛教论师在应对辩论时，选择己方的相应论点，在破斥对方时确立自身的观点。如经部对有部的批判、大乘对小乘的批判等。

结合上述的观念，我们发现，在熊先生的思想体系中，所谓判释，就是大小乘、印中佛学的分判和解释；所谓择立，则是对佛学的整体把握和选择。至于为什么这么做，就在于其根本的思想倾向：援佛入儒。熊十力先生的基本思路是这样的：经验常识、小乘、现代科学——大乘唯识学——大乘法相学——大乘般若学——佛陀本怀；中国佛学（禅宗）——儒门。这里有两个层次，第二层是第一层的进步和圆满，而第一层和第二层中各自的关系是由前向后逐渐进步及合理的。根据这样的关系，我们将按照熊十力的思考，揭示其内在的逻辑。

一 判 释

熊十力先生的佛学著作，最著名的就是《新唯识论》（以下简称为《新论》）的文言本、语体本，其次是唯识学概论、讲义和通释，以及各种与师友、学生和论敌往复的语要和论辑。其中最核心，并且内容最为庞大的，是以围绕《新论》的合理性问题进行讨论的诸种文献。故而《新论》是熊十力的佛学观得以呈现的最主要之文本。

《新论》的文言本，是熊十力彻底以儒家之宗门态度对佛学进行判释的作品。熊十力以明宗开章，明心结尾，阐述了反本求源的心学思想，而其路径却是从对佛学的判释开始的。

对于熊先生而言，回归本心体证大易流行，这是作为哲学或者人生哲学最根本的要义。所以从本心或者良知（按：熊氏以为本心就是良知）的角度看待，印度佛学存在着这样的集中妨碍实现本心之彰显的错误：（1）物质观，（2）实体说，（3）沉空论。

（一）物质观

熊先生认为物质观，即执着存在着某种客观的、离开人心之外的实在物质体或者似物质体。具体而言，即经验常识中执识之外有真实的境相，小乘执着极微的真实构成了境相的真实，以及现代科学的分子理论。

经验常识产生的外境实有的错误之关键，就是以我们的感官为真实可靠的来源，并且由于长期的惯性感觉，而将整个经验界的现象当作实在的存在。由于经验世界的境相，是产生于人类的感官知觉，所以现象均是感觉和知觉的复合。另外，感官本身的感知能力不一定是必然正确的，当感官产生或内或外的问题时，其所发生的感觉就会与惯常的表现不一致。所以感官也不能必然确保其所形成境相的一致性。这里是从境相之来源、感觉之恒定性的层面，否定境相的真实性。

佛学中的小乘，如萨婆多（按：说一切有部）、经部、正理部均提倡有极微的观念。熊氏认为，极微观其实也是一种物质观。小乘以极微来勾画外境，主要的思维方法，是和合构造说，即不同数量和性质的极微，以结合的方式形成了实在的事物。所以，小乘认为外界的境相，虽然在相的层面上是意识构造的结果，但是境相因为其构造的基体——极微与感官的功能一一对应（比如，眼识所对的白色之极微，以耳识所对的声音之极微不同，但正好说明一一对应），所以极微是真实的，其变化不真的只是结合形式的不同而已。对此，熊氏的批判在于，任何能够引起我们真实感的东西，必然要与我们的感官对应，但是现在小乘的极微并不能以任何形式来表现其自身，其与感官相对应的是极微的勾画，而勾画本身只是一种多变的、不恒定的形式之多样性。用多变的、变幻的东西来证明恒定、真实的东西，这在理论上不能成立。同时，极微也没有任何具体的相状能够与感官相对，故而极微之说是不能够成立的。至于当代的科学发现，如原子、电子等，均只能在科学（即经验世界）中存在，也不具有哲学上的真实性。

熊十力对经验常识，尤其是对小乘的严厉批判，其目的是非常明显的：在现实层面，是为了破除对外境的执着，从而防止滋长小我的各种私欲；在理论层面，则是执境之说，是最直接的心境二元说，其理论之根本违背了大易流行，导致了物我两隔的重大危机。

（二）实体说

实体说，即识体论，即以识作为实体，构建了整个宇宙论，分裂了人生与宇宙之统一。这一理论，就熊十力对于唯识学的判别，也是对法相学的辨别。

熊十力继承乃师欧阳竟无大师的观点，将唯识学分成法相学和唯识学两类。并进一步认为，法相学的奠基者是无著，唯识学的开导者虽然是无著，但实际的奠基人是世亲，之后的护法则成为唯识学的发扬光大者，玄奘和窥基是唯识学在东土的大成就者。相对而言，熊氏认为，唯识学之弊，胜于法相学。原因就在于，法相学仅将“识”作为宇宙万法之一类，并列于其他法相，基本的思想仍然不离缘起性空的真谛。但是唯识学，尤其以世亲为准，吸收了数论外道的观点，建立了八识为体的实体说，破坏了佛教根本宗旨。① 所以，应当给予严肃的批判。正因为如此，就佛学的角度看，法相学要比唯识学更加圆融和本义。“《新论》上探龙树，而于世亲一派之学不敢苟同，自非故为立异。”②

那么，在熊十力的视域中，唯识学的问题主要是哪些呢？

首先，王所分立，三分断片。

唯识学认为万法唯识。识，就是指八识（心王），以及八识的功能（心所）。心王是主，心所是从，心所凭借并对应于心王。所以，八识是根本。心王和心所，都有三分。即能识的见分，所识的相分，以及王所之自体。前五识的见分为分别色声香味触的能力，色境为五识的对象，第六意识的见分是了别（分析、判断），其所对的一切法（均有被了别的特点）为相分，第七末那识的见分是恒常的思量（对第八识见分所发起的执着功能），而相分则是对第八识的见分执着于自我状况，第八阿赖耶识自体就是自证分（以及证自证分），其中第八识相分，就是种子、根身和器界，而其见分则微细不可知。第八识的种子和阿赖耶识无始以来就存在，所以种子与阿赖耶识又存在因果的关系。心所伴随着心王而生灭，所以心所同样具有这样的三种形式。唯识学八识和三分说的确立，实则要回答两个问题：（1）外境皆是依识而起，外境是由八识所构造的，或者说外境之所以存在，是因为识的能见、所见的意识结构所形成的。（2）

① 熊十力：《新唯识论》，《熊十力全集》卷二，武汉：湖北教育出版社2001年版，第95页。

② 《佛家名相通释》，《熊十力全集》卷二，第566页。

“我”的存在同样是八识的功能自身变现的结果，其特点就在于不存在任何具有永恒不变的真实觉知体的，所谓的“我”仅仅是第七识对第八识见分的执着。

对此，熊十力认为王所的三分说，固然非常好地说明了外境和自我的虚幻性，但是却存在重大的问题。具体而言，第一个问题是，八识作为本识，是一切现象乃至宇宙生成的根据。这样世间万象都成为识的产物，更为严重者，即第八阿赖耶识的成立，将识分成了两类，一类为转识（前七识），一类为根本识，转识所有的见分和相分之来源都是阿赖耶识，于是阿赖耶识成为根本，其结果很容易引向以阿赖耶识为实在者的实体说，违背佛义。第二个问题则是心王和心所各自都有相对独立的三分，于是世界现象被支离、琐碎，世界不是一个完整的、运动的、创造中的世界，而是静止、割裂的沉寂的世界，这又是违反大化流行之易道的。

“据上所述，一切心及一切心所，总括而谈，只是千条万绪的相分见分而已。据此看来，有宗唯识论，竟将完整的宇宙，剖得极细碎。该其所谓千条万绪的相分见分，各各自种子而生，就相分言，相分既是段段片片。就相分所从生之种子言，种子亦是纷然众粒。故谓剖得极细碎也。然则宇宙殆如一盘散沙乎？”①

其次，种现互动，离体谈用。

按照熊氏的理解，唯识学中非常关键的一对概念便是种子和现行。种子是无始以来的存在的，它是潜伏在八识中但没有显现的“因”，现行是“果”，是种子所生的各种色心等现象。种子和现行的关系，表现为种子生现行，现行生种子。即种子就是八识自己的种子，它们能够亲自生成自己的果相，既可以是现象世界，也可以就是八识自身新的呈现，或者说是现在时的发用。现行则是本来为八识的种子所生，但是它们会成为新的一轮种子。对于八识而言，种子和现行互生的状况，叫作熏习。所以，八识既表现为能熏，又表现为所熏。能熏和所熏，体现了前七转识和第八识的关系。在熏习的理解之下，种子也叫作习气。而作为新一轮的种子，即习气，必然又是有现行，即前一轮种子所生的果，作为新一轮的因而导致的。在护法的解释中，这些种子实则表现了两个特点，即本有种子和新熏

---

① 《熊十力论文书札》，《熊十力全集》卷八，第183页。

种子，本有种子即八识无始以来就存在的种子，包含在八识中，尤其保存于第八识一直绵延不绝；而新熏种子，则主要是在前七识种子生果时的现行，现行是具有善、染等特点，能够转变本有种子的势力，从而实现转识成智的解脱成就。总的来看，唯识学的种子现行说力图说明一种宇宙和人生的生成、变化、转变的关系。从正面看，这符合宇宙大道迁流不息的思想。

然而，熊十力认为，唯识学尤其是护法的思想，存在重大的问题，即护法违反了本体界与现象界不即不离的观点，而烙下了体用分割的错误。熊氏以为，护法将世界打为两截，一个是真如的本体界，一个是种子和现行的现象界。在现象界中，种子作为发起因缘的功能，又是隐伏的，而现行所变现的山河大地、色心现象均是种子之果。种子和现行之间的因缘关系，无法证明现象界如何回到本体界。因为种子和现行的因果联系，仅仅是从现象界来说明问题，或者说明的仅仅是现象的问题。所以，熊氏以为这样的理论，一方面是真如形同虚设，成为戏论；另一方面则是离体谈用，无法达到体用一如的理论高度。

故而，“有宗唯识之论，虽极其繁密，而骨子里究是一个对待的观念。夫对待的观念，本从经验界而起，凡哲学家立说，以经验界之知识为依据者，若注重质测之术，以矫空想之弊，则虽不足以深穷万化之源，而于物理世界，必多所发明。若其不务质测，而好逞空想，则将本经验界之见地，而应用到玄学上，悬空构画，以组成一套严密的理论，而说宇宙人生，如是如是此等空想，乃王船山所谓‘如鸟画虚空，漫尔惊文章’事业。上不足以穷神，下本当于格物。故佛家至大乘有宗，而弊亦甚矣。”①

最后，本习混淆，天人缺位。

从传统唯识学的角度看，习气是种子的一种表达方式。具体而言，分为名言习气、我执习气、有支习气三种。三种习气表示了众生生死轮回的因缘。习气固然是种子，它具有两面，一方面是过去时积累而成的种子；另一方面它又能作为一种功能熏习本识，产生出现行，所以习气的提出是为了说明种子具有一种强大功能，能够引发之后的业报。正如上一个问题中所说，护法认为种子有本有和新熏两个大类，新熏也就是始有，这样说

① 《熊十力论文书札》，《熊十力全集》卷八，第194—195页。

来，习气作为种子的一类，也包含了本始之分。但是，熊十力却认为这是护法最严重的错误。

“护法立说最谬者，莫入混习气为功能也。……迹护发根本谬误，则在混习为能，故说本外有始。（由不辩能、习之殊故，故说习气为始起功能，以别于本有功能。若了习气非可混同功能者，则知功能唯是本有而无所谓始起也。）寻彼所谓习气，我亦极成。但习气缘起，护法虽严密分析，说为前七识各别熏生，而尤为明其故。若深论者，实缘有情有储留过去一切作业以利将来之欲，遂使过去一切作业，通有余势，宛成倾向，等流不已，即此说为习气。……是故，习气自为后起，绝对不能混同功能。尝以为功习二者，表以此土名言，盖有天人之辩。功能者，天事也。习气者，人能也。以人混天，则将蔽于形气而昧阙本来。”①

在熊氏看来，习气具有本有的功能，同样说新熏或者始有的，这都是在人们的过去不断地造作业果，形成残留于心识上的遗迹。所以习气作为惯常行为的根源，是人的本有种子，作为造作新的结果，是人的新熏种子。然而，这种本有和新熏只能和种子一样放在现象界，或者用的层面。在体的层面上的本有，应该是能够贯通的现象界和本体界的东西。这种东西，从宇宙论的角度，称为天道；从本体论的角度，称为功能；从人生论的角度，称为本心。而天道、功能、本心是纯粹的善，完满、创造、完整，没有任何的缺陷，但是习气却存在着善或恶的特点。由此，熊十力认为这一问题之所以成为护法最严重的错误，就在于他混淆了作为本体的本有（我们也可以称为先在性、普遍性），和习气的经验意义上的本有的区别。作为先在的和普遍的，就不能包含任何时间因素在其中，而经验上的则可以具有时间的条件，从这一意义上说，习气具有新熏的意思，即表示其所具有的时间性。进一步讲，如果不讲本和习之间的关系厘清，必然会使天人之辩成为戏论，使得天与人的诸种问题无法解释。

熊十力先生对唯识学的解释，应该说体现了这样一个总的思路，本体界与现象界是统一的，本体与现象是可以互相诠释，但是本体与现象在逻辑的思考上必须存在着根本的区别，我们也可以简单地叫作统一中存在差异，差异中实现统一。故而，如果以熊氏的角度看，唯识学根本的问题就

---

① 《新唯识论》，《熊十力全集》卷二，第58—60页。

是分割与偏离，而关键性的贡献，就是突出了“识”的重大意义。

（三）沉空论

熊十力在判释佛学之中，还列出了与唯识学相关的法相学，以及中观学，最后直指佛陀本怀。

根据《瑜伽师地论》的说法，[①] 熊氏认为唯识学完全误解了种子的意思，反倒是法相学基本继承了这一观点。即对种子只是概念的分析，而不是以之为能生的根本。法相学的核心是以法相的分析揭示出缘起与性空之原理，目的是在否定任何的自性之说。从理论的系统来看，离龙树的中观学不远，所以其思想更加符合佛教之特征。

至于龙树的中观学，熊氏给了极高的赞誉。他认为龙树在对小乘破斥的同时，建立了一整套高潮的佛学原理。其中缘起性空之旨，其方法是直接以空假之说扫除一切相，而这些相均是现象界之相，但扫相而不离于相，故而能够直接通达诸法之实相，实相从体性上说是真如，但从现象上则不离诸相。所以既是性空又是缘起。在缘起和性空的关系上，龙树建立起了俗谛和真谛的观念，俗谛即缘起中的各种法相，或者现象界的诸种事物，而真谛则“诸行无常”，始终贯彻色、心万法均为自性空的实相。故而龙树的佛学比起法相学或唯识学则更加具有圆融无碍的特点，尤其是禅宗继承了这一思想，提出烦恼即菩提、世间即涅槃的体用之特点。可正是中观学谈空而产生流弊，使得后世学者沉寂于顽空、戏论空的后果，直接危害了圆融无碍的玄学精神。所以，从这个意义上说，有宗（法相和唯识）虽然有诸多弊病，但是就救空而立假有的意义来说，又是值得肯定的。

在对空、有二宗进行判释之后，熊十力认为佛陀之本怀，基本都在《阿含经》系列的思想中。佛陀提出的十二缘生法、四谛法、三法印直透人生，从三个方面对后来佛学的基本方向做出了规定：首先，人生是痛苦的，人的轮回都起源于无明，即没有智慧，所以要从无明中解脱，就必须通过十二缘生的认识，反观人的真实光明。其次，十二缘生提出了最重要的哲学原则，即万法缘起而成，没有造物主或者实体存在。所谓缘生，就

① 《佛家名相通释》，《熊十力全集》卷二，第377页。

是因缘而生，是借助原因而成果。最后，既然万法皆空，因缘和合而生果，所以没有一刻是可以暂时停驻的，故而诸行无常，诸行无常是万法皆空最具体的说明，也是理解空性的入口。所以，反证人生、因缘而生、诸行无常，是佛陀对人生以及对宇宙最核心的理解。但是，熊氏认为佛陀固然开启了伟大的人生哲学，并启示了宇宙本体的真理，可是仍然存在缺陷。即将反证理解为沉寂，沉寂于空的境界，人生走向了悲观，大易的健行完全违背，另外缘生和诸行都只停留在现象界中，没有打通作为真如的本体或者寂灭的状态，所以佛陀的开示仍然是不够圆满的。

通过如上的分析，我们不难看出，熊十力对佛学流派的态度。首先，存在着“判”的特点，即将以佛陀为相对的圆满，之下是空宗或中观学，之下是有宗，有宗中的法相为上，唯识为下，最末则是小乘。其次，“判”的依据是大易流行，体用不二。最后，“释”则不是描述，而是以大易思想，进行误读式的诠释，将佛学的思想纳入到以大易为基的本体本心论中。经过这样的结构，佛学便成为一个具有丰富理论资源，但却是不圆满、欠通达的“用”的、出世之超人生哲学了。

二 择 立

通过对整个佛学的判释，熊十力先生做出了自身理论与佛学的区别。但是，佛学对于熊氏的滋养可谓深入骨髓，故而在差别中选择资源，立论新说，并以此达到了其融汇佛儒，以儒摄佛的理论目的。

按照《全集》诸文献的收集，熊十力自认为的几点差异在于：（1）佛学拘现象，“新论”[①] 统体用；（2）佛学讲因缘，“新论”论流行；（3）佛学归趋寂，“新论”出健行；最后，佛学偏执，“新论”圆融。由此可见，熊十力在对佛学资源的选择和诠释时，也具有自己的显著特征。

（一）认识论

严格意义上，熊十力的“新论”不能说就是认识论，但是这里却包含着认识论的重要因素。在《新论》为了说明外境，尤其是识的不真实，

① 加引号的“新论”是说熊十力的思想，而加书名号的《新论》则是指熊十力的著作。

他吸收改造了唯识学的四缘说。“由识起是自动义”（《全集》卷二，《新论》，第36页）认为心识是自主发动的功能，心识的延续性支持了所感知对象的延续性，而由于心识自身先天所带有的相，与所感知的对象相合，便产生了境相的认知，之后再将这种认知与其他的各种因素相结合，便能够超越自己而将经验或者知识扩展到整个宇宙。在这个认识论意义上的构建中，存在一个关键的问题，即熊氏并不认为，心识这种能够认知的功能是通过藏在心识中的种子发起的，所以心识和认识对象之间不存在所谓的实实在在的缘生关系。“《新论》‘唯识章’中亦说缘生，而明遮诠之旨，则与《识论》根本异趣。”① 所谓缘生也只是强立的假名。之所以这样理解，原因在于，他提出的心识只是一种大化流行中的幻化，从大化的角度看，心识仅仅是作为对象的一个系爱相对者而存在。但是正如他一贯的思想，心识本性当下就是大化。

那么既然外境和心识都是不真的，为何还要论述呢？从认识的角度来看，就是为了遮诠。人们的日常思维里面为了认识对象，常常使用的是表诠的方法，而这里需要使用的是遮诠法。表诠是直接地陈述某种物体，但是遮诠通过否定某个东西而反证与之相关但无法说出的东西。所以按照熊氏的理解，佛学，尤其是空宗和有宗都极充分地运用了这种方法。而这一方法的直接结果，就是引出“新论”中最根本的体用论。

（二）体用论

体用论是对熊十力先生整个“新论”体系的一种描述。其中包含着体用、翕辟、本习等重大问题，除此之外当然还有很多重要的哲学思考。由于我们这里强调的是他对佛学的吸收，故而仅就这三个角度进行解释。

1. 体用

通过对境和识的不真实性的论证，熊氏直接吸收了唯识学中关于种子功能的学说。在护法那里，功能的提出是要说明八识种子具有本有和新熏的能力。但是熊氏认为这样会将种子和现行分成两截，并且由于种子中有善恶等性质，所以种子与完全纯粹的真如本体无法贯通，并且导致现象界自身的隔绝。为此，熊十力借用了功能一词，建立了本体论。他认为功能

① 《佛家名相通释》，《熊十力全集》卷二，第573页。

实就是实性，它是现象界的根据，贯彻于现象界中。现象界无法作为功能的对立面而存在，所以，从本体的角度看，现象就其本质而言即是功能。依此，功能是从性上言，所谓的本体，也不是某种实在的存在物，而是一种体性。因为从性上讲，所以体性应该是宇宙万物的体性，它支撑和蕴含在现象中，而不是现象的对立面。

基于功能作为体性意义的存在，于是功能会体现出“转变”意义，即非动义、活义、不可思议义三种重要特征。① 非动义，是强调功能作为现象的体性而言，是一种普遍性，在逻辑意义上是不能发生改变的；活义，则是功能因为蕴含于现象中，所以随着现象的变化而表现出随顺现象的特点，这是强调普遍寓于特殊之中；不可思议义，则是指它必须通过语言和思维去思考，但这种思考是一种表诠以后的遮诠，完全不可能被定义。按照这样的观点，熊氏意味体性和大用、本体和现象便连为一片，不再具有种子和现行互相生成的问题，反而破除了这种因缘论，而实现即体即用的体用论。

2. *翕辟*

然而这种功能，到底是什么？如何具有这样的性质？熊氏认为这就是大易的思想。大易体现了宇宙精神，即生生不息的永恒创造。大易在创造过程中，呈现出翕辟两种势力，当然这两种势力本是不离开大易之道的。翕，是大易势力逐渐向下而冷凝为物的过程；辟，则是不断向上突破下沉的力量，二者相互交织跌宕，在此，翕辟之生动的能力，以及创造的实质，实则指向护法的阿赖耶识创造说。熊十力认为，护法所谓众生不断轮回运转，就是因为阿赖耶识的种子作为力量，推动整个其他七识种子运动，而其他种子运动的结果又会作为新一轮的种子藏于阿赖耶识中，于是宇宙世界其实都是在藏和被藏的种子流里面形成的。如果这样的话，阿赖耶识就很容易走向神我论。为了解决这一问题，只用通过翕辟势力的说明，才能既保证宇宙的永恒创新和运动，又能保证不存在第一因理论危险。为此，熊氏盛赞大易，“此体绵绵若存，原无声臭可即；冥冥密运，亦非睹闻所涉；泊尔至虚，故能孕群有而不滞，湛然纯一，故能极万变

---

① 《新唯识论》，《熊十力全集》卷二，第48—51页。

莫测。”①

3. 本习

大易流行而生成万物，故而从体性的角度来看，物我浑然同一。但是，从现实的角度看，物我均有徇私之欲，因为私欲而出现习气。熊氏指出，佛学一个极大的贡献，就是指出人有无明，而无明就是阿赖耶识。“若略其说法而领其大意，则赖耶生义，乃即船山所云习气所成。”② 这种习气障碍了人发现自己与万物的统一和同一。熊十力吸收了《大乘起信论》的说法，认为忽而人的纯善本心起执着，于是便形成了习气，一旦习气形成就会成为一种势力，使人与本性相隔。

熊氏认为，人的本性就是大易的生生不息之功能。这里存在着两个层次：（1）大易之功能法尔如此，即是说大易已经含藏大用，作为大易的产物，人也具有了这样的体性，这是天然具有的。（2）大易之生生，表现为辟的功能，这是一种能动的、自觉的力量，而人心最大的特点就是能动，所以人心从本然的性质上看，与大易之生生是完全一样的。于是这里出现了一个理论曲折，人的本心实则与大易在先天上是贯通的，但是却由于人的习气，而隔绝了人的本性。

所以，习气对于现实性的人而言，意义极为重大。熊十力吸收了唯识学中习气分为染净的观念，以为人的习气有染习和净习，染习就如翕辟力量中的翕的势力，使人越加沉沦；而净习则如辟的力量，使人转慧而成智。其中，染和净因为都是就习气而言，故而它们也都是功能本体的两面，当转习而成性的时候，人便回归本性了。从这个意义上来说，人的本性即是本心。本心和习气的关系是同样体现着体用的关系。当然从熊十力对佛学的吸收来看，这种思路其实是《大乘起信论》的真如缘起说，即所谓“依真起妄，即妄即真，是义精微。”③

为此，在整个“新论”的最终部分，“明心”章全面吸收了唯识学的五十一心所之说（不过具体名目和意义有所改变），其目的就在于说明如何依靠习气而复归本性。

---

① 《新唯识论》，《熊十力全集》卷二，第58页。

② 《十力语要》，《熊十力全集》卷四，第331页。

③ 同上书，第332页。

（三）融汇说

最终熊十力认为，佛学存在着优势，但问题也非常大。所谓优势，即“唯于寂静，可以见体”，“超越理智，证归本体”，“讲求逻辑，颇精解析”。而所谓缺点，则是“以空寂言体，而不悟生化”，“宗教之出世精神，足为求知之障故耳”。① 相对而言，熊氏则对自己的理论非常自信，并认为有这样的五个特点：“《新论》之义，圆融无碍”，“体用别说，用上有分心物”，“体用分观，心物俱不立”，“摄体归用，心物俱成”，“即用显体，心物同是真体呈露”。②

所以，从整个熊十力的思想来看，佛学存在的问题，正好是“新论”所能补充的。如此，“新论”实则是一个圆满无碍的思想，扬弃了佛学存在的问题，并从精神指向上，将之摄入到儒学的宗门中内。“《新论》‘明宗章’首揭出性智，即通《楞伽》等如来藏，与华严之合毗卢遮那、文殊、普贤、观音而为一性海，并《成论》之四智，及大易之仁，宋儒德性之知，阳明良知，皆融汇为一。‘功能章’谈习气及‘明心章’谈习心，则因旧师种现义而变通之，至本体论与宇宙论方面，则以体用不二为宗极。”③

① 《读经示要》，《熊十力全集》卷三，第795—798页。

② 《熊十力论文书札》，《熊十力全集》卷八，第364—365页。

③ 《十力语要初续》，《熊十力全集》卷五，第153页。

论《新唯识论》的体用观之发展与完善

熊十力是我国近现代著名的哲学家。他的思想始终是现代中国哲学的研究热点，其成果主要表现在："学术背景和影响""体用关系""量境关系""后期思想和总体评价"等方面。[①] 历史地看，这些成果较重视总体源流的宏观说明和前后期哲学转型的分析，而对熊十力早期"体用"哲学如何变进乃至完善的思想轨迹之探寻，则显得相对薄弱。

为此，我们将借助熊十力的《唯识学概论》（1926 年）、《唯识论》（1930 年）以及《新唯识论》的文言本（1936 年）等文本对照，寻找出早期新唯识思想的发展脉络，从而展现《新唯识论》之"体用"说的成熟轨迹。[②] 总的来看，熊十力以"体用论"在学术史上著称，故而研究其思想的特点和发展轨迹具有重要意义。可是"体用论"早期文本中变进的轨迹却少有研究。借助《唯识学概论》《唯识论》和《新唯识论》，本文以文献对勘与思想比较两个角度探讨了这一过程。通过文本的对照，我们发现三部作品对儒家思想的吸收逐渐增多，并形成了以儒摄佛的局面。就思想发展而言，《新唯识论》较前两部作品，在结构和内容上，更严格地按照"一体二用"的方式进行，这是其成熟的标志。

---

① 秦平：《近 20 年熊十力研究综述》，《哲学动态》2004 年第 12 期，第 26—29 页。

② 在《熊十力全集》中，截至《新唯识论》出版之前的唯识作品共有三部，其中最早的是收录在第一卷中的《唯识学概论》（1923 年）。该论是熊十力学习与讲授唯识学之时的作品，基本忠实佛教唯识学的思想。对探究熊氏的"新"唯识思想变迁意义不大，故而我们没有将之列入比较的文献范围。

一 《新唯识论》的文本与思想的变进

随着思想的成熟，熊十力“新论”的特点变得越加明显，故而在具体的结构和内容上，他均做出了不小的调整。就目录结构的修正看：

《唯识学概论》（以下简称《概论》）有两部分：绪言、境论一之法相篇，法相篇中分列唯识章、转变章、功能章、境色章；

《唯识论》亦有两部分：导言、境论一之法相篇，法相篇设置了辨术章、唯识章、转变章、功能章、色法章；

《新唯识论》（以下简称《新论》）同样分为两块内容：绪言、境论，境论分别包含了明宗、唯识、转变、功能、成色上、成色下、明心上、明心下。

相应于结构变化，三部作品的内容亦做了某些调整。

（一）绪言：《概论》与《唯识论》都重视从佛教发展史的角度描述“空、有”二宗的发展。但前者着眼于批判“护法谈用，往往近机械观……其何以明不测之神，而显如如之体?”[①] 后者则更进一步，强调熊氏本人如何通过“摒弃书册，涤除情计，游神于无。（自注：无者，谓不有妄情计虑杂之也。）极览众物，而不取于物相；深观内心，而不取于心相。乃至不取非物非心之相”[②] 的艰辛，达到类似于禅宗开悟的境界，并因而使“此书于佛家本为创作”[③] 的过程，特别标明该书的独创性。与之相较，《新论》的绪言根本不提佛教的发展源流，而是直奔主题，说明本书创作的心理历程，以及创作的艰难。虽然在关于其思想独创性，及领悟该书的方法等文字上，完整继承了《唯识论》的原文，但是由于整个篇幅的缩小，其思想便得以凸现，使读者更清晰地看到其独立性。

（二）唯识章：《概论》“初发论端，略以二义：一曰，遮执外境；二曰，识亦非实。”即，首先否定外境实有，然后遮拨识亦实在。批判的秩序分别是：破外道（胜论）“处定”“时定”“人不定”“作用”；再列破

---

① 熊十力著，郭齐勇等编：《唯识学概论》，《熊十力全集》卷一，武汉：湖北教育出版社2001年版，第419页。

② 《熊十力全集》卷一，第502页。

③ 同上书，第503页。

"古萨婆多师"的极微个别为境、"经部师"的极微和合为境，以及"正理师"的极微和集为境；接着总破极微为境，以及以梦反证实在之境的观点。以上是破除外境的真实。其后，分别从识的四缘性，即因缘性、等无间缘性、所缘缘性、增上缘性四个方面说明识的根本特性——"缘生"，"夫缘生者，本遮谴之词，不表构成之义"。[①] 最后点明"世尊一大发明，本为宇宙究竟理（自注：宇宙者，本心境诸法之总名，但吾宗不许有心外之境，本来无内外故。究竟理者，即谓真如，此是宇宙实体）"[②]，揭示了空有两宗都是从遮诠（负面）的方式解读这一道理。

《唯识论》与之相比，做了三点重大调整：（1）开篇指明境、识为遮诠的根本原因，"生者，健行无碍之全体，本无内外可划。而世俗妄见有实外境，亦或妄计有实内心。"[③] （2）破外境、内识实在，与前书相似。较明确的变动是，将外道思想总结为"粗色论""极微论"两种，另外在总结时，增加了"附识"，即"象山悟心外无宇宙，阳明亦云心外无物。"[④] 以儒家的思想概括外境实无。（3）本章结尾处，增加"附识"，点明"吾谈用义，与旧说用义，截然不同训"。批评了护法论师及其师欧阳竟无将体用分割的观点，并坚持了"与体而假说为用"的全体之说。

《新论》的突出特点则是：（1）开章直接批判唯识大师窥基法师的"唯遮境有，执有者丧其真；识简心空，滞空者乖其实。"[⑤] 意在说明境识的虚妄不真。（2）破外境实有的总结处，把原来的关于象山、阳明的"附识"改为正文，且加入了《中庸》"合内外之道"，子舆、程伯子等名言以证"境不离识"，从而进一步证明"境识同体"的一体思想。（3）增加方法论的说明。即在四缘末段，增添了关于遮诠和表诠的分析，并指出"详夫玄学上之修辞，其资于遮诠之方式者为至要。"[⑥] 其他内容与上两部基本相似。

（三）转变章：在本章中，熊十力正面地解释了"大用"的思想，并

---

① 《唯识学概论》，《唯识论》，《熊十力全集》卷一，第 444 页。

② 《唯识学概论》，《熊十力全集》卷一，第 445 页。

③ 《唯识论》，《熊十力全集》卷一，第 505 页。

④ 同上书，第 517 页。

⑤ 《新唯识论》，《熊十力全集》卷三，第 46 页。

⑥ 同上书，第 66 页。

集中批判护法论师的八识学说。“夫动而不可御，诡而不可测者，其唯变乎！……爰有大用，其名恒转。渊兮无待，湛兮无先，处卑而不宰，守静而非衰，此则为能变耳矣。恒转有屈申二行，同时相感，是名为变。变不孤起，复无实物，故一屈一伸方是变也。”[①] 而大用之变，只能顿起顿灭，其相可暂住，但相无实性。总的说，三部作品内容没有大的变化。

不过有一个现象却值得注意：《概论》与《唯识论》在解释“转变”的时候，所用之词为“屈、伸”，而《新论》则吸收《周易》中的“翕、辟”概念，并且专门以“附识”的形式，将翕与外境、辟与心识一一对应，集中地讨论了三层关系，即翕辟与恒转、翕辟之间，以及以辟向翕或物由心转的反省保任工夫。[②] 这样明确细致地分析，均是前两部作品没有的。

（四）功能章： 就本章而言，熊十力通过反对神创论，以及区别了护法论师的种子功能论，进一步解释“大用”即“本体”的观点。大致包含了两个重点：一是说明功能宏观的特点。即“当体受称，非因缘之目”“皆为全体，非可剖分”“功能有生灭，无增减”“功能习气非一”；[③] 二是区分功能、习气的性质。以功能即活力、无漏、不断，与习气可成形、有漏、可断比较，说明二者的内在关系。最后指明“一切有情之生命，各各无尽，故说各具功能。该一切有情各各生命之实性，通名为功能故”，而所谓的功能就是“法尔本然之理”“本然之理”。[④]

与《概论》相较，首先《唯识论》开章就说明“功能”的主题，阐述“功能”作为流行无碍，有情众生各个“交遍”的性质，然后才分析批判护法论师的功能说。而前者在行文上并没有专门对之进行说明。其次，在解释功能“当体受称”的第一个性质时，《唯识论》特别加入“附识”，区分了熊氏和护法论师对“真如”的理解，而这在前者是没有的。再者，表明“功能即活力”一段中，《概论》存一“附识”批判机械的人生观，并辅之以老子“绝学无忧”，证明世俗习气分割了本体，故应该

---

① 《唯识学概论》，《熊十力全集》卷一，第447—448页。

② 《新唯识论》，《熊十力全集》卷一，第69页。

③ 《唯识学概论》，《熊十力全集》卷一，第461—468页。

④ 《唯识论》，《熊十力全集》卷一，第557页。

弃除日常观点。[①] 但是《唯识论》删减了附识，而是直接以《中庸》为证，“功能者，相当于此土先哲所言性，《中庸》以尽性为言。”[②]

《新论》在这一部分有了加大调整。(1) 开头直标其功能说与护法的相异。在功能第一个性质上，保留并扩充了《唯识论》中的“附识”，意在说明天地万物皆是真如本体之显现，现象本体是统一。(2) 功能第二个性质的标题，由前二者的“皆为全体，非可剖分”改为“功能者，一切人物之统体，非各别。”[③] 除批判护法的阿赖耶识功能说之外，最重要的是表明“宇宙生生不容已之大流。”[④] (3) 删除功能的第三个性质“有生灭，无增减”，将生灭问题融摄到本章末尾的总结之中。这样，前二者功能的第四点特性，此处变成为第三点，即“功能习气非一”。(4) 功能习气的无漏有漏一项中的“附识”，前二者都是用佛教的善、恶、无记三性的概念分析。但是《新论》完全抛弃了佛学，代之以横渠、二程、朱子对《论语》注疏讨论，将功能对天性、习气对气质对应，彻底地转化为宋明理学的思考范畴。(5) 功能习气关于不可断与可断一项中，前二者以《瑜伽师地论》及玄奘等人著作，论证佛性与法界关系的“附识”，在《新论》中被列为正文，且联合功能生灭的问题，将佛学的概念转化为儒学的范畴，即以恒转、实性代表“一真法界”，同时诠释了生灭、变动正是恒转的特性，所谓“生灭即是不生不灭”“变动即是不变不动”。[⑤] (6)《新论》省略了《概论》与《唯识论》中关于“功能”的总结，而唯独突出了“一理齐平，虑亡词丧，唯是自性智所证得”[⑥] 的“明解内证”[⑦] 之体悟方法。

(五) 境色章 (或成色章)：本章只存于《概论》，似乎可对应《唯识论》中的“色法章”，不过这里仅仅有很小一段话：“世言色法，以有对碍为义。(自注：对碍，犹言质碍。) 有对碍，故可剖析已。(自注：剖

---

① 《唯识学概论》，《熊十力全集》卷一，第 470 页。

② 《唯识论》，《熊十力全集》卷一，第 549 页。

③ 《新唯识论》，《熊十力全集》卷三，第 82 页。

④ 同上书，第 82 页。

⑤ 同上书，第 91 页。

⑥ 同上书，第 93 页。

⑦ 《唯识论》，《熊十力全集》卷一，第 556 页。

析。)”[①] 而在《新论》中该章被称为“成色”上下。

《概论》将外部的现象世界分成“根”“器”两部分。“曰根，(自注：根者，摄持义。)……曰器。(自注：器者具云器界，犹言物界也。)二者同为恒转之屈行。”[②] 熊十力在本章中非常重视“根”的特殊作用，认为“根”非物非心，但可勉强形容为“心”，只是恒转的一种作用，生命得以产生，并且幻现做肉体的器官状态。故而赞叹道：“大哉根乎！其与器界相互涉入，而为器界之中心乎。”[③] 书中指出，根、器都来源于恒转的“翕”的能量，并提供了人类产生无明而不识本体的前提。

《新论》的成色章，从宏观的角度阐述了色法的构成，以及内部关系。熊氏从“翕”之“阴阳”“爱拒”[④] 的功能说明色法的成因，虽然也把万象分为“身体”和“器界”两部分，但将《概论》中的“根”，换成了“身体”，表示人的一切感官系统，包括心识的功能。并强调身体在与器界交感时的特殊功能，一方面包括于器界之中；另一方面又具备脱离器界回归本体的可能。为进入下一章“明心”开显了理论前提。由“根”到“身体”概念的转换，无疑体现了熊十力努力摆脱佛学影响的意图。

（六）明心章：唯独存于《新论》中。熊十力将之分成两部分：第一层探讨了在体、用两个角度上“心”所具有的意义。即“心”本是恒转之实性，借此说明“本体言心，简异知觉运动非即心故”[⑤]；同时展现了相对于色法而言，“心”作为“辟”的功能，并由此推论出“以生命言心，显示殉物缠惑征心故”。[⑥] 由此而极力批判了大小乘的“识”论、原子论等分割“体用”“性相”的观点。第二层则改造唯识学五位心所法为四位，即遍行、别境、染数、境数，说明“心”面对色法时成为了“习气”的特点，一方面，习气之性就是本体之性；另一方面，习气如何可具有转染成净、回归本体的功能。

综上所述，我们不难看出一个总体的倾向：虽然三部“新”唯识学

① 《唯识学概论》，《熊十力全集》卷一，第 559 页。

② 同上书，第 481 页。

③ 同上书，第 482 页。

④ 《新唯识论》，《熊十力全集》卷三，第 93 页。

⑤ 同上书，第 106 页。

⑥ 同上。

的基本结构和思维方式是一致的，然而随着熊氏对儒学（尤其是理学和易学）的认同，“即体即用”的思考变得更加强烈，论证的朝向除了愈加猛烈的批判佛教以外，同时也注重儒学为判断标准和阐述方式的原则。这也就导致了以儒学为基质的“体用论”得以完善。

二 《新唯识论》中体用论的完善

诚如，熊十力指出的，“前之谈变也，斥体为目，实曰恒转。（自注：与转变不息之本体而析言其动势，则说为一翕一辟之变。直指转变不息之本体而为之目。）恒转者，功能也。”① 这段纲领性的引文，暗示了论证本体之时必须通过“翕”“辟”两个方面来阐述。而“夫翕凝而近质，依此假说色法。夫辟健而至神，依此假说心法。”② 其所指则是所谓的色法、心法，而色法可以简约为境，心法则基本与识相类。这便是体用论的大框架。

依此，在结构上，《新论》构建文本时，以“明宗”点题，“唯识”章中分“遮境”与“遮识”，而“转变”“功能”建立体用大极，以“成色”上下和“明心”上下分述大用之显现。这样的安排，保持了体（明宗）——用（唯识：境、识）、体（转变、功能）——用（成色、明心）的一体结构，分别从微观与宏观的角度印证着“体用不二”的主题。相比而言，《概论》和《唯识论》便没有达到如此精严的布局。就思想层面上看，《新论》的“明宗”就指出“心”“性”“体”“智”的不二，也就是说本体可从多个方面来形容。但在用的层面，日常生活中形成的外境如何与心在本体上统一；以及更深入的是，本体如何得以识知？却成为亟待解决的问题。下面我们便通过两方面的论述，分析出熊氏的思考路向。

（一）从“境不离识”到“即体即用”

一言以蔽之，从“境不离识”到“即体即用”实现了从认识论到本体论的过渡。

---

① 《新唯识论》，《熊十力全集》卷三，第78页。

② 同上书，第69页。

对境之心，便是“识”。依熊氏的看法，日常经验的“应用不无计”论，外道和小乘的“极微论”，以及护法、窥基的“唯识论”[①]，都是在错误的将境、识分离的前提下进行的。他以为，前二者的共同特点在于执着于离开心识还有独立的存在。“应用不无计”是一般人误把外部的世界当为实有，其思想比较粗浅。而外道小乘则以更细致的“极微论”（熊氏错将之当作原子论）来说明境的独立，并提出了或以单个极微，或极微合和的状态，或极微聚集的状态为外境的观点。对此，熊十力借用大乘的方法进行破斥，即如果一个实体的性质完满，则产生认识之时，其性质应该完全呈现，可是这是不可能的，故而上述任何一个具有实体性的观点都是不正确的。由此证明，“境”的呈现都是通过心识的了知功能而展示的。然而，并非心识就是真实的。熊氏吸收了佛教的“四缘说”，从根本上阐述心识是刹那变化，迁流不息的，“心识者何，只是一种动的势用而已”。[②]“由识起是自动义故，立因缘。由前念能引义故，立等无间缘。由所取境故，立所缘缘。依种种关系，立增上缘。”[③] 心识本身只是一种不断运动的功能，是本体的自身为了显示自身而表现出的现象，因此心识不可能成为实体性的存在。可是本体显示自己时，却赋予了心识以“思虑”的特质。并因“思虑”而产生了对“境”的认知，此时的“境”是为“识”所对的，非独立的。故而才有所谓“境不离识”之说。

通过“唯识无境”，“境”的实在性被否定，这是从认识论的角度来阐释的。又因为“识”本身不具任何实体性，仅为某种动能，同时“境”与“识”一一对应，于是“识”与“境”得以统一性，“境与识为一体故”。[④] 这里的“体”，便是本体或实体，“实体者，所谓太易未见气也。”[⑤]

综上所述，从“境不离识”到“境识一体”，实现了从认识论到本体论的转换，进而开显了作为“体”的“转变”“功能”，以及作为“用”

---

① 需要注意，熊十力批判的非整个大乘唯识学派，针对的仅仅是护法系的唯识学派。其目的是借题发挥，阐述自己“大化流行”的本体论思想。见郭齐勇《熊十力及其哲学体系》。

② 《新唯识论》，《熊十力全集》卷三，第65页。

③ 同上。

④ 同上书，第48页。

⑤ 同上书，第53页。

的“成色”“明心”在本体背景下的统一。于是相应的概念也发生了转化，即“境”变成了“色法”，而“识”则成了“心法”。

熊十力将“本体”分成“转变”和“功能”，目的在以“转变”解释本体最核心的运行机制，及其可描述性的根本特质；而“功能”则阐述在本体运作时，本体与现象的关系。

就第一层而言，熊氏以为：“原夫恒转之动也，相续不已，动而不已者，元非浮游无据，故恒摄聚。惟恒摄聚，乃不期而幻成无量动点，势若凝固，名之为翕。翕则疑于动而乖其本也。然具时由翕者故，常有力焉，健以自胜，而不肯化于翕。以恒转毕竟常如其性故。唯然，故知其有似主宰用，乃以运乎翕之中而显其至健，……即此运乎翕之中而显其至健这，名之为辟。”[①] “动而不已”可谓本体的根本性质。因为“变动”而由“翕”幻化成物，因“辟”成为物化的主宰，即“说翕为色，说辟为心”。[②] 于是“恒转”的永动，说明了这永动性质的恒常不变。即恒转就“动”的特性上说，永远不会改变，故称“非动义”；就变动不息的能量上则称“活义”；以“翕辟”交感实现“恒转”的变化方式上，则定义为“不可思议义”。

至于第二层，熊十力则将“本体”如上的性质，分别和“翕辟”变化以后呈现的相状比较，说明作为本体的超越性。依“非动义”延伸出实性而非因缘性，就是说经过翕辟成变以后的现象都是“幻在”的，或说可生灭的，而“恒转”之性是永恒的。其次由于翕辟变动以后，所成的物、人，而变得在现象上分离，可是翕辟本身作为“恒转”之性则又是不变的。再次，当人心被物所化不知本性，而形成了习气时，其定型的、有染污的、可断除的特性，便与依本性流动的恒转，在活的、本性纯净的、永恒不断的特性形成对照。

不难看出，前者是从本体的高度，说明宇宙万象的本性特征，证明“体用不二”，而后者则力图分析本性与万象的关系，或者性与相的关系，揭示“即用显体”。正是“即用显体”，“翕辟”或“色心”两种势用的具体表现，才得到展现。

---

① 《新唯识论》，《熊十力全集》卷三，第69页。

② 同上书，第70页。

（二）从“本体”到“本心”内在发展

概括地说，熊氏从“本体”到“本心”的思考，是要解决“本体”如何被认识的难题。而他的答案便是“智的直觉”来获得对本体的冥证。可以说《新论》的“成色”和“明心”两章四节是其思想成熟最重大的标志。

《概论》中的“境色”章，虽然可以对应“成色”章，但是熊十力的思想却仍然没有摆脱佛学的影响，没有完全贯彻“大易翕辟”的观点，故而在文章的内容和结构的内证上显得不是很完满。《概论》将“根”提到了极高的位置，如上文所引，它是器界或宇宙万物的中心。因为“根者，其生之摄持乎。生之表现，必构为特立之形以摄为自体，持而不舍，故谓摄持。”[①] 它是一种让生命表现的能量，非物非心，具有的特性是“其力用殊胜，故有似于心也。”[②] 由于“根”能摄入“器界”，所以与“器界”形成了独特的关联。即“一者依因。谓根起用，分明有器界为依故”。“二者持因。谓器与根作扶持，共安危故”。“三者养因。谓器能资益根，令长养故”。简单说就是“根”使“器界”成为积极的被作用者，没有离根的器界，也没有离器界的根，根与器是同体的。它们在更高层面上是“翕”的两面，“翕”因摄持而得“根”，因外显而得“器”。

总的看来，《概论》此处的思路，是希望打开一个从现象世界通向本体世界的契口，所以尤其重视“根”。然而“根”本身是佛学的用语，仅仅作为一个等待与境界和内识相合时才具有的功能的被动条件，虽然此处“根”被解释为某种势能，可是因熊十力还是将它当作接引外物的必要条件，所以它先天的佛学意义仍然存在。另外，“根”是“翕”的一个方面，而“翕”是逐渐保守、沉淀的，更多地表现为消极的形式。由于这样两个原因，“根”的相对静止，与“恒转”的变动不息之本性，就变得难以相应了。所以据“根”为现象本体的玄关，便显得不完满了。《唯识论》仅仅存在几句描述“色法”的解释，故难以判断熊氏的所思与《新论》中的关联。

---

① 《唯识学概论》，《熊十力全集》卷一，第482页。

② 同上书，第483页。

《新论》相对于《概论》而言，重视的是从整个色法的万象世界说明“翕”的道理。按照熊十力的论证，色法是由“翕”势运转而呈现的无量幻化的“动点”，因为这些动点不可思议的“阴阳”“爱拒”功能而联合或疏散，从而形成了万物的有限性。于是无限的有限万物便由此而形成，并展现为无边无际的宇宙世界，或称为“器界”。其中“身体”是器界一部分，作为整体的人因此而成为宇宙的中心，人通过身体来建立与宇宙万物的“交感”，从而使宇宙为人而显现，“天地设位而人位其中”，“中”就是中心之义。由于器界，以及中心的身体，均是“翕”势的表现，故而它们在本性上都是恒转的。由于恒转的本性先天的内化于器界，于是身体的殊胜功能便得以表现，即身体的“脑”保持了活动的条件，“利刃之精锐全著于锋，而身之精锐全在乎脑。是故生生之大力既以成形乎脑，而还凭于脑以发现。”[①]“脑”是动能的具体显现，它本身的不断思虑的功能，与恒转的动能是完全相应的，更重要的是此种相应是积极的，就是说它可以具有主动反省、主动抉择的功能。这一功能便是“明心”中的“辟”势，“心”。

由此可见，《新论》重视色法世界，或“器界”，目在与下一章对应，从一体两用的角度揭示出色法心法的一一相应。而以“身体”代替“根”的同时，突出“脑”的功能，则旨在表达“器界”“身体”作为“翕”势相对静止的特点，以及“脑”作为“辟”势相对运动的特性，此二者的相互交感，揭示“翕辟”运作的机制。但更重要的是，通过“脑”的运动功能找到了通向“恒转”本性的玄关，即“脑”的主动、自觉之能动性，正好与“恒转”的能动性相匹配，这就为本心通向本性提供了可能。而这是相对静止的“根”无法比及的。

“明心”章唯独《新论》中存有，相对于“成色”论述大用的另一面“辟”势之运转。“夫是行健以物物而不物于物之自性力，对翕而言则谓之辟，对物而言，则谓之心。……故夫一名为心，既已与物对，而非恒转本体矣。故但曰心之实性即是恒转。而未可斥指心以为实性也。然以此心不落于物而为恒转自性力之显发也，则又不妨曰心即是实性。”[②] 熊氏

① 《新唯识论》，《熊十力全集》卷三，第98页。

② 熊十力著：《新唯识论》，《熊十力全集》卷三，湖北教育出版社2001年版，第99页。

承接“脑”的能动功能，而将这种势能称为“心”。从上面引文可见，“心”有两层含义，一方面是从心的本性上说，具有开辟器界而有不会物化的能力，引起本身就是恒转的一种显现，故而心之性即体之性；但另一方面，心对物时，因境相而形成心所，或成为心相——习气。心由此在认识的过程中，会出现对境完全相反的可能性。即无法领悟心与境本是同体，于是形成染习，或者妄识；而通达心与境同为恒转本体的翕辟变化的原则，则形成净习，或净识。妄识，便是熊氏开头唯识章批判的被有意误读了的窥基大师观点，而后者所谓的净识，则是熊氏特别冥证本心的路径，通过净习认识到本心与本体在“自本自根”、恒转无碍上是一致的，由此而获得大“智”，“智义云何，自性觉故，本无倚故。(自注：吾人反观，炯然一念明觉，正是自性呈露，故曰自性觉。实则觉即是自性，特累而成词耳。又自性一词，乃实体之异语。)”①

“明心”章，就着心体与本体在“性”的层面为“本心”“本体”提供了一贯的前提条件，而心体中的心所、心相则开出了回归本体、本性的实践可能，可以说这是本体在“大用”上最直接的开展。至此，熊十力完成对“辟”势的解释时，更是完善了本体与大用、本心与本体相即相依的理论。

三 结 语

通过上述文本的比较以及思想的分析，不难看出，体用论的成熟是一个渐进的过程，一方面表现为《新唯识论》较《唯识学概论》《唯识论》更多地使用孔孟、易学、理学的术语和观点，展开对护法系唯识学的激烈批判；另一方面则表现为“一体二用”“即体即用”“心即是心”三个基本观念，在框架和诠释体用论时展现的逻辑结构和内容越加精严。正是在这样的历练下，熊十力以儒摄佛的“体用论”得以完善，并为后期真正意义上的《体用论》之结构安排、内容设置、思维取向、论证模式等方面奠定了基础。

---

① 《新唯识论》，《熊十力全集》卷三，第43页。

论熊十力对“良知”的现代诠释

熊十力的良知论，可谓以生命的精神境遇体贴出来。这是我们在重新阅读其良知的全域时不能忽视的灵魂。虽然，按照学术的规范，必须将相关的概念做出厘定和澄清，可是我们不能只是纯粹地将其对良知的述说，仅仅理解为单一的分析或建构的，而应许其充满生命实践的情感和信仰的一层。给予这样的宗旨，我们将以宇宙论、本体论、实践论三个角度，来阐释熊氏良知论的内涵与价值。

一　即体即用的宇宙论

在熊氏那里，宇宙论是一个根本性的理论前提，它意味着理论是站在宇宙“精神”层面上说的。

在《新唯识论》系列作品中，宇宙是一个上下贯通、无限变动的过程，万物均以变动的方式，体现着宇宙的本质。“宇宙或一切行是有他底本体底。”[①] 如此，宇宙中的每一个现象（物），都是宇宙的一个侧面，或者一种呈现。对于单个的现象而言，它仅是运动中的呈现，而不是一个孤绝的独立存在者，从现象或者物的表现方式而论，“呈现”是“运动中”，所以现象也可说是带有某种特点的运动。正是基于此，宇宙的大运动涵盖了万象，万象是各个不同的运动，所以，就运动的角度看，宇宙和万象在性质上是一致的、贯穿的。熊氏认为，这一致性烘托出了即体即用的最高原则：体即宇宙，用即现象，宇宙与现象的关系是即体即用的。

---

① 《新唯识论》，《熊十力全集》卷三，第93页。

体，包含着三个意思，即本体、全体、生机。这三个含义，表达了“举体成用”的方面。所谓本体，强调万物的根据。一般而言，“根据”指逻辑上和发生学上的两种。逻辑的根据，是一种前提性的、公式的，另一种是发生学的根据，即结果是由原因产生出来的。熊氏所说的根据，主要是就前者而言。他认为本体之本，是本然。“本然者，本谓本来，然谓如此。当知本体不是本无今有的，更不是由意思安立的，故说本来。他是永远不会改变的，故以如此以此形容之”，“是没有空间性的”，“没有时间性的”。[①] 宇宙就是现象的前提，因为宇宙是无始无终的运动，既没有起点也没有终点，所以宇宙并不需要一个创世原点，这样宇宙的现象也没有一个初创的时间或空间来源，现象仅是宇宙运动的呈现，宇宙在永恒的运动，是绝对的，是一；现象是刹那的运动，是相对的，是多，所以相对于绝对运动而言，宇宙的存在成为现象存在的前提。至于发生学上的生成关系，即如一造物主生成万物的关系，则不被熊氏所接纳。他借用佛学刹那生灭和相续不断的思想，既否定了现象常住的可能性，又回答了现象延续的经验性，即某一现象的持续性仅是感识或者知识的一种误解。如此，则现象始终保持着“运动中”的特点，或者说保持作为宇宙运动之呈现的本质。

其次，作为全体之体，这里即意味着属性上的大全。熊氏认为，宇宙是永恒运动的，但是该运动却蕴含着无限的可能，所以万象作为宇宙大全的各个部分的，它们一方面呈现出千差万别的现象；另一方面又合成了宇宙大全。但是，大全与部分、宇宙与现象，恰恰在运动中才能展现。故而，“恒转既已举其全体，显现为万殊的妙用，喻如帝网重重。”[②]

最后，作为创生之本的体义。宇宙在无限的运动中，已经含藏着各种属性，这些属性在某一特定的条件下，不可思议地被呈现出来，成为种种现象。从这一个意义上说，熊氏以为，宇宙运动可以用“大化”一词来描述。“生化，只是空寂真常的本体中，有此不容已之几。”[③] 万物从宇宙的潜伏之中，经过运动而实现可表现的现实之现象。所以，宇宙容纳的一

---

① 《新唯识论》，《熊十力全集》卷三，第 94 页。

② 同上书，第 142 页。

③ 同上书，第 193 页。

切属性，一切可能性，都以运动方式表达出来，这就是生生不息的创生过程。宇宙永恒的运动，促使现象总是会不断地产生，尽管它在刹那之间就变化和消亡了，但这种力量却是无限延续的，所以，创生与运动和大全，拥有同样的本体地位。

“用”，相对于“体”而言的，是现象，是部分，是创生之物。虽然现象很大程度上是因宇宙而得以实现，可是它的重要性，就在于宇宙必须要通过各个现象的表达，运动之本性才能够被表现，如果没有现象的表达，宇宙就成为僵死的、孤绝的。由此，现象作为“用”，实则反映了“以用显体”的一面，“宇宙万象，唯依大用流行而假施设。”①

综上而言，即体即用之即，透露了“体待用成”和“用依体现”的关系。(1)“即”是一与多的关系。熊氏认为从绝对的意义上说，现象的“多”均可被约化为宇宙的“一”，所以，宇宙运动中的一切都是在宇宙中的。从经验的意义上说，宇宙的“一”恰是被碎裂为“多”的现象所现实。(2)“即”，强调了“不离”的特性。现象固然根源于宇宙，无时无刻不是宇宙运动的显像，但是宇宙同样是不能离开现象作为工具的，对宇宙本身的呈露。(3)“即”，反映出了宇宙与现象的贯通性。宇宙可以从全面的、从超绝的、从“天”的绝对高度上，将性质下贯到各个现象，现象则因着运动本性而上达宇宙。即使其中会有障碍和曲折，但是最终的通达性是不变的。(4)“即”，烘托出了人的完满之可能性。

二 本心即良知的本体论

宇宙论，是一个终极的理论背景，虽然对之阐发和辨析用去了熊十力大量的精力心神，但其理论目的，却要落实到人的问题。

本心即良知，是熊氏所有问题的最后归属。本心是超越个别的人，或者人的类之形式，与宇宙本性通达无碍的本体。而良知正是在本心宇宙无碍的本体中，显现出天心、道心的属性。如果本心强调的是主体问题，那么良知则偏重于能的一面，即包含着作为能的主体，又涉及主体的意向或

① 《新唯识论》,《熊十力全集》卷三，第275页。

者意向所指，即作为能的所。[①] 由此，良知不是单纯的而冰冷的道德概念，而蕴含着识心、习心和本心的生命本体。

（一）识心的偏离和回归

识心，或者可称为认识心，由之使得理论型的知识成为可能。所以良知，包含着知识的层面。这是熊氏对阳明良知学传统的现代超越。熊氏提出，“智是本有的，先天的，理智即《新论》初版‘明宗’章说谓慧，是从经验发展出来的，是后天的，但后天的并不是别有来源，实即依智故有。……人能涵养其本有之智而勿放失，则后起之理智作用于一切知识亦皆是智之发用。”[②] 此处的本有之智，即本心、良知、理智，就是识心。

从宇宙论的一贯性来看，人也是宇宙涌动的一种呈现。所以人在本性上是与宇宙相通的、与万物相通的，但是人在实际的层面却又仅仅是宇宙的一个运动显像，有限与无限是矛盾和对立。那么如何打通这一隔绝呢？

熊氏，认为识心的重要意义就在于斯。首先，识心是探知宇宙真相的一个重要来源，它构成了对宇宙的知识，并且构成理论意义的知识。另一个来源即后文要阐述的本心之直觉或默识。其次，识心构建的知识，客观地扩大了有限与无限之间的鸿沟。识心使得人流落在与宇宙涌动中的生机之外，割裂了人与万物的一贯性，违背了良知之初衷。最后，识心需要通过矫正，通过良知的矫正来回归本心。

就第一点论，识心的认知能力是极为关键的，因为识心是宇宙精神得以被感知和认识的最初条件。宇宙如何运动，其本质当然需要本心去默证，但是作为现实的人，原初的理解之形成，是依靠识心而得以建立的。

识心，用佛家的话，就是见分。识心，将宇宙分成两块，一个是作为识心的我；另一个是相对于我之外的世界，就如佛家的见分与相分之别一般。在此，熊氏特别以“范畴”一词，作为知识论（“量论”）的突破口。

① 如果把良知的所，即良知的指向理解为道德意义下的对象，并看作是单纯道德哲学的意义世界，这只是部分反映了熊十力的取向。因为，熊氏的良知一定是在宇宙论下的、运动中的、即体即用的良知，所以，良知不仅仅是实践上的原因，也同时是本体上的原因，它必须包含除了道德哲学之意义世界之外的，宇宙大全所有的方面。（当然，站在现代哲学的理解下，熊氏的良知论不无冲突。）

② 《十力语要》，《熊十力全集》卷四，第231页。

他反对康德的范畴论是先验的、主观的，而主张范畴即主观又客观。客观性，是说所有的物体，自身均有法则、轨则，这是经验科学认知无穷世界的方式，也是识心的贡献。熊氏借康德而建立了客观的范畴表，即时空、有无、数量、同异、因果，并指出其客观性是不能动摇的。主观性，则是识心的裁制力。即对确定法则之真假的感知和裁决能力，其范畴表仅为数量、同异和有无。不过，熊氏特别强调这种裁制能力，有一个前提是识心与事物规则的必然符合。① 如此，则识心在面对变化万千的现象时，曲折地做出判断，即拨开现象，就其本质，从而为科学提供了来源。由此，熊氏认为，"明智（即熊氏所说的本心、良知）虽有其无所不知的功能，而辨析事物之理，毕竟要靠经验得到底知识，这是毫无疑义的。"②

识心的一系列贡献，为认识和知识的可能创造了条件。可是人的识心却产生了遮蔽本心的弊端。

其次，识心割裂了人与宇宙的一贯性，并扩大了这一裂缝。熊氏以为，科学的重大问题是使得人流于支离。人与自身的分裂，人与他者的分裂，人与宇宙的隔绝。借用佛学的说法，人的见分和相分被隔离，一切都成为自我和非自我的区分。具体而言，就是流于私欲。私欲是起源于人对自身形体的执着。这时的识心，成为了私心，而违背本心具有的万物同源的明觉。所以，私欲之下的识心，产生了各种烦恼和染污，即道德上的恶。熊氏以为此恶，内在则是形成各种不善的心和心所，以及错误的唯我的认知和情感，向外则导致礼乐制度的崩坏、革命的败坏，阻碍了太平世界的建设。所以，识心对一贯性的偏离、对良知本心的偏离，后果是极为危险的，这需要极力地矫正。熊氏说，科学"其精神常向外发展，不曾反己收敛以涵养本原"，"向外追求，而其生命完全殉没于财富与权力之中"，"使人兴天地不仁之感"。③

最后，识心对良知回归的可能性。识心对良知的流离，导致识心不再认识到自身是来源于良知，是良知在面对物的时候一种呈现方式。所以，需要重新通过自身的觉醒，再次在认识上追溯良知之源。对此，识心在认

① 熊氏的潜台词，仍然是宇宙本心的一贯，由此方能保证心与物合。

② 《尊闻录》，《熊十力全集》卷一，第600页。

③ 《中国哲学与西洋科学》，《熊十力全集》卷四，第574页。

识论方面的作用，就转化到了道德认识、道德知识和道德实践的领域，并且是以习心的方式去思考的。

（二）习心的善恶与结构

习心，即是识心，识心强调经验认知的一面，习心则侧重于善恶性质的一面。习心，根源于宇宙层面的本心，是本心在现实、经验角度上的表现。它也可以称之为习气。熊氏认为按照程朱的传统，气往往存在染和净之别，所以习心也有染净，同时，从熊氏自身的新说来看，习心是宇宙本心的显现，所以又表达了翕辟之中的辟之一面。故而，具有回归本心的可能。如此，诠释习心的染净之源，分解习心的结构，就成为本心良知之偏离和致良知的必要理路了。

习心的染净之源，仍然要回溯到宇宙。它是翕辟势力的辟之一面。简言之，辟代表了宇宙生命力不断涌动的一方，所以生命力灌注于人心，人就有了暗合宇宙的本心，这与宇宙运动的大化是一致的。但是，翕的一面却暂住成为物质之现象，人心也因此而被遮蔽。故熊氏说：“翕既成物，则其势易以偏胜。何者？物成则浊重，辟之势用，未能骤转此浊重者而控制自如。易言之，即翕或物，足为辟或生命之障碍，而是生命堕于险陷。”①

第一层覆盖，就是翕的势力暂时形成的人的形体，人之身体躯壳直接阻隔了人心对本心觉知。人的身体本然的需要，被熊氏定位在私欲之上，这样的私欲导致了人心的变质，即从天道之本心，变成了私欲之染心。染心执念于一己之私，无法打动自己与他者的联系。染心覆盖的人，是无法真实地感触到人与他者一体之源的，所以染心之下的情感是没有真情的。真情，应当是显露于人我一体、万物一体中。对他人和万物没有同体一缘的真情，人就会出现伪饰和伤生，在人类进程中自会阻碍道德的提升和社会的进步。第二层覆盖，则是翕暂时沉落而形成的物，刺激而成的认知，隔绝了人物的贯通，形成物化的识心。“人顾皆认此为心，实则此非本心，乃已物化者也。”② 通过识心，人建立科学

① 《新唯识论》，《熊十力全集》卷三，第349页。

② 同上书，第376页。

知识，但是科学知识很容易被作为一种工具，满足自身的私欲。识心变成习心或习气。于是，知识之知，仅作为一种完全外在于自身的客观存在、工具性的外在存在者。知识内在的光明（宇宙之相用）被隐覆。如果在私欲的控制下，人的知识无法转换为内在的作为指导人的道德实践和道德体验的知识，而这也就无法引导人在道德践行中回复本心。于是作为机括之心的人心，便覆盖了道心，或本心。“若人心或习心用事，而障碍其道心，令不现起，则体认工夫万不可能”。[①] 当然，以上的遮蔽是习心作为遮蔽的、染的一面。

习心，还有净心的另一面。首先，来自于宇宙本心的纯净之势力。这是习心天然具有的性质。因为习心是本心的用，而不是脱离开本心的隔绝体，所以它在根本上必须保持与本体的一致性。由此，习心在本然状态、应然状态中是具有纯净之性质，当然它又只能以运动方式表达，即在以辟的力量保存着突破翕的势力对人心的物化之可能性。其次，习心走出染污的首要一步是借助于其作为在“识”“认识”之上所具有的特殊功能和贡献，即从知识学和道德学，外内兼济的明觉而破除无知和染污。从知识对哲学的启发，习心（此时可等同于上文的识心）发见了万物的共相、普遍性，这是向外的觉悟；从道德学的觉知，习心（此时偏向于实践，故不完全同于识心）则从情感上感到了万物一体，更深地启迪了本心含藏宇宙万物的真情，于是从内的明觉将人从私欲中拔升起来。这时习心，需要发动其心的能动性，按照所学习和领悟到的真知灼见，力行实践。不过，熊氏认为，习心依靠的能动性，仍然嵌在了“外在”，而非本心的自发明觉，所以它仅仅能作为助缘，而非根本。这可谓是其局限之所在。

既然，习心具有染净同源的特点，那么习心就其结构而言，也必须体现出这一向下或向上的遮蔽与奋进之趋向。

熊氏借助唯识学的心所理论，将习心分成四类，所谓恒行数、别境数、染数、净数。恒行数，有触、作意、受、欲、想、思；别境数，有慧、寻、伺、疑、胜解、念；染数，有无明、贪、嗔、慢、恶见；净数，有定、信、无痴、无贪、无嗔、精进、不放逸。具体的含义，此处不再分

---

① 《十力语要》，《熊十力全集》卷四，第211页。

析。熊氏意欲表达问题是，恒行数强调了与心的同在同时之俱生性，这里的习心已经不是在本体意义上的心了，它已经处于心、心所、境的分裂中了。不过，此时的习心还没有完全嵌入境界中，而是相对于境界的未发状态。虽然未发，但已经在分裂的格局中，故而习心之性质，兼通善恶，熊氏甚至借用知情意比附诸恒行数心所。别境数，则强调与境的互动关系，境已经成为习心的对象，这时习心具有了认识发生学的特质和秩序。此时的习心，又更下一层，即紧贴着境界的发生而带有善恶之性。染数，则表现在对真理的无知和对境界的执着，净数则与之相反。染净反映的是知识和道德两个层面的、具体而现实的表现。故而，此时的染和净具有的性质，是在相对于善而言的恶，以及相对于恶而言的善，它们的善恶性，明确而具体。相对于本心良知的“至善”，习心的染净均落在了经验、现实层面。所以它们成为了一种阻碍和回归至善的工具。

由此可见，熊氏关于习心结构的展示，目的是为了打开一个缺口，即“情”和“知”，或者感情知觉，以及科学或道德知识，这一能够让理性、修养通向本心的曲折之路径。

那么，什么才是直接同样本心、良知、天理的方法呢？从上而言，是本心良知的自然流露；从下而言，自性真觉的彻底觉醒，与天理本心的默识体证。

三　即本心即工夫的实践论

本心，即良知；良知，即工夫。这是一个宇宙论的、本体论的、工夫论的主题。对熊十力而言，他将工夫论的实践内涵，提升到形而上学的地位，可谓从其血汗体贴出来的，这是其对生命的真实观照，亦是其良知论的归宿和活力。正如，熊十力对《新唯识论》，其实也是对其整个思想精神旨趣的提炼那样描述的，“《新论》根本精神，在由思辨，趣入体证。”①

即本心即工夫，或者可以换成知行合一的老话题，但熊氏却对之做了创造性的解读：（1）本心良知是出于并符合宇宙万物一贯性的本体

① 《熊十力论文书札》，《熊十力全集》卷八，第343页。

意义上的智慧、觉悟和仁心；（2）心是体、意也是体，识是用；（3）致良知之知，即是本体之知，工夫要在本体发用之意上做，所以要诚意，但是下到了识便是现实之用了，故通过回复、保任、推进而实现与完成。

本心良知，即是天理。熊氏以为，“夫至静而变、至寂而化者，唯其寂而非枯寂，而健德与之俱也；静非枯静，而仁德与之俱也。健，生德也；仁，亦生德也。曰健曰仁，异名同实。生生之盛大而不容已曰健，生生和畅而无所间曰仁。”① 宇宙生生不息，体现在人心之本质上就是仁心，所以最真实的道德情感，是万物与我一体的体认；本心即大化流行，宇宙无穷无尽的万象依本心而呈现，本心提挈着万象，所以是最高的智慧，千差万别诸相，均借本心而显现出无穷的真理；本心，作为一种支持，能够保证在私欲中流连忘返人们，发现一点灵明，此灵明即本心的透露和光照，通过此灵明本心，即有望在曲折的道路上达到最终的觉悟。在此，本心、良知，被熊十力赋予了等同于宇宙的本体地位，这是对人的能动性之彰显，对人性善之唱诵。

在这样的前提下，熊氏借助朱王之辨析，深入回答了工夫论下的致良知之新说。

首先，以心、意、识的体用关系，区别良知之知的形而上、形而下之义。心是本心，依上文所述，本心是自身的主宰，乃至世界的主宰。

这里重点是意的归属问题。熊十力说：

> 良知备万理、含万善、肇万化，无知无不知。其发用流行而交乎事物也，知善之当为，知恶之不当为，有定向乎善而不容已之几，于此言之，可名曰意。②

按照朱熹和阳明，意都不是形而上的，可是熊氏根据《大学》的诠释，认为意乃是心体之在形而上层面的一个发用。具体而言，意具有定向之义。即具体而个别主体，虽然本心契合宇宙，但从存在论的角度看，终

① 《新唯识论（删定本）》，《熊十力全集》卷六，第115页。

② 《熊十力论文书札》，《熊十力全集》卷八，第529页。

究是个别的存在物，这样就会出现自身本在流行之中的客观现实，意就在此处表现出顺应生生不息的一层，但是个别存在物很容易陷入自身的执着而隔绝与宇宙的危险中，于是意在此处有展现了奋力向上、不被物化的一层。故而意的定向，是自然而主动的。

意，作为在形而上的发动，强调的了本心本然具有良知的良能。就是说，本心先天就彰显的能动性上，其能动性是本心自然流露，就比如太阳光相对于太阳一般，故而，此能动性与本心是不离的。熊氏认为，本心、良知是不同言辞的同一所指。本心，侧重于其于宇宙的同等之本体地位，良知则更偏重于人的本心具有知识，乃至道德正确觉知的先验能力方面，所以良知代表的先验能力，即天然地表现出能知的良能，此本于良知的良能也可被称为是良知的用，于是良知是体，良能是用，对应于本心和意关系，此良能即当该是意。意，也就成为良知的用了。

意，虽然是一种先验的觉知，但是意的先验性，并不稳定。因为意，受到私欲、习气的影响，很容易从先验的层面，落到经验的层面，即落到具体的善恶层面，滑到识的经验世界中。“意是良知之发用，本无不善，如何要诚？须知，说到发用处，则私欲便起而相杂。”[①] 所以，熊氏以为，正心之正、诚意之诚，所指的都是需要保证意的真实，即勿自欺，这是本心良知在被私欲遮蔽之时，仍然不甘被遮蔽的一点灵明。勿自欺的方法是保持良知之良，即对宇宙本心的通透智觉，对私欲之侵伐的清楚警醒，以及始终保有朝向良知的志向。

至于识是用，则是到了识心之感性和理性的现实层面了。从科学知识和道德知识的来源看，通过感官的触物而知，乃至系统的理性知识，都是在识心层面完成的。识心是本心之觉知功能完全在经验世界的开展与运用，所以它虽然为本心之用，但却是在习气之伴随下的运用，不再具有纯粹善的性质，而是善恶通俱。由之开出的工夫，与意之层面的工夫是有差别的。

虽然从先验和经验两层，工夫是有差异的，但是熊十力却不满于这样

① 《读经示要》，《熊十力全集》卷三，第 654 页。事实上，先验的意，是否能够下落为经验层面的，这是一个困难所在。熊氏只是用经验世界的、现实世界的人心之意志，作为一个协调的原因，但似乎解释并不圆满。

的分割，而是改造朱、王之格物致知，[①] 将“致良知”的工夫都提挈到了良知的本体层面。即所谓两层之别，转变成了本体层面的向下的一贯推行，依据本体本心而回溯反躬的工夫。当然这样的思考，必须是在万物一体的宇宙论之下才可展开的。故而，致良知，是即本心即工夫的。熊氏认为，“知者，心之异名。一言乎知，便已摄物（摄者含义）。心、物本为浑然流行无间之整体，不可倾心截成二片。……夫良知，非死体也，其推广不容已。而良知，实通天地万物为一体者也。”[②] 此处的知，不是经验的理性，而是本心，所以致良知是一个回归本心的历程。但本心与大化流行是一致的，故而致良知又必然伴随着无限的创生而推进。同时，本心之意的发动，总是存在着被习气所干扰的侵扰，所以，正心诚意需要以意之先验纯粹之善进行保任。最后，习心、习气、识心的现实局限，给予了修身作为通向先验本心、宇宙本体的现实根本。于是，熊氏分别用了反身、推行、保任和修身四个含义来概括工夫的四个方面。

① 按照熊氏的理解，朱子和阳明各有所得。就本体言，阳明万物一体，故而本心即本体，本体即良知，在此意义下，心即理。因为心含藏着与宇宙同源的一切诸理，与宇宙并行运动无穷无方。对此，熊氏给予了吸收，并认为心与理不再隔绝，理不在心外，通过心的开发，可以开出知识之知和道德之知。但朱子认为心只是具备众理，这样心就不能通过自身的反躬、推行得到知识。就工夫而言，阳明和朱子都没有将“致良知”的知当做本体，并将意当做了经验层面的道德善恶，将知善知恶理解为是经验意识的一种认定。如此，工夫和本体打成两截。熊氏以为正心诚意是本体界的、先验的，有之则意可保持慎独的本心灵明，以及对良知的良能，即勿自欺。这样，本体工夫才能一贯。就知识而言，朱子的穷理尽性的格物说，将格物说成是对物之理的达至，如此渐渐地穷备众理。这里以为这开出了知识的可能。熊氏赞扬了朱子的这一理论，并认为穷理最终可以穷天理、穷宇宙和本心之性，这样，在万物一体的前提下，知识学和道德学的知识成为了开智、修身的可能条件。而阳明纯粹地将格物之物仅仅理解道德意义上的善恶，就局限了宇宙本心含藏众理的可能，所以不可取。

② 《熊十力论文书札》，《熊十力全集》卷八，第 296 页。

论牟宗三与冯友兰的佛学抉择之差异

作为当代儒学研究成果最为丰厚的两位大师牟宗三和冯友兰，均深入到佛学的研究中，吸收有效之元素，充实并建构起了各自独具的现代儒学理论。如果以中国画创作方式来形容当代儒学大师对佛学的吸收和创新的话，那么，牟宗三的佛学考察好似精工重彩，见其思想的宏大又不失细微关键地比较，而冯友兰的佛学思考则类似写意，只寥寥数笔就钩沉出佛学的基本要义和思路。这两种路径虽然最后的目标是创造一种理解和建构传统儒学之时代新义，但是就方法本身和方法体现出的理论特点却是极具特色，并且亦可成为后人研究的主要内容。由此，从整个体系的核心理论与方法论的角度，可以看到二者以心学和理学为中心，通过解释和判别佛教思想对于心和理的建构之方法的不同，表现出了各自的特色。故而，我们将分别对牟、冯的佛学诠释，揭示出二者的特点，以此来展示当代儒者在文化创造上的某些表现。

一　心学与佛学

从思想发展的逻辑层面来说，牟宗三先生对佛学的考察是通盘的。从文献材料到细节分析，最为全面的当属《佛性与般若》，从宏观统摄到提纲挈领，最为清晰的则归《智的直觉与中国哲学》《现象与物自身》及《中国哲学十九讲》了。不过总的来看，牟宗三研究佛学的创新之处，应该不脱离如下几个方面。

（一）智的直觉与存有论

“智的直觉”，一定程度上可被认作是牟宗三哲学的一个标志性的概念。所谓智的直觉，就是人具有打通现象界与本体界（物自身）限隔的能力，因此，人一方面具有为现象世界立法的诸能力；另一方面则具有直觉本体世界的能力。人对本体世界不可能用任何概念和范畴来获得，只能通过直觉而体证到本体世界的全、善、真、美，并以不同的方式将体证到的东西，从自身流出，成为实践的根源。于是，智的直觉最终体现了人是既有限又无限的特点。牟宗三认为智的直觉是中国哲学伟大而独特的创造，但是在具体表述上却有所不同，即儒家称为本心仁心、佛家称为自性清净心、道家则命之为道心。

存有论，即现象界和本体界的总称。牟氏以康德哲学为参照，将对现象界的理论称为执的存有论，而对本体界或者物自身的理论称为无执的存有论。在现象和本体两界，能够贯通的承担者，就是无限的自由之心。无限心一面开出了对现象界的厘定和规范；另一面则朝向本体界，以非对象的方式直觉到本体之物自体实与自身的同一。因此，相对于现象界而言，便产生了“执”。“执”于产生感觉的时空形式，以及形成知性的范畴形式，并经过形式的整理和逻辑的规范，构成了经验（现象）世界。但是，无限心面对本体或者物自身时，是不能借用任何感性和知性形式的。按照康德哲学的启发，无限心具有上帝般的决定命令性、具备意志自由的自由性和自主性，并具有灵魂不朽的恒常性。无限心具有的这些特点成为它呈现对本体或者物自身进行智的直觉的要素，而这一过程是无法用概念和范畴进行任何规矩的层面，相对于无限心的本体界，便被称为无执的存有论。

但是这里需要解决好一个主体性的问题，即智的直觉之主体何以是无限心，此无限心何以能贯通执与无执？牟宗三认为，无限心是存在着发展和变化的。无限心，也可以称为“我”。

“我”具有三种表现方式：逻辑我、真我和假我，或者牟氏也这样指出：“关于我，我们有三层意义：一、统觉底我；二、作为单纯实体的我；三、感触直觉所觉的我（现象的我）。而为‘本体’一范畴所厘定者，此则知识一个组织的假我。”①

逻辑的我，是思维和认知的主体，它具有架构和分析的特点，在逻辑

① 牟宗三著：《智的直觉与中国哲学》，台北：台湾商务印书馆1980年版，第168页。

我之中形成了认识世界的框架结构，对世界产生了认知的可能，形成了经验，但是又凌驾于经验之上，所以在逻辑我中所存在的范畴都是具有先验之属性的。假我，则是对在构建经验对象过程中所出现的，具有连续性的心的显像，进行直觉感触之后的我。此假我，体现了一种内在超越性，即它不能以任何分析和逻辑的方式做出描述，只能通过直觉而感触，并在现象层面出现“我”——某种主体性的存在样式。真我，则是思维主体的逻辑我反思出，其背后有一个真实的存在者支撑着思维的开展。但它并非是内在自身而超越的假我，而是始终确保逻辑我能够形成对象，并由此而持续保持逻辑我和假我的恒常性的，我的真实存在的承担者。一方面，真我与物自身一样，作为外在的条件确保了逻辑我不断保持住思维、形构，以内在超越的可能；另一方面，真我不能以任何形式和逻辑，或者感触的方式来获得，只能以智的直觉来直觉到真我的唯一、恒常之本体性。所以，从本体的高度看待，真我不是对象性的存在，而是智的直觉。

对于“我”而言，逻辑我是架构型的，假我是感触直觉型的，真我是智的直觉型的，但它们都只是一个“我”的三层，甚至是真我的一种坎陷，真我通过曲折的方式将自己从本体下放到现象或者经验世界，并借此而形成其他两种形式。所以，真我是我的保证之本体。正是在这一个意义上，相对于真我的本体界或者物自身，是无执的，无法用概念和范畴去形构的，而对于现象和经验世界的逻辑我与假我，则是执的，需要通过概念、分析等一系列逻辑的方式去说明。在此，作为一个统一的我而言，既普遍地存在于现象界中，又通贯地超越到本体界里。于是，“我”便彰显出其特点：一者，是无限的，无限即专指其能上通而下达的一面；二者，是既有限又无限的，这是特指其在执的和无执的存有中，所表现出的既差异又统一的一面。从这样的意义来看，“我”与无限心是同一的。当然在牟宗三那里，无限心更多是偏向于从智的直觉一边进行论述。

（二）圆教之圆

按照智的直觉对待无执的本体界的原则，牟宗三对印中佛教思想做了全面的分判。他以天台智者大师的判教观为参照，确立了圆教和非圆教的判教，以此解读佛教，尤其是中国佛教在中华传统思想中怎样体现出智的直觉之一特殊的思想创造。

牟宗三最为激赏的是智者大师对于圆教的思维方式。总地来看，圆教最核心的观念就是性具说。非圆教中则有性起说之别教和作为佛教共同的基础的通教。之所以这样分析，牟氏认为："对于一切法作存有论的说明必备两义：一是其存在之根源；二是其存在之必然。……就佛家而言，皆有独特的姿态。……乃由于'一念无明法性心'，'法性即无明'时之念具念现，'无明即法性'时之智具智现。这就有一独特的姿态。当智具智现时，即有一'无执的存有论'，此时就是智心与物自身之关系。当念具念现时，即有一'执的存有论'，此时即是识心与现象之关系。至于一切法底存在之必然性问题，则由于成佛必备一切法而为佛，此即保住了法底存在之必然性。"①

这里的念具念现和智具智现，即被牟氏称为圆具，或者就是天台智者大师的"性具"概念，即"从无住本立一切法"。这一观念涵盖了缘起性空、善恶染净、色心体用、无明法性等重要的观念。总地看，性具的思维就是要解释相互关联的一组概念，比如相互矛盾的，或者相互依待的观念，需要同时具备，并被"真常之心"也就是上文所说的真我或者无限心所通达和纵横，而要实现这一目的，就需要某种佛教独具的智的直觉。

为此，我们来分析一下，牟宗三是从哪几个角度对性具进行探讨的：

首先，性具之内容的性质：相待、相对的统一。缘起与性空，色与心是相待的，善与恶、染与净、无明与法性是相对的，但无论如何它们都体现出统一的一面。对于圆教而言，相待与相对体现的是差异或者多样化，而统一则是表示其有机的普遍联系，所以圆教之圆，首先就体现出在内容和性质上的圆满不缺。

以缘起与性空为例，缘起体现了现象界的存在形式，各种现象均是在不同条件的组合下形成的，如果按照龙树的思考，缘起意义下的时、空、数、和合等概念，无异于康德哲学中的诸感性与知性的认知形式。所以，从其认知的层面说，缘起而呈现的现象是具有意义的，即表现了现象世界的可知性，这将宜于我们通过现象去理解现象的本身。现象的本身，即表现为缘起的特点，或者称为无住。无住即没有常性。现象是不会具有常性的，是无常和流变的。故而，现象就缘起面看是和合，就本质面看则是

① 牟宗三：《现象与物自身》，台北：学生书局1984年版，第407页。

性空。现象是体现了驳杂和繁复的差异，所以借用康德哲学来理解，则现象是丰富的，甚至按照佛教不同流派的说法，会表现出不同的术语，比如龙树的缘起分类说、唯识学的妄识变现说、华严学的真妄相即说等，无论怎样的术语都说明了现象的存在以及存在方式是佛教不可缺少的一部分。

但是按照般若类经典和龙树开示的思维，作为现象的缘起，当下就体现了性空的道理。性空作为一种理，或者一种真性、本性，不是脱离开现象而存在的，而是就着现象而存在。在此，现象可以执的方式理解，性空则完全不能，它仅能通过智的直觉去领悟。

顺着缘起与性空的思维方式，牟宗三对起自般若与中观，终至禅宗的佛教思想做了判教：意味般若和中观是共法，是通教，因为这种具备两面而统一的思想贯穿于整个佛教理论，涅槃经将三因佛性的问题引入，确立了佛性作为不碍实相般若，具有特殊教相的大乘通教；在实相般若和三因佛性的思想下，唯识学系统的妄心派，是大乘始别教；唯识学的真心派、起信论、禅宗和华严宗均是大乘终别教；最后只有天台宗（以及经过山家山外之争后的山家派）才说最圆教。

就整个判教的根据说，牟宗三的主要依据就是性具说，即各大教派是否在性具两边的意义上，不偏不倚，具足地说明了现象界与本体界。

其次，诡谲的贯通：智的直觉。牟宗三以天台宗性具无明和法性两面的思想为例子，论证了天台宗为圆教的诸种条件。

1. *即无明即法性*。不论是众生还是佛，都存在着无明和法性的两端，缺一不可。无明是对现象的迷执，法性是彻悟现象之谜，也就是觉悟。从这一层看，生佛两者在所具备的内容看是没有本质的差别的。作为众生而言，众生本具觉性，但此觉性不现，所以为众生；作为佛而论，佛不会孤绝地存在，佛自己的智是遍照的，没有遮蔽的，因为佛永远地安住在法性的实相之中，但是却能够借用现象或者无明使得佛的功能能够无量无限，即佛能够因此度化众生。于是生佛，均具有无明与法性，表现了生佛的统一，更重要的佛不会缺乏无明而孤绝，众生不会缺乏对法性的觉性而被永恒流放。而非圆教如妄心唯识学，只以无明为因，结果是“‘以无始时来界’之界若视为阿赖耶（以迷染为性），则不能为清净性之因故”。[①] 这即是一层圆。

2. 善恶不二。“念具者迷中之性具也，此则是潜伏的性具。净时性具在悟，乃说为智具。”[②] 既然无明与法性是不能或缺的，那就意味着生佛必须都是具有的善恶净染。牟宗三认为，天台宗的善恶都不是从性质上进行断语，而是就教相上来说，或者就是从教化的方便来说。所以善恶是一种形容性的用语。因为无明在觉悟以后，就是智慧，所直觉到的就是法性，故无明之本性即是法性，缘起所呈现的就是空性。这样，从本性上说，空性或者法性不存在所谓的善恶，但是从佛对待众生的教化，或者众生从不觉到觉的修行中，就需要设立一个相应的以恶为表象的方便或者法门。于是，性具善恶揭示了教相的完满，生佛均无所缺憾。而别教如华严，只重视清净真如心说性起。[③] 故这又是一层圆。

3. 一念与诡谲。在天台学中，即无明即法性，还可以具有一种表达，就是“一念三千”，以及“一念无明法性心”。一念，就是一刹那心，这是从实际发动心念的角度说，不是虚说一种心的状态。一方面，三千是三千大千世界，包含了从众生到佛的数量、性质、方所、关系的一切方面，所以三千世界是对整个宇宙万法的总概括。另一方面，三千世界均是即无明即法性、即现象即本体的。最后三千世界与无明法性都收归于一念。这说明心在面对世界的杂多之时，能够以直觉的方式，转迷成智，以智的直觉去观照整个世界的实相（法性或者空性）。一念，即体现了它具有分析、解析世界为三千的功能，同时又表现了它是以“转”——诡谲的方式，抛弃分析的方法，直接体悟到世界之实相，最后还暗示着对心之诡谲体证的方法，展现了佛教关于智的直觉与无执之存有论的关联。而别教如华严，虽一念亦可海印三昧，但这都是只从佛位上说。[④] 这再是一层圆。

4. 无执与智。上述各方面的分析，牟宗三展现了天台佛教在理论结构上是具备执的存有论和无执的存有论的，并且从现象到本体、从无明到法性、从色（物）到心的结构的完备，为心可以抛却概念的、分析的执，直接体悟到本体（性空）的实相提供了条件。于是心，一种觉悟的心，

---

① 牟宗三：《佛性与般若》上，台北：学生书局 1984 年版，第 328 页。

② 《智的直觉与中国哲学》，第 309 页。

③ 同上书，第 252 页。

④ 《佛性与般若》上，第 491 页。

或者说是无限心，能够返照自身，直觉到自身与万法本性上的同一，并因此而反过来以觉悟的心去遍观一切，一切均达到无碍。这是最后一层圆。

通过上述的解析和厘清，牟宗三完整地说明了佛教，尤其是中国佛教中的天台思想，以及如何通过圆教的陈述，彰显出佛教中的智的直觉之特点。处于儒者的立场，牟宗三最终还是将佛教判为消极的智的直觉形式，因为佛教要解决的问题仍然受限于其只能是反观的，或者说是返回空性直觉，缺乏儒家那种直接作为道德创生意义的价值。

二 理学与佛学

冯友兰先生是一位以哲学家，同时又是哲学史家著称的现代大儒。他对佛教的研究，即是史学和史料的，同时又是哲学的。在其两卷本的《中国哲学史》《新原道》《新知言》《中国哲学简史》以及七卷本的《中国哲学史新编》等哲学史和哲学著作中，对佛学的研究内容、方法和意义都做出了详尽的分析。总的来说，主要有如下的成就。

（一）理与形上学

冯友兰自命其思想为“新理学”，其所预期达到的工作目标则是建构起新的形而上学理论。

在《新理学》《新原道》《新知言》三书中，冯友兰对自己的形上学做了规定：宇宙的本然之理，即必须承认宇宙中存在着超越于一切不同种类的理。在最高层面的理，也可称为宇宙、大全、太极、真际等。从另外方法的意义上看，哲学的研究是起于分析而终于静默的，这是研究形上学所必需的手段和路径。

首先，宇宙中最高的是理，它是客观的存在。这是最核心的一个哲学理论取向。冯友兰进而将之概括为四个递进式的命题。“凡事物必都是什么事物”，“事物必都存在”，“存在是以流行”，“总一切底有，为之大全，大全就是一切地有”。①

① 冯友兰：《新知言》，《三松堂全集》卷五，郑州：河南人民出版社 2001 年版，第 195—201 页。

第一命题，阐述了任何事物都必然存在规定其自身的根据。这命题蕴含着这样的道理：如果某一个事物现实地存在在那里，或实际的那里，那么必然有某种根据是决定其存在的。如“这（山）是山”。接下来，就会有如下的理解。即，如果以山之理，作为某个山的根据的话，则山之理，可以逻辑的先在于具体的山。进而，既然山之理在逻辑上独立，那么山之理就具有某种独立的实在性。这叫作“有物有则”。

第二命题，认为事物存在除了自身的规定性之外，还需要有助成事物存在的条件。冯友兰指出在此处的存在，不是某种本体意义上的存在，而是一种虚指，即仅仅为了说明某个事物或者现象呈现出来的。就如一只狗，它表现出来的所有现象，就是总存在，而无须再要本体来支撑。又此例可见，一只狗的存在，除了作为狗性之理要有之外，还必须有使得狗之表现为狗的条件。故而推广出去，所有事物（可以是理论上的也可以是现实中的），既然都已经存在了，这说明我们完全可以反思到，事物除了其自身的理之外，还要求能够让它得以实现的条件。这在中国哲学中就是“有理必有气”。当然，冯氏特别提出，所谓的气，并非是某种实体，而是从经验的反思中，得出了对形而上学的说明，并认为类似柏拉图以及亚里士多德哲学中的质料。不过相对于第三命题而论，这里表达的是一种静态的存在论。

第三命题，分析了所有的事物都是流动的，流动是一个过程，但同时也是总体。这是说事物既然具备了理和气两个最基础的条件，那么气要将事物的理给表现出来，或者理要通过某种方式而流行或者显现。在整个表现和呈现中，体现了流动的特点，而从宇宙的角度观待，这一流动的过程绵延不绝。冯友兰以为，此处说“存在是一流行”的存在，不是名词，而是动词。如果用动词去定义存在的属性，那么作为动词的存在就是流动的。这是存在的本质。也就是说，按照宇宙万物本来的面目，存在或者万有必然都是流动的，因此，我们现在分析存在是一流行，只是用语言来做了方便的约定，虽然第三命题看上去是分析命题，但却正好折射出存在是流行的事实。这一事实，旨在说明事物必要经历气动和理行的过程。也就是传统说的，“无极而太极”，“干道变化，各正性命”。

第四命题，总结和概括了理的最高表现，所有事物的理和气，以及理与气的流行，都体现在理的范围内，故而最高的理是一个太极，一个理的世界，它含括了一切事物（当然这是被语言、命题形式化了的事物）。所以说一个太极，指的是一个大全，是所有形式的大全。“所有众理之全，即是所有众极之全，总括众极，故曰太极。”① 故而“一即一切，一切即一”。不过要注意的是，这里的一是大全之一，而不是说现象后面具有一个不变的本质之一。

由此可见，冯友兰提出的四组形而上的命题，最重要的在于给出一个客观的理或者理世界的可靠证明。当然这一证明，直接关涉的就是形而上学另外一个特点，即不可思议处，默然之处，也就是要用负的方法进行不说之说。所以这四个命题说到终极，就进入“拟议即乖”的困境，而解决之的工具就只有负的方法了。这在中国哲学思想中则得以淋漓尽致地体现，其中中国佛学即是其重要的代表。

（二）中国的佛教

在冯友兰看来，对从佛教文献中所表达出来的思想进行判断，佛教必须被分为印度佛教和中国佛教。

中国佛教，意味着这样的几层含义：（1）“在中国的佛学”和“中国佛学”的哲学根基不同；（2）中国佛教是中国哲学史的一个部分，所以其思想主题必然是融入整个中国哲学中去了；（3）中国佛教与中国其他时段和形式的哲学有着独具的特色。

出于对这三层问题的考察，冯友兰以贯彻对客观之理的形而上学原则，展现了他极具成效的佛学研究。通观繁简不同的几部中国哲学史，以下几个中国佛教问题一直受到关注：业力说、宇宙心说、负的方法说。前二者是对中国佛学思想本身的研究，以及理解中国佛学发展的历史哲学；负的方法说是特别对禅宗（中国佛教最圆满的理论高峰）进行方法论的评判。

1. 业力说。佛教必须解决的一个问题，就是业力轮回。在宗教上，轮回具有迷信特征，但是在哲学上，轮回却提供了人们进行形而上思考的来源，并且引发出很多具有重大意义的理论。而进入中国后，中国佛教的形成，及其思想之展开，就是业力轮回来开启的。首先，轮回需要主体，

① 《新理学》，《三松堂全集》卷四，第36页。

所以产生了形神的争论，并产生了神不灭的主流思想。其次，轮回需要有原因，这就是业的问题。业因引发业果的根据就在于无明。最后，要摆脱轮回，就要转变，如何转变以及转变后的结果，就是涅槃的理论。

除了业力轮回所揭示的各层佛学思想之外，冯氏进一步认为，佛教哲学就一般意义而言，带有主观唯心主义的特点。因为既然灵魂不灭，就说明每一个个体都可以成为自己的神，故世界上有无数的个体神，所以佛教是多神论的宗教。但是，在中国佛教的发展历程中，却因为对是否存在一个公共世界，或者客观的理的世界，而分化出了主观唯心主义和客观唯心主义两个流派。并且中国佛教就是在此斗争中发展变化的。

那么，主观唯心主义和客观唯心主义区分的标志和意义是什么呢？这就是宇宙心。

2. 宇宙心说。宇宙心，是冯友兰根据“理”的哲学原则，对中国佛教的解析根基，并由此，集中体现了他对佛学的创造性地理解。

首先，宇宙心，是指每个个体都具有一个本然纯净的真心，但每一个真心都来源于宇宙的本体，每一个真心都在不断地回向宇宙本源。所以宇宙本体在被每一个真心所面对时，宇宙成为了公共的世界，即理的世界。而宇宙因为是在真心中所显现，宇宙反而就成为了心的形式，即宇宙心。实则，中国人的传统思想（如先秦）是承认宇宙之外在，而不熟悉心外无物；但，印度人的思想则恰恰认为心外无物。所以，宇宙心实是中国佛学结合以后的创造。

其次，宇宙心是一个理解中国佛教的根据。从宇宙心的角度看，僧肇的哲学开启了关于世界与心的关系之探讨；华严、天台、起信论以及慧能系禅学则建立了客观的唯心论；梁武帝的佛学思想、唯识学和禅学中神秀系则是主观唯心论的代表。

僧肇较早但是完整地展开了外在世界和心的关系的研究。他承认过世界作为存在意义上的真实，比如虽然时间和空间上有流动，但在时空轴上，过去的确实不是彻底的无，而是过去的有，所以叫作物不迁，这是现象上的有。另外，现象界的所有都是无常的，它们都需要各种条件而显现，所以是假有，而假有就烘托出空性，故而世界无论是现象也好，还是空性也好，都是存在的。这就蕴含着某种外在真实的含义。进一步，对现象之假有的方面产生迷惑，就是无明，从无明开始就有了我的存在，我的妄执，从此来自于我的现象世界便产生了。对此，冯氏认为僧肇的思想固然将世界分成两截，一是迷而生现象界；一是从觉者看的世界的假。可是不论真假，现象界均是外在于心存在的，在这个意义上是否可以说是理在先呢？从整个文本分析看，冯氏暗示着僧肇所留下的问题，正是后世中国佛教解决的路向。“自逻辑方面言，现象世界既有，即不可为无；但自形而上学方面言，则圣人若无妄念，则其现象世界即应归无有，有何有‘万有不能拘，森罗不能杂’之有？”①

后世的三论宗之二谛义，是从方法论上说明有、无、中道的问题。但是华严宗、天台宗、起信论、慧能系禅则充分开掘出宇宙心之客观存在的一面。华严宗提出理法界、事法界的观念，就在于确定存在某一个理的世界。只是理在真心之中显现，真心之理便回摄到的事之中，于是真心就是一切，一切均是真心。虽然说是真心但真心必依照理而起，因理而真心遍于一切，所以这是一种客观论。“法藏立一常恒不变之真心，为一切现象之根本，其说为一客观的唯心论。”② 天台宗则立起如来藏，如来藏理解为真心，涵盖了所有的宇宙万象，故同样体现为宇宙心的形式。《大乘起信论》则提出一心开二门，一切法即众生心，从宇宙层面，一切法开出体大、相大、用大之分，而一心则分成真如和生灭两门。“这是一个客观唯心主义的哲学纲领。”③ 最后，慧能系的禅学强调体悟本性、自性，“所谓本性就是宇宙心”，“这个自本性生出来连续不断的念头，也生出万法万境”。④

由冯氏对整个中国佛教的理解，我们不难看出他是有一个高低之别的，而高出者就是能够以客观之理存在的流派，低者则是主张主观唯心的一系。而所谓的高低标准，仍然没有脱离其对于理，理世界的客观实在论的基本哲学立场。

3. 负的方法说。在冯友兰的哲学中，这是对整个中国哲学之特殊贡献的一大标榜。在佛学中则集中地体现在禅宗的思想中。以禅宗为对象，则负的方法需要五个内容来说明：“（一）第一义不可说；（二）道不可

---

① 《中国哲学史》下，《三松堂全集》卷三，第161页。

② 同上书，第212页。

③ 《中国哲学史新编》，《三松堂全集》卷九，第541页。

④ 同上书，第557页。

修；（三）究竟无得；（四）‘佛法无多子’；（五）担水砍柴，无非妙道。”① 第一义，就是缘起性空的妙道，即现象即本体的状态，这是无法用任何的思维和语言进行逻辑或形式证明的，因此不可说。因此无法说的真谛，用修行的实践进行追求，并不能有某种确定的方法，所以禅宗认为执着于某种的方法而求得解脱，是不可能的，故而应该做到无修之修。无修之修的实际效果，是不会再产生执着和有为的烦恼，也就是达到无心、无念的状态，无心就不会产生与心相关的对象，这样就不会出现心理上的得失。而所谓的无心，在言说上即表现为一种顿悟，觉悟到现象和本体的真实状态，这样的无心就是符合于本然之理的，因此无心也就是无得了。当然，这前面三者的说明，实则没有更多的曲折和蹊跷，而是任何一个领悟禅宗精神的人都必然经历的，故而佛法无多余的事。所以，觉悟者面对所有的事物、现象时，都不会再产生觉悟的阻隔，一切皆是通达的，由此则应物而不累于物。

从禅宗的思想来看，时刻体现着一个精神，即形而上的问题，无法用语言和命题来解决，而在语言和逻辑中的，尽可以表现出多元性。可是，超越这些命题之后的东西，也就是理层面的东西，最后只能用静默的方法来观待了。

三 结 语

总体而言，牟宗三和冯友兰两位先生对佛学的吸收，是建立在各自基本的学术立场进行的。牟氏以人具有有限而无限的可能性，看到了智的直觉之特色，于是体现出了天台思想为圆教的判断，这是一种心学取向为标志的哲学。而冯氏则以客观之理的形而上学要求分析佛教，展示出客观性佛学流派高于主观性流派的判别，此为以理学为特征的哲学。由此，牟氏通过佛学建构的是某种纯粹哲学式的现代儒学，而冯氏则创建了某种历史哲学和方法论哲学式的儒学形式。他们均为现代儒学发展提供了巨大的现代价值和启示，为后人提供了丰富的精神财富和理论资源。

---

① 《新知言》，《三松堂全集》卷五，第102页。

论牟宗三玄学研究的四层内涵

牟宗三先生一生著作等身，其核心的理念是通过融会西方哲学，特别是康德哲学，建构以儒家道德为基质的圆教思想体系。从而为世人展现出一个建构型的、时代型的、圆融型的哲学体系。

在牟先生众多的作品中，《才性与玄理》是一部参佐孔门道体论的、关于道家及玄学思想研究的文本，亦是其心性哲学断代研究的重要作品，具有相当的研究价值。从文本创作时间和思想逻辑发展看，《才性与玄理》的出版时间后于“新外王”三书，以及《中国哲学之特质》，该书是牟氏从历史哲学转向心性哲学的、第一部以断代形式阐发其心性思想的专著。尤其牟氏对道家和玄学的判释态度、哲学地位和思想意义等内容的解析，具有独特的文本价值。

但是在以往的研究中，先贤大多将视野放到了牟氏关于“道德的形上学”的分析，而忽略了其作为除了道德之外的，作为生命的、境界的、审美的内容，可这恰是牟宗三在《才性与玄理》中意欲向读者开显的重要思想。故而，我们将通过以下四个方面分别对之作出探讨。

一　道体论

《才性与玄理》是以儒家贯通天人的道体论来评价道家（玄学）突出主体的境界论。具体而言，牟宗三将研究的重点放在以下几点：

（1）魏晋玄学中的“才性”，是由“气性”开出的，是生命消极的一面；

（2）王弼到向、郭的发展，是对“气性”的一种反动，由此演绎了一条境界的理路——从似“存有论”的本体论、宇宙论，到纯粹主体性的“境界论”；

(3) 境界论发展到阮籍、嵇康，便由理论性发展为一种审美的生活方式；

(4) 魏晋的言意之辩特征是“吊诡”，是对境界论的必然诠释方式。

事实上，前三项表达了牟氏对魏晋玄学的判释，及对其哲学式发展的梳理。最后一点则是从方法论上分析，语言怎样辅助了玄学的开展。

此处所谓的判释，是指牟宗三始终站在儒家的心性论、道体论，对魏晋时代学术做出了分别和评价。他认同宋明儒的看法：“《论》《孟》《中庸》《易传》是通而为一而无隔者得同时即是宗教的，就学问言，道德哲学即函一道德的形上学。”① 先秦儒家为道德哲学的确立开辟了两个矢向，分别是孔、孟、《中庸》《易》的天道之心性，及荀子依气质之性分析道德之心。而先秦道家则直就自然之性的消解，从负面的方式探讨道德的建立。就上面的发展方向看，牟氏基于他关于“道德的形上学”标准，将“孔门”一系判为真正完满的道德体系，而将荀子与道家划归作为气性一类的、有一定缺憾的道德体系。“‘才性’者，自然生命之事也。此一系之来源是由先秦人性论问题而开出，但不属于正宗儒家如《孟子》与《中庸》之系统，而是顺‘生之谓性’之‘气性’一路而开出。故本书以‘王充之性命论’为中心，上接告子、荀子、董仲舒，下开《人物志》之‘才性’，而观此一系之原委。此为生命学问之消极一面者。”②

牟宗三的判释是源于其道德理想。他认为“孔门”所提出的“仁”“四端”是道德主体对客体的一种创造性的体悟，这是对生命的一种反省。“孔子的仁和孟子的性是一定和天相通而唯一的，这个仁和性是封不住的，因此儒家的 metaphysics of morals 一定涵着一个 moral metaphysics”，③ 就是说，孔子一系看到的天道，并非孤立在经验世界之外的，它的创造性是生命存在的根据，而孔子的“仁”就是对生命存在的感悟和实践，在这层意思上，可以知仁而践履，所以天道与仁心相同。另外仁心或四端之心本身要通过存在主体来实践，并且基于“仁”等道德观念是

① 牟宗三：《心体与性体》（第一册），台北：正中书局1986年版，第17页。

② 牟宗三：《才性与玄理》，桂林：广西师范大学出版社2006年版，第2页。

③ 牟宗三：《中国哲学十九讲》，上海：上海古籍出版社1998年版，第73页。

人类生存状态下最普遍的原则，其实践也必须为道德的。这样主体的道德性，既包括了普遍性和个体性，又涵盖了存有性与实践性。它是天道人性相贯通的，天道是道德的创生的“理”，而知仁、尽心尽性则是主体的“行”。在这样的前提下，儒家道德圆满了自宇宙论至本体论，最终完成于人生论的即理即行的道德理想。

与孔门不同的是，由“气质之性”为切入的另外一支。牟宗三在《才性与玄理》中，将之分成两类，一类是以王充的《论衡》和刘劭的《人物志》为标志的“气质说”；一类是遵循道家思想的王、向、郭之“境界说”。

对于前者，牟氏借以对王充的检讨和评价，回顾了告子、荀子、陆贾、董仲舒、王充、刘向到刘劭的所谓“用气为性”之理路。按照他的说法，以气为性，虽然可以上拔到形上学的高度，并成为普遍意义的前提，但是问题在于“气性”的本质决定了它的非道德性。“气性”即自然义（自然而然）、质朴义（人的物理机能）和生就义（自然所赋予生命的独特状态，如气质等）。由气性的特点看，将具有抽象意义的“性”委于“气”下，那么主体的人，所表现的就只能是自然意义的，这样会导致牟氏认为的自然主义、材质主义，而由于气的流行，是一种宇宙生命力的扩张和凝聚，它完全没有任何道德意义上的超越，气使之然，性即然之，结果便形成了命定主义，人完全没有超绝的能力，圣人和凡人、圣人与天道也就无法贯通。

在气的理论下，道德善恶成为了一种偶然性的存在。故有告子的性非善恶说、荀子的性恶说，以及董子的三品说。“‘用气为性’，则所谓善只是气质之‘善的倾向’，并非道德性本身（或当身）之性之定然的善。……善意之为绝对的善即道德性本身（Morality Itself）之定然的善，孟子之‘性善’即此道德性本身之性之定然的善。而所谓气质之‘善的倾向’，则不过是在经过道德的自觉后，易于表现道德性本身之性之‘定然的善’的资具而已。”① 牟宗三认为，若就气言性，则关于说“性”非善恶，可善恶的看法都是成立的，“用气为性”只是提供了“善的倾向”。这样，“性”作为普遍原则的基础，就渗透了善或恶的可能，是杂驳的，

① 《才性与玄理》，第7页。

而非纯一的。结果是：一方面，道德失去了可靠、必然的前提；另一方面，只有通过“心”的觉悟来逆转“性”的恶，使圣凡之异，只在于圣人的独特的明觉之“心”。虽说具有进步意义，即重视了“心”的道德主动性，但更大的局限，却是完全割裂了圣凡贯通及圣人处贯通天人的可能。故而，牟氏指出只有建立了先天的、必然的道德理念才能够实现圣之为圣，以及凡亦可为圣的道德理想。

二 生命论

牟宗三的道德理想是建立在对康德“道德的神学”批判的基础上，其改造的理论便是“智的直觉，即是‘直觉的知性’”[①] 之上。简单说，就是人具有直觉的，非概念的纯智形式，主动地判断表象自己，通过逆觉，而创造性地实践普遍、必然的道德原则。[②] 事实上，牟氏此一观点，是融合康德的道德哲学和儒家天人贯通的人性论之后的结果。对此，先贤已作了大量研究，我们此处需强调的是，这一原则必不能离天道流行的宇宙生命论。

生命论是牟宗三打通天人，使“智的直觉”成为可能的关键，同样也是《才性与玄理》的境界论和审美论的前提。牟氏以为“‘个体的人’皆是生命的创造品、结晶品。”[③] 孔子之所以能够认识到“仁”的价值，就是因对生命有所感慨。生命的流行具有两个方向，一个是积极的；另一个是消极的。

以孔子为代表的儒家，正是从正面看到了生命的可贵，看到天道演化万物，使物得其所适，这就是一种“道”，而主体的人，能通过人伦的亲善，而使生化人作为人的存在意义，并由此创立道德作为人本质性存在的价值意义。这样天道与“仁”都体现了一种是其所适的特质，而得到贯通。更重要的是儒家从天道之处获得了创生性、普遍性、存有性，而从“仁”那里得到了具体性、实践性。这样天人真正达到了一致，获得了通

① 牟宗三：《智的直觉与中国哲学》，台北：台湾商务印书馆 1971 年版，第 101 页。

② 郑家栋：《本体与方法——从熊十力到牟宗三》，沈阳：辽宁大学出版社 1992 年版，第 274—277 页。

③ 《才性与玄理》，第 38 页。

达。由此，“仁道”即“天道”。其中涵盖了从理性到感性、从抽象到个性、从理想到实现的全方位、全过程。儒家因之而得到了“道德的形上学”，其“内在道德性”，也因此是“从德性实践的态度出发，是以自己的生命本身为对象”[①]。这就与康德“道德的神学”存在着根本的区别：“仁”虽为形而上，但它不是虚设的，也不是封死的。因为仁即天道，而天道流行，故而它是实在的，又因为天道创生，故仁以道德的形式实现其价值的挺立，其实现即是通过逆觉的玄智获得对仁道的理解，并由此以生命存在形式将之贯彻到现实中去。所以“仁”为道德原则的同时，更内在地呈现出一种“活脱脱”的生命之价值。恰在此意义上，儒家是表达了生命的正面意义。

与之相对的是以才性为特征的儒家之外的别支。在《才性与玄理》中就是以气性为主的儒家和道家、魏晋玄学。牟宗三指出，生命同样需要“气”来表达，但是却存在着差别：一是逆气而行，代表为孔门一支；一是顺气而行，即才性一支。如果顺气而行，那么人与人的不同便仅为生命强度的等级性差别而已。即是说，生命即“气”的流行，气的运动是盲目的、自然的。当气性作为实现人现实存在的动因时，它仅能自然成化出人的自然属性，“垂直线的命定论”，即宇宙生命之气在根本上对个体的规定，故而道家是通过“养”这一自然之性，而达到最高层次的道，使此一自然生命自由自在。[②] 至于主体的不同——才性的不同，则是生命之气的强度表现了不同等级性的差别，是人呈现出“智愚”“清浊”“善恶”“是非”等包含着自然才能和道德意识的不同。由于气质之性是一种自然的、盲动的，它仅存在着生命强度的相异，所以偶然性成为其道德理论的特质。“用气为性”，则“性是才资之性”，“才质之气性并无绝对的纯善，亦无绝对的纯恶，但却可有强度的等级”。[③] 其结果就会如刘劭《人物志》中纯以品鉴的方式来诠释人的自然材质，甚至高扬英雄的才能，而忽视了道德原则的建立对人性的正面善导和发扬。不过在牟宗三看来，从另一方面说气性一路，却开出了以审美为导向的品鉴说。

---

① 牟宗三：《中国哲学的特性》，台北：学生书局1980年版，第11页。

② 牟宗三：《四因说演讲录》，上海：上海古籍出版社1998年版，第84—85页。

③ 《才性与玄理》，第16页。

三 境界论

在宇宙生命论和人性论的积极、消极向度的框架下，牟宗三赋予了道家和玄学极高的赞誉，并将之评价为“用气为性”一系的时代和哲学的高峰。其标志就是发展和完善出了统一，异于孔门、释家的“境界论”。

境界论，即通过玄智，或对“无”的逆观，呈现出主体对万物的超越、自由的认知和生活状态。牟宗三指出，境界论是建立在体用论、宇宙论和工夫论上的，所以它首先必须对客体普遍性、存有性进行消解，之后，通过诡谲的言辞方式表达出主体的心灵的知觉方式，最后才能达到以主体超越为特征的自由境界。

首先，牟宗三以为，王弼的《老》《易》注释，是对汉以来“元气论”的一大反动。王弼分解了元气的形而上意义，而代之以心的功能，通过心的逆向能力来体悟“道”。但牟氏强调，此处的“道”虽有普遍性、抽象性，但却没有存有性，只是心灵的冲虚之用。而“道”的这些特征，又是源于王弼关于“无”—“有”—“物”的重玄理论。他将世界分成可道、可名与不可道、不可名两层，二者的界限就在“指事造形”之上。“指乎事，则为事所限；循乎形，则为形所定：自非恒常不变之至道。”① 即以固定的名称规范事物，这就可道、可名。而不可道、不可名之部分，则没有分限和定名。这就自然凸显了相对于概念的“有”的“无”，即“无”是相对于“有”而言的一种描述，表达的是无可称谓、无可定性的特点。故而从语言上的“无名”，可推出性质上的“无”。由此“无”可生“有”，“无为天地之始”，这是第一玄。“有”亦等同“有名”，但这里的“有名”，是主体对存在物之存在的一种抽象描述，是某种认识力的“徼向性”，即朝向存在的一种能力，但却不存在定性。因为必须存在着“有”，这样才可能以“指事造形”的名言方式给予“物”以特定名称，物也由此得到了现实性和多样性。所以“有为万物之母”，这是第二玄。第一玄建立了“道”以“无”“无性”“无名”的特征，第二玄则建立了“道”的存在现实化、具体化的性质。这样“道”得到了

① 《才性与玄理》，第110页。

一贯的“遍在性”和“先天性”。

其次，境界论上表达的体用一如，就“用”而言是运用语言的遮诠能力，这是心灵的直觉之智。虽然“道”相对于具体的事物(“物”)、甚至具体事物的抽象(“有”)而言，都是无法实体化的，但是语言却可以通过其表意的性质对之进行描述。这样，体用的问题，首先内化为人的认识问题，“无”之体具有“吊诡”之“用”，牟宗三将之命名为“辩证的融化”。① “道”的纯粹抽象性，导致其只存在形式的意义。语言表意的功能，一层是指向实体性的，不论实物，还是概念；另一层则是描述或指向非对象的意向性。故而第一层是得言、得象，但“道”属于得意者，所以应该忘言、象所表，而指向思维的意向性。牟宗三认为这就是纯粹的“无”，它只是纯粹的思维的形式。由此，“无”贯穿于“有”，“有”又贯穿于“物”，首当为语言表达，为思维的逆反维度。这样，“道”“无”作为体所表现的一贯性，必须是通过认识的方式达到的，这便是思维在语言上表现出的“用”。于是不但体用，甚至是天人都内涵着彼此如一、相即不离的关系。当用语言去描述“道”的时候，“道”就很自然地内化在人的认识范围内，所以以怎样的态度对待“道”，就决定了“道”呈现的理论特质。道家和玄学在此实行的以语言之诡用取消“道”的存有性，即导致只能以主体的智识能力来看待“道”，故而“道”完全被消解成了主体之内的认识，认识水平的高低决定了“主体”的心灵境界。于是境界论便自然而出了。

但是境界论，不能只局限于认识的范畴，牟宗三以为道家的贡献，便是将此境界扩展到实践方面。“此境界形态之先在性乃消化一切存有形态之先在性，只是一片冲虚无迹之妙用。此固是形上之实体，然是境界形态之形上的实体；此固是形上的先在，然是境界形态之形上的先在。此是中国重主体之形上心灵之最特殊处也。”② 被完全消化的“道”，在语言上呈现的是“正言若反”的诡谲之用，完全消化“道”的实体性而为“无”，而在实践中则被逆向直觉的智慧观照为“冲虚”的意境或玄智的境界。在观照的境界中，“道”对万物“不生而生”，故“道”以道化之功而治

---

① 《才性与玄理》，第152页。

② 同上书，第123页。

万物，既然它不是积极而是消极的生化，故而“无为”“无待”是冲虚境界下的必然智慧。“无为”即顺道化而无所作为，就是否定一切会引起道实体化的倾向，保证“道”始终是纯粹的思维形式存在。在这个意义上，“圣人体无”可因道的遍在性和先天性，而回归道体的本源；“圣人有情”又可因具体的有而应化万物。于是体道和有情，成为圣人贯通天人的实践方式，只是这一实践是在观照德境界层面达到的。“无待”则是不因万物变化而有挂碍。圣人本身就是一个饱含形式与内容的完满主体。以主体所获得的冲虚境界为中心，万物的纷繁多样都可被纳入主体的心灵境界被划归于同等的性质，即“齐物”。这里的“齐物”并非“物”之各性具有客观相类的特点，而是个性在境界中被消融，被主体的玄智所消化。圣人因玄智之功，而无心于外，溟灭一切差别，超越“物”的限制而挺立出主体性卓绝的自由状态，这便是“逍遥”，“灭除一切追逐依待而玄冥于其性分之极也。此即通于逍遥、齐物、自尔、独化之境矣”。①

但是牟宗三认为，境界论虽然也阐述生命的意义，虽然也叩问了天人贯通的玄义，同时尽管也思考了道德何以实现的问题，但是按照他判释的标准，道教和玄学并没有完整的、积极的建立“道德之形上学”，而是片面地、消极地描述了“道德的境界论”，但恰恰是境界论却开出了魏晋时期独具的审美理论。

四 审美论

牟宗三认为尽管道家和玄学没有正面地建立起道德体系，积极地应对人生的价值问题，但魏晋时期的人物和理论却以审美的角度表达了独特的生活情趣和理论思考。然而实质上，这一理论透露出的，正是主客体、道德自由无法正面统一，而只能在境界层面下和谐的问题。

所谓“审美”，对人物而言是“美的判断”或“欣趣判断”，而对理论而言则是建立审美的形上思考。

《才性与玄理》一书大量列举了东汉末至魏晋的名士风范，并从生命论的角度对他们的生活行为作了说明。基本观点是强调生命力在气质或才

---

① 《才性与玄理》，第177页。

性方面表现出的具有审美意义的情趣。牟氏始终认为，宇宙生命力在人性论的全幅发展必须是即道德即材质的。但是魏晋学人接受老庄之后，便偏于才性一路的发展，从而展现了怪诞、乖违的行为和生活。并形成了品鉴的审美风尚，如《人物志》对品鉴标准的分类。魏晋时人对俊秀、飘逸等气质的追求，正反映出人们对生命的一种态度。总的说来，“名士”风范的格位是“唯显逸气而无所成”，“可谓魏晋时代所开辟之精神境界也。”[①]“逸气”是生命力在材质上的呈现，它只是依附于主体的材质，当主体表现为具体职业时，如道德家、思想家等，它可增添主体的外在气质，使之具有“逸气”的类特征。但当逸气成为唯一的主导占据主体时，便成为一种审美的境界，即名士。可是牟氏认为这种境界只能作为艺术的欣趣和美学的判断，它的实质是表达了对生命无奈的消极感慨，其境界上的审美情趣，表征为与众不同、怪异、乖违的行为和想法，这是负面上对生命的感悟。因为它的“逸”“异”，故表现出超越一般而特立，故具有审美的倾向，可是正因其是遮诠得反映生命，故对生命的建设是破坏的，对道德理想的形成是反动，并最后走向虚无主义。所以即使是阮籍的放逸亦被牟氏判为生命之盲动。

虽然魏晋时代呈现了丰富的，具有审美意义的现象，但是牟宗三指出，这些现象恰恰反映了自由与道德（名教）之间的严重冲突。因而其审美形式是存在缺憾的，未圆满的。牟氏参照黑格尔的艺术理论，结合其道德理想的理念，分析了魏晋的审美学，强调魏晋玄学的内在矛盾源于原始道家自由与名教的不合，而其关键又在于“内在主体性”的问题。

牟宗三认为原始道家的时代是一次“内在主体性”凸现的重要时期。在理想的历史状态中，国民对三代礼法仅是自然的、不加反省的、以高贵的美德去接受。但原始道家意识到礼法与内在自由是冲突的，故而走向反动，采取了虚无礼法的倾向，以“无为”对待礼法，意欲突出主体的意志和自由，即以“无为”之用，消极地保存外在礼法而片面地发展主体内在的自由，结果开出了境界下的主客统一。魏晋时期继续和扩大。在此

① 《才性与玄理》，第59页。

境界中的主体却是“非道德而超道德的自然无为之主体”,[①] 它只能体现某种精神生活的情趣，只能将名教和自然内化到主体之中，从而展现出审美意义的精神现象，但这些现象反映的却是无法解决名教规范现实主体的矛盾。而儒家则意识到须从内在的道德生命建立积极的道德体系，开发内在的道德性，并将之推出而成为客观的道德原则。由此道德（礼法）不再成为外在于主体的形式，而是可主体化的；而自由也不只是消极，却是可外在实践的，因为礼法是经过自由的反省后去行为的。故而在道德的前提下，主客、天人、自由与道德均达到了统一。回到审美的意义上，儒家的审美论是基于道德的——圆善的，而道家、玄学则是境界的——才性的（偏执的），不过牟宗三亦给予了道家一系哲学以很高的评价，即一方面道家过渡到儒家是一进步，“使吾人自美感阶段超拔而进至道德的阶段”;[②] 另一方面“因为对于存在不着，故道家本质上含有一种艺术境界。中国之艺术、文学之精神大半开自道家，正以此故。”[③]

五 结 语

从上文对道家和玄学的分析，我们可以看到牟宗三始终是以儒家道德理想作为判断标准，分别从道体论、生命论、境界论和审美论等方面立体地呈现了道家与魏晋玄学的思想特点。前二者是牟氏立论的基础；而后二者则是道家和玄学独特的理论形式。在他的理论体系中，正是道家与玄学的这些特征，恰恰暗合其道德理想之建立的逻辑，即在论证其缺陷时，亦开发出作为圆教之过渡的必然阶段。

不过应该注意的是，牟宗三对魏晋的研究已经预设了理论前提，故而更多是呈现出黑格尔式的精神概念之发展，而非严格学术史的方法，所以在看待其《才性与玄理》的学术意义时，应该更多地将之规范到牟宗三的内在哲学体系中，而似不能完全放在历史中去考量。

---

① 《才性与玄理》，第 328 页。

② 同上书，第 327 页。

③ 同上书，第 319 页。

论汤用彤玄学研究的双重进路

魏晋玄学，在中国哲学史的发展进程中具有怎样的地位，其间讨论的问题怎样开启、影响后世哲学的发展，始终让学者们为之着迷，并形成了数以百计的研究成果，蔚为大观。①

可是在众多作品中，汤用彤先生对于玄学所取得的成就具有重要的历史价值②，尤其是在中国哲学史的断代研究之层面的意义备受学者称道。汤用彤从历史和哲学双重路向，考察了玄学的文献和概念变迁，在探寻历史演进中，看到了玄学本身就是一个思想融合交涉的过程，再辅以哲学的分析，揭示了玄学作为“新学”的内在发展逻辑及统一性。恰恰是这一双重进路，体现了汤用彤研究思维的独特性和开新性，并一定程度上影响了后来魏晋玄学研究的方向。

一　历史的“融合”

汤先生的研究主题始终是：魏晋玄学是如何在历史中产生、发展和完善的。虽然玄学是哲学的问题，但终究需以历史的发展为参照和背景。

汤先生是主张历史“渐进论”的，③ 而渐进中却体现着各种思想的交流与融合。《论稿》以为玄学发轫于政治上选拔人才的需要，即刑名之学。之后《人物志》通过提供品鉴人物的标准，而将现实的、传统的问题，引申到了形而上的层面。即选拔人才理论，由重视形貌上升到关注神

① 姚维：《才性之辩》，北京：人民出版社 2007 年版，第 220—245 页。

② 应注意的是，汤先生的研究主要集中在 20 世纪 40 年代和 80 年代，后合在了上海世纪出版集团所出的《魏晋玄学论稿》一书中，故而前后两期的重点是略有不同的。

③ 汤用彤：《魏晋玄学论稿》，上海：上海世纪出版集团 2005 年版，第 3 页。

韵；治国理论，由分析常人之才上升到诠释圣人之能。其学理的进化，发展出了魏晋的第一个命题“言意之辩”。言意关系的思考，最终汇聚到正始王弼之处，开创了以探讨玄远本体的崇无论，并引发了名教自然之辩、本末体用之辩和才性之辩的玄学基本论题。之后的元康时代，就思想上看，仅仅是一种激进的精神生活的展现，而到了永嘉时代和东晋时期，在理论上再次回到以“有”为本或“无”为本的哲学体系的探究上。

虽然就历史线索看，汤先生所作与其他相关研究存在着相似之处，但是他关于刑名学和佛教的认识，却深刻体现了融合的特质。

1. 对“刑名学”的分析

从汉末到正始时代，有不少典籍保留下来，但因《人物志》是一部融会儒、道、法思想的刑名论著，故汤先生以此书作为研究的起点。

汤氏继承《隋书·经籍志》的提法，即将当时讨论人物才性选拔的书籍，如《人物志》《九州人士论》等归为“名学”丛书。故而，首先要回答，何谓“名学”？汤氏认为，汉代的名学，也称为刑名学，虽然与先秦关注逻辑辩论的名学不同，但二者的联系却反映在均重视学理与政道伦常的关系中。正是由此，《汉书·艺文志》和《隋志》对“名学”的解释，都确定为一种对名分、名位的礼数之学问。其次，随着汉晋月旦品评的时代风尚，名学发展为“控名责实，已摄有量才授官，识鉴之理亦在其中”①。因为品鉴就是以选拔相当的人才，应对相当的官职，故而识鉴之理，实则是对深识名实之理的学问。最后，将“刑”“名”并提，客观上是区分了才性之学与心性之学。② 才性之学反映的是社会管理者的能力、对社会功效的好坏、管理者的性情善恶等内容，起点是选官的才能与心性是否配当的问题，服务于政事。而心性论则侧重从形而上学的角度，讨论圣、贤、常性情善恶、智愚等本然、当然之理。所以古人有“刑名学”之类，自存在合理性。

另外，汤氏指出汉魏法家对名学新义形成亦有影响。就“礼”的性质而论，是国家典章之制、移化风俗之法，故而以行为合乎礼数，实则体

① 《魏晋玄学论稿》，第7页。

② 同上书，第65页。

现了“综核名实”的精神。[①] 这一精神表现在政治生活中，就是崔寔、仲长统、徐幹等法家代表，面对汉末人物名实不符的现象，都提出考核官员的职、能，人物的名、德相符的要求，而进入魏时，孝文帝、宣武帝、孝明帝更致力于律法、刑典的颁诏与执行。这都证明了法家在对汉魏“名学”概念的新义之赋予。在对历史遗产予以融汇的同时，刘劭更通过儒家的“正名”思想充实了名学的新义。即以儒家的圣人观为准则，将人物分成“圣人”“兼才”“偏才”的等级，依次定名检实、陈列尊卑、建立纲常，以期达到废立依轨的行政目的。由此可见，汉晋的名学，其实是融会名、法、儒三家政治理念和方法的学说。

同时，汤先生亦注意到，道家学说对名学的补益。一方面，虽然识鉴人物性情是其关键，但品鉴需由形容（形）过渡到“神味”，这就需准确把握人物的性情，但因品鉴性情的目的又是为了达到名实相符，故而了解性情之理，便称为名理或才性。可是才性在内，无法如形貌一般直观易识，于是识鉴之理，也必然走向了玄虚之境；另一方面，刘劭始终坚持圣人平天下的原则，并以为圣人之“中庸至德”[②] 可配天，而这一德行，正符合道家自然无为的理想，于是圣人也被引向了形而上学的境界。

由上可知，汤氏认为《人物志》完成了从现实政治问题向玄学问题的过渡，“刑名学”的定义充实、变化，即体现了这一过程中融合所带来的思考。故而“刑名学”是一个历史概念，而非纯粹的哲学概念。[③]

2. 对佛学的认识

凭借着对汉末到隋唐佛教的深厚研究，汤先生突出了佛学被玄学化，以及佛学建构玄学两方面，而这本身即一次重大的学术融会进程。

首先，汤先生发见了佛学具有历史性变化的一个特征，即为了从流入方术的、神道的身份进入到主流文化圈中，佛学努力融合玄学，使自身带上了玄学的特征，即佛学的玄学化。在《佛教史》中，他列举了从道安、

---

① 《魏晋玄学论稿》，第 9 页。

② 同上书，第 16 页。

③ 相对于从历史的角度看，牟宗三则从逻辑学意义上否定了“刑”“名”学可并提的观念，认为史臣们将探讨法律的刑学与讲究逻辑概念分析的名学合二为一，错在概念的混乱。与汤氏从历史出发找出其合理性的思想进路完全不同。参见牟宗三著：《才性与玄理》，桂林：广西师范大学出版社 2006 年版。

慧远、六家七宗等重要的人物和流派，展现了佛学吸收玄学时意欲独立的努力。汤氏指出，道安、慧远师徒二人是完全按照佛律严谨修持的高僧，他们始终抱着正本清源的理想，对当时完全附意玄学的“格义说”做出了猛烈批判。① 可是道安是深识内外的学者，在讨论诸“实相”“空”等概念时，亦使用了道家的“无为”“动静”“真际”等一系列词语②。而慧远学问“兼综玄释，并擅儒学”③，“其经学，当已成一家言矣”，且与殷仲堪谈“《易》以感为体”，都反映了“远公虽于佛教独立之精神多所扶持，而其谈理之依傍玄言，犹袭当时之好尚也”。④ 而相对于六家七宗而言，僧肇的理论和支道林的即色之说尤受汤先生关注。汤先生认为，僧肇借用玄学中的动静概念，建构了即动即静的体用论。分别以动、静释真如、法相，使真如与法相呈现出一种当体即用的特色，而这与王弼、郭象等人的体用论在思想上是一致的。至于支道林，他更广结东晋上层人士和玄学领袖，他之所以提出即色说，实际是为了支持“存神之义”，也就是道家理想的人格——“至人”，而“至人也者，在乎能凝守精神，其神逍遥自足”。⑤

从以上的史实中，我们不难看到，佛学玄学化是全方位的，作为历史发展的趋势，甚至佛学领袖和佛学本身均不能脱离这一轨迹。⑥

其次，汤先生在研究中意识到，政治上士大夫与帝王同好佛学是导致佛学昌明的基本原因之一⑦，这使得佛教至晋末南朝成为独立思想形态和来源。结合汤先生前后期的研究，我们发现，有两个问题是非常值得关注的：张湛《列子注》，这是佛学构建本土典籍思想的重要标志，是佛学对世俗理论巨大的影响。

《列子注》“所讨论的问题亦为生死问题，与道安要求解决的问题相

① 汤用彤：《汉魏两晋南北朝佛教史》，石家庄：河北教育出版社 1996 年版，第 176 页。

② 同上书，第 185 页。

③ 同上书，第 265 页。

④ 同上书，第 266 页。

⑤ 同上书，第 192 页。

⑥ 许抗生先生亦认为魏晋佛学的兴起，即来自于佛教的玄学化和统治者的需要两层原因，可作为一证。许抗生：《三国两晋玄佛道简论》，济南：齐鲁出版社 1991 年版，第 178 页。

⑦ 《汉魏两晋南北朝佛教史》，第 310 页。

同”。[1] 汤氏指出，该书至少有三个次第的内容是受佛学影响的：（1）张湛提出常人不明事物变坏的道理却“私其身”，结果认现象为真实，这就形成了“心之惑”；（2）心惑之源是“私”，有“私”而推出“公”，这与王弼的从“与天地合其德”的公私相对有限存在观念不同，“张湛心目中似乎在相对之外有一绝对，此似佛教‘俗谛’与‘真谛’之分”；[2]（3）故而只有“无心”之智才可彻底解脱，所谓“无心”就是回归绝对，能够这样的，便可成为圣人，即“冥绝而灰寂者，固泊然而不动矣”。[3] 故解脱即向真谛的回归，带上了佛教的特色。

佛学对世俗理论的建构，可以说是深深影响了思想史的内容。汤氏从世族、帝王、玄学领袖等阶层，与高僧的争论和学习，考察出白黑论之争、形神因果之辩、顿渐之争在思想史上的意义。首先，慧琳作《白黑论》，“首唱佛家空无之义，止言及人生无常之虚幻，而未能了本性空寂之深意”，[4] 故以“贪欲教化百姓”“利竞之路既开，朴质之风日迟”[5] 等佛教末流现象，过激地批判了佛教，其结果是导致颜延之等贵族的反批判，并引申出了形神问题。其次，形神之争的关键是“神”的定义为何、形神是否合一。或有“佛家之法身与玄学之至道”[6] 同一的宗少文，或者以空智为圣人无心的颜延之，均用佛学嫁接到玄学之上，从而论证形神非一。最后，亦为最重要者，就是竺道生提出顿悟之说，而谢灵运更将传统的“圣人不学不可至”的思想，改造为“圣人不可学但能至”。[7] 其重大意义，在于“不啻在宣告圣人之可至，而为伊川为‘学’乃以至圣人学说之先河”。[8]

通过汤先生的总结，我们可以认识到佛学对玄学的补充，不仅仅在于其被玄学化的层面，而且对于构建本土思想的成绩也是不菲的，甚至是方向性的。再次证明了此一时期，佛玄的交流与融合是主要的学术特征。

---

① 《魏晋玄学论稿》，第 148 页。

② 同上书，第 155 页。

③ 同上书，第 156 页。

④ 《汉魏两晋南北朝佛教史》，第 312 页。

⑤ 同上。

⑥ 同上书，第 315 页。

⑦ 《魏晋玄学论稿》，第 99 页。

⑧ 同上书，第 100 页。

二 哲学的“新意”

汤先生在《佛教史》中指出魏晋玄学的主题是个不同“本末”的问题。为此，他将所有思想史的关键问题，都围绕着“本末”的论题诠释，并采用传统哲学“体用论”以组织各方材料，平衡诸多关系，由此成为汤氏研究一大特征。[①] 据其前后两期的研究，我们发现，“寻找玄学之所以为新学”，以及“以体用论作为魏晋研究的坐标”，这二者基本涵盖和充实了汤氏的整个理论体系。

1. “新”学与“旧”学的区别[②]

所谓新学，就是从王弼开始的玄学运动，其核心便是从汉代的元气论过渡到了“逻辑”的本体论。汤先生以为，这是玄学对于汉代学术一重大的进步，但如何区别“元气”和“本体”，便是区别新旧之别的关键了。并总结到，就形而上学论，“玄学盖为本体论而汉学则为宇宙论或宇宙构成论”[③]，由此导致的汉学、玄学的分野的问题：一、如何解释《易传》中“五十与五十五何以参差”；二、“大衍之数何以为一”。

通过元气，汉学作了某些方面的解释。汤氏以为其最大特色是结合阴阳、消息、升降、数术等来说明问题。其中郑玄以五行、阴阳、四维结合，荀爽等以六十四卦、爻加减解释五十与五十五的关系。在形而上学的层面，则有汉代结合三统历、纬书解释宇宙论，并形成了以京方为代表的元气型的宇宙构成论及马融的宇宙运动论。前者以五十配星宿，并进而引申出“其一不用者，天之生气，将欲以虚来实，故用四十九焉”；而后者则进一步提出，“易有太极，为北辰也。太极生两仪，两仪生日月，日月

---

① 冯友兰先生认为“辩名析理”是玄学的方法，而“有无”是玄学的主题，讨论的是形式逻辑中内涵与外延、共相与殊相的关系。这一比较更显得汤氏理论的独特性，可谓史哲相即、体用一如。冯友兰：《中国哲学史新编》，《冯友兰全集》卷九，郑州：河南人民出版社 2001 年版，第 340 页。

② 田永胜从文献上否定了王弼之学的传承，与汤先生意见甚为相左，但是从重视玄学作为新学的角度仍然是一脉相承的，亦强调玄学之新在于对儒道的哲学改造和融合。田永胜：《王弼思想与诠释文本》，北京：光明日报出版社 2003 年版，第 218 页。

③ 《魏晋玄学论稿》，第 55 页。

生四时……北辰居中不动，其余四十九，转运而用也。”[①] 其中的“一”或太极，“即所谓主气（即太极太易，亦即太一北辰），气象为分之浑沦是。”[②] 由此，不难看出，宇宙的形成和运动都由元气而运，而这也意味着万物于元气是存在着时间先后关系，并因此而使本体的元气与后出的万物存在着本末割裂的状态。相对于此，王弼之崇无论方体现出新意。

王弼的大衍说，是构建体用论的基础。汤先生以为，大衍之论有三个特色：第一，“不用之一，斯即太极”。[③] 而太极已经包含了所有万物，太极不离万物，而万物更以太极得到具体的性质，所以太极与物是相贯通的。第二，“太极”即宗极，即是“无”“体”“道”“本”。因为太极是无体、无分的，就有限的、“分位”的万物而言，即可称为“无”；万物之“有”存在局限，而“无”是无限的，“有”自“无”而得其“理”，无即有的“体”；“有”之理得自“无”，意味着“无”不但是无限，更是完全，所以就着宇宙全体而言“无”是“道”；“道”是宇宙全体之秩序，天地万物变化都不离“道”，而万物之“动”，不离道之“静”，所以“道”为万物之“本”，为“天地之心”“天地之体”，“称心者谓其至健而用形者也”[④]。第三，太极即“本体”，是就完满、无限的宇宙全体之秩序而言，而因没有具体的规定性，被称为“无”；又由于《周易》宇宙世界中的大化流行，使得此本体实为“至健之本体”。所以“以无为用者，即本体之全体大用”，即本末、体用合一，“天地合其德”。

由此可见，大衍之论，实则表达了王氏开创玄学新思维的方向：“玄学主体用一如”，“体者非于用后别为一物，故亦可言用外无体”；[⑤] 作为宇宙全体之一大秩序的本体与分位的万物，其体用关系“非实物之由此生彼也，因非有时间先后之关系”，[⑥] 而是一种“逻辑之

---

① 《魏晋玄学论稿》，第 53 页。

② 同上。

③ 同上书，第 57 页。

④ 同上。

⑤ 同上书，第 55 页。

⑥ 同上书，第 58 页。

先后”关系。[①]

另外值得提及的是，汤先生并没有将“新”“旧”之说的基本特征，作为一种绝对的界限，而是更进一步揭发了王弼之后的诸多重要思想，仍存在着元气论的影响。

就道家的诠释者来说，阮籍《达庄论》的宇宙论，表达的是万物自然均由“一气盛衰，变化而不伤”[②]的元气为根本，宇宙即由元气而成，分化为天地、阴阳、五行、人物等。嵇康则以为“夫太素陶铄，众生禀焉”，[③]亦以元气生万物。而受佛学一定影响的张湛，亦用“至虚”“无”指代“元气”，并认为“群有”有生灭、始终、聚散，而“无”或“元气”永恒不变，“夫混然未判，则天地一气，万物一形，分而为天地，散而为万物”。[④]与此相应，佛学也带上了元气论的特征。据载，作为当时佛学巨擘的道安对本无的解释，也提到“夫冥造之前，廓然而已。至于元气陶化，则群像禀形。……无在元化之先，空为众形之始，故称本无。”[⑤]由此段记载，可认为道安的“无”也是一种无形无相的元气，且是元气的未发生变化的本来之态。

从王弼之后仍受元气论影响的诸家来看，无疑不是各个时期极具代表性的人物和思想，这说明元气论始终是魏晋南朝时期的一个习惯性的思维模式。那么王弼的新义怎样超越了元气论呢？汤先生以为，即在于“体用论”的思维模式。

2. 即体即用的体用论

由玄学家们建构起的体用论，在中国思想上具有重要的理论意义。其特征，是以即体即用为思维方式打破了具有某种时间顺序的，第一实体为开始的生成论观念。而最具有代表性的，就是王弼和郭象的“老注”“易注”和“庄注”。因为诚如汤先生意识到的，并非所有的玄学家达到了如

---

① 汤氏意识到王弼的本体论始终建立在反思的“无”之上，在思维之中“无”和“有”，体用相即，所以不存在“无”落入实物的逻辑悖论。这正好解决了汤一介先生认为的王氏之“无”是对立之物的诘难。参见汤一介《郭象与魏晋玄学》，北京：北京大学出版社2000年版，第290页。

② 《魏晋玄学论稿》，第135页。

③ 同上书，第136页。

④ 同上书，第154页。

⑤ 同上书，第147页。

此之高的“新思维”。

从哲学角度思考二者的思维高度，汤先生以为“体用一如”主要表现在道体观和圣人观两个方面。①

所谓的道体，就是王弼以“无”、郭象以“独化”为其玄学的理论基础。王弼以“无”作为抽象的本体，但这只能是思维上的全体，可以将之描述为一种众理皆具的完满“秩序”。正因为众理按照本然的状态体现出来，而众理又不离思维上的宇宙大秩序，所以作为“用”的众理“性分”，是不离作为“体”的大秩序“道”“自然”的。因为宇宙大秩序无可名状，所以用“无”这一抽象的，但却富有内涵的概念来指称。这是从“体用”互涵的层面说。如果从互用的视角看，“无”“有”一体，则通过动静的方式表现出来。“无”是静，是一完满大秩序，也叫作天地之心、天地之体，倘若有能得其体、其心者，也就是得本然之理，那么就可依体而使各个物各自正得性命，正性命即可各具其形。所以天地心的静恰恰通过各正性命之形的动，而达到体用不离。当然此处的能“称心者”“各正性命者”都是从反思的角度得到的。至于郭象，则以“独化”作为本体概念，直接从现象上的多元性说明万物的自存性。在郭象看来现象是多元的，也是实在的、具体的“有”，但是现象的“有”并非来自于某种外因，而是无为的自因。因为自因故可自生，既然是自生就是无为、无待，而不论自生、无为，均是自然。故而“独化”所具有的含义如“有”“独化”“无先”“性分”“无为而相因”② 都是对现象多元存在之形而上学的思考。这样“独化”本身并不是某种实体性的存在，而是对多元存在的自然之因的描述，是一种思维反思后的定义。故而从思维的高度上看，王弼的“无”、郭象的“独化”无一不是反思的结果，正是在此基础上，“道”“本体”才能既超越又内涵于现象中，或者说只有这样“体”与“用”方能相即不离。

魏晋玄学家在讨论有无之说的同时，必然要关注到“圣人”的问题。

---

① 与汤先生思想最为相应的是牟宗三先生的“境界说”。他认为“无”是反思的境界，此境界实际是反思后的对一种生命冲动力的说明。虽然汤、牟二人强调秩序说和境界说，二者都赞同以反思的方式去理解玄学的“无”或“独化”等概念，并将圣人理论摄入本体论中。

② 《魏晋玄学论稿》，第 165 页。

在《论稿》中，汤先生从圣人之性情、有为无为等方面做了精要的总结。按照魏晋时期的理解，“圣人”是具有完满人格、完善能力的人，更重要的是通过“圣人”，道体与道用的同一，可以得到某种意义的具体化，即体用论在自然名教之命题的开显。

总的来说，王、郭二人对“圣人”的理解基本相同。汤先生认为，无论是王弼还是郭象，均坚持老、庄不及周、孔的圣人观，即周公、孔子是“体无者”“穷理尽性者”，而老庄只能达到“言至者”，仅为“知本者”。但是周公、孔子所体之道、所尽之性实是用老庄关于自然、无为的观念代替了儒家仁义的思想。①

具体展开，则“性情论”最能说明此一变化。王弼是坚持圣人有情论的，而该命题则是改造汉代元气论后的结果。汤氏认为汉代的天道属于有意志之天，所以天人感应下的圣人，必须完全符合天道，故而不可能有情。可是王弼却将天道新解为自然之天，这样无论是性或情都属于自然的范畴。这是对性情的第一层统一。第二层，则是圣人以性治情，而不废情。即圣人能够体道，能够“藏明于内，以无为心，以道之全为体”②，从而自备体道之智慧。恰恰是这一智慧，一方面证明圣人之性乃是秉承天道而自满；另一方面则是圣人在感物之时，可以感而不伤。这里的感物，即相对于性的情。所以圣人之性源自天道下现，而圣人之情源自接物感通，天道是体，事物乃为用，由此性情再次表达了体用一如的思想。第三层则是从心性论的高度看，王弼以动静的方法论即性情善恶的问题：“圣贤与恶人之别固不在情之有无（因君感物而动），而在动之应理与否。”③这是对汉代圣人观的超越。汉人习惯于以阴阳论性情，导致了性善情恶的二元分离。王弼以动静说性情，则力图论证“情”非必然为恶，“恶”仅是感物之时，情不符性、动不合静，或用不应体的结果，而“情”善则来于感物应理（道）。这样以动静解释性情，以性情在回归体用，即完整的表达了即体即用的玄学理论。

---

① 《魏晋玄学论稿》，第 25 页。

② 同上书，第 62 页。

③ 同上书，第 64 页。

三 结 语

由上观之，汤用彤先生的研究始终从历史的角度，寻求出魏晋玄学之作为融合诸流的特质，并从哲学的角度，对“新”思路、新体系给予了统一的说明，即将玄学重大问题包含于体用论的体系之中，为玄学作为整体性新学做出了合理的说明。这一理论贡献，不啻于将历史与哲学统一起来，为研究者们提供了双向的研究视野和方法。

论艾思奇对中国传统思想的批判性研究[①]

艾思奇是近现代马克思主义中国化过程中杰出的哲学家、思想家。他借着深厚的西方哲学功底，对马克思、恩格斯、列宁等经典作家的理论进行了严肃而深入的研究，并凭着对毛泽东思想的努力钻研和精准解释，成功地创建了当时条件下中国马克思主义的典范模式，成为马克思主义中国历程中极具历史影响和现实意义的重大里程碑。

在对艾思奇思想研究中，我们发现了一个有趣的现象：伴随着艾思奇马克思主义体系的建构，他紧随时代步伐，对各种哲学思想做了大量的学习和分析，虽然它们最终不免要遭到严厉的批判，但是这些批判性的研究，却为我们研究其历史时期的思想变迁提供了重要的线索和材料。而本文亦将针对艾思奇在不同时期对传统思想的批驳做出分析，以期揭示出其理论的特点与得失，以及时代意义。

一　檄文式的批判

所谓"檄文式的批判"是指艾思奇站在一个共产党理论家的角度，针对敌对政权与势力的思想进行的严厉批判，其目的是揭示敌对力量的反动实质、澄清唯物主义的基本观念，并使之产生有利于中国共产党领导的伟大革命之积极影响。被艾思奇列入这类批判对象的主要是唯生论、力行哲学，以及"中"的哲学。

---

① 本文所指的"传统思想"并非指一个完整的中国传统理论，或传统社会中某一个思想家的理论，而是艾思奇根据时代要求，选择的人物或书籍中所包含的传统观念。所以其批判是有具体所指的，而非全部中国的传统思想。

“唯生论”，是陈立夫的宇宙本体论观点。“力行哲学”，则是陈立夫的认识论，并得到蒋介石的支持和推广。艾思奇从唯物论的角度，批判二者的实质是唯心论；从阶级论的角度，将之定义为反民主和反科学的理论。

艾思奇指出，首先唯生论“主张宇宙的本体是心和物的综合，就这一点来说，是二元论的表现”，而“这种‘见地’，并不是新的发明，而只不过是‘物活论’的一种中国的再版罢了。”[①] 陈氏给出了一个“生元”的概念：“生元”是最根本的宇宙元素，同时它还拥有物质和精神的两个方面，这样宇宙由低到高的进化过程，就充满了生机和灵性。在这个充满灵性的运动过程中，充当生命推动力的是“诚”，并认为“诚者物之始终”，“不诚无物”。以此观点，在逻辑上最终导致了唯心主义，因为“诚”是封建道德的精神原理。其次，唯生论曲解了孙中山的民生史观。提出了有被人类更超越的“鬼神存在”、以“诚”作为宇宙运动的本原和行动规则，以及借用现代的科学概念构筑“生元”说的唯心论。其目的就是要导致愚昧主义的历史观倾向，“在唯生论里，却有着浓厚的大资产阶级的反民主的色彩。”[②]

就“力行哲学”而言，艾思奇批判陈、蒋偷用了孙中山先生的“知难行易”的认识论观点，并改变了其合理进步的思想，成为“极端唯心论的愚民哲学”。[③] 其论争方法是：厘清孙中山的知行观，然后揭示陈、蒋的错误。

1. 艾思奇认为孙氏知行观，有其进步方面，即“他能够自觉地认识到把握中国革命规律知识之艰难”，并且能够“说明人的‘智识’是客观‘事物’的反映”。[④] 这些都表达了中山先生重视客观科学知识的进步思想，是有唯物论特点的。但其消极方面也是不可忽视的：他“认为群众与知识无缘，只有少数贵族能获得正确知识”，并且“领导者看成脱离群众的天生的圣贤才智，而把群众看成盲目无知、平庸愚劣、只能闭着眼睛

---

① 《抗战以来的几种重要哲学思想评述》，《艾思奇全集》卷三，人民出版社，第 262 页。
② 同上。
③ 《〈中国之命运〉——极端唯心论的愚民哲学》，《艾思奇全集》卷三，第 414 页。
④ 同上书，第 428 页。

跟领导者的‘阿斗’”，结果导向了唯心论一边。[①]

2. 批判陈、蒋的错误与反动。艾思奇指出陈、蒋的哲学本体就是“心”，因为心是本体，所以才有“诚”能够同时作为宇宙和人生的动力，即“不诚无物”，就是说不诚就没有事物。根据这样错误的论点，蒋要求群众以“诚”立身，实质是欺骗性，因为没有物质基础的“诚”是“违背社会经济发展潮流的”，“他们口口声声讲‘至诚’……知识为了要求民众和青年诚心诚意地像羊一样地受他们愚弄”。[②] 接着，艾思奇批判了蒋介石的知行观，蒋提出了所谓“笃信”本于天性的“真知”，就可“力行”的观点。其实质是通过“笃信当作真知，用信仰代替知识，以先烈的牺牲精神作为神圣的崇拜的偶像……好使青年们跟着买办封建性的法西斯主义者去进行反共反人民的冒险”；[③] 而当其以“真知”和“诚”指导力行时，其本质是要树立一种“宗教式的崇神行为”，并且此种力行是“盲从的行为，是要求‘不识不知，顺帝之则’，是想把封建时代愚民政策的统治实施到今天”，[④] 而这是“反共反人民反革命的封建买办性的法西斯主义的真面目”。[⑤]

“中”的哲学是阎锡山在抗战时期形成的重要思想。虽然阎锡山也是抗战中的一支重要力量，但是由于他与蒋介石一样，奉行“防共”的宗旨，并严厉地攻击了马克思主义哲学，故而在很大程度上说，同样是中国共产党的敌对势力。澄清其哲学的实质，必然成为了理论家们的革命任务。

艾思奇首先对“中”的二元本体论做了祛魅工作。他认为，“中”就是事物在条件合适下形成的符合规律性的“事宜”、理的恰当之处，是人类符合规律性的认识。但阎却以为：“中的哲学是心物统一的哲学”，“就本体说是心物统一体规定一切”，“就效用说是心能格物，物以表心”，在此原则下“‘中’是理的适当处”。[⑥] 这样的结果是本来由人的认识能力恰当的认识客观事物的现象，被颠倒为某种外在的力量或灵魂——“中”

① 《〈中国之命运〉——极端唯心论的愚民哲学》，《艾思奇全集》卷三，第430页。

② 同上书，第419页。

③ 同上书，第425页。

④ 同上书，第426页。

⑤ 同上书，第427页。

⑥ 《抗战以来的几种重要哲学思想评述》，《艾思奇全集》卷三，第271页。

成为支配世界的本体，从而走向坚决的唯心论。

其次，“中”的哲学有一套“求中”的方法，即“矛盾对消律”和“三一权衡律”。艾思奇认为，这看似辩证法的观点其实是唯心主义的折中主义，就是说：“矛盾对消律”，强调事物都有对立的两个元素，事物要达到“中”即要取消矛盾的对立，而进入到“矛盾的不矛盾”。可是要达到矛盾的对消，有必须达到“一，主体是一；二，客体是一；三，主客体统一是一”，这就是“三一权衡律”。对此二律，艾思奇运用对立统一原理批判道：“事物的对立的斗争既是绝对的，因此统一只是一定的斗争条件之下的表现形式，或者说，因斗争而产生的一定运动形式，就是‘统一’，就是矛盾的解决。”[①] 阎氏的矛盾对消，实质是静态的“对称”，而非运动的发展，所以“中”被形而上学化了。另外，由于三一权衡律最终导向是以主体作为第一因，客体退居第二因，这便成为主观唯心论的统一，违反了唯物辩证法。

最后，在三一权衡律的前提下，“中”成为至高的理则，理则又包括着“母理”，即就人事而言的“当然准则”，以及“子理”，就是对现实事物的“必然法则”。在母子分理的前提下，求中的方法就有“该不该”“是不是”“能不能”三方面。其中的核心是“该不该”即认识上是否符合那个绝对的“中”。对此，艾思奇指出，“是不是”表达的客观世界的真实性，是认识的来源，只有正确地认识了客观规律，才能说得上所谓人事的是否应该。阎氏将代表人事的母理置于代表物理的子理之上，犯了主观唯心主义的严重错误。

二　政论式的批判

这一批判的类型主要就是梁漱溟先生的思想。就现代学者们的普遍观点看，梁漱溟的思想属于中华文化的保守主义，但绝对不是所谓的“封建复古主义”，因为他始终提倡“以中国的态度走西方的路”。[②] 在此，我

---

① 《抗战以来的几种重要哲学思想评述》，《艾思奇全集》卷三，第 274 页。

② 方克立、李锦泉主编：《现代新儒家学案》（上），中国社会科学出版社 1995 年版，第 8 页。

们不欲具体分析梁氏的哲学体系，只是说明艾思奇对梁先生的批判是具有很强的时效性和政治性的，因此他的批判方式更多的是体现出政论的特点。

众所周知，1953 年毛泽东与梁漱溟的一次谈话中，由于二者观念上的分歧，导致了毛泽东同志对梁漱溟的严厉批判，撰写了《批判梁漱溟的反动思想》一文，并指出："梁漱溟是反动的，但我们还是把他的问题放在思想改造的范畴里头。"[①] 这样的定性，一方面旨在否定梁的思想；但另一方面则仍然将之当作人民内部的问题处理。在此一背景和指导下，艾思奇于 1955 年发表专文《批判梁漱溟的哲学思想》，其批判的态度，正如他所表达的："梁漱溟没有离开祖国，而在人民革命胜利后"，"承认自己的某些错误"，但是对其"站在封建地主阶级的立场上为帝国主义服务"的本质没有承认，因此需要进行"揭露"。[②]

艾思奇批驳梁的著作分别是《东西文化及其哲学》和《中国文化要义》。他从唯物主义的认识论、方法论和历史观两个角度，对之做出了详尽的分析。

1. 从主观主义到不可知论

艾思奇围绕着"生活""我""唯识学"等梁书里的重要概念系列进行批判。艾思奇认为，梁氏借助腐朽的生命哲学论，把世界的物质性都消解为理智的计算，于是世界就成为生活的一连串事件。所谓生活的特质就是"意欲"，一种永远无法满足的欲望。在意欲的推动下，生活形成的事件无穷无尽，事件的连续就构成了世界的表象，这就是所谓的"事的相续"。其具体方法就是"一问一答"，因为这既是意欲的运动方式，也是脱胎出主观唯心主义的"我"的观念的前提。因为"我"的出现，世界就分作了"以成的我"（物质世界）、"为碍"（我之外的其他生命）、"绝对不能满足者"（无穷无尽的欲望）。而如何知晓这个世界呢？艾思奇提出，梁借用了唯识学的烦琐论证方法，用"现量"代表感觉，用"非量"代表客观世界的来源，以"比量"比附理智。这个认识方法的特点就是：一方面将统一的感性认识完全分割开为多个感觉符合；于是导致另一方面

① 《毛泽东选集》卷五，人民出版社 1977 年版，第 115 页。

② 《批判梁漱溟的哲学思想》，《艾思奇全集》卷六，第 22 页。

物质的客观性和实在性被取消，并且理智的客观来源消失。结果要认识最后的“生活世界”本质，就只能回归到神秘的直觉（现量）和虚无主义。

对以上的观点，艾思奇认为“意欲”本身就是神秘的东西，由它烘托出的“我”，并以“我”作为世界的判断和分界标准，最后必然导致的是“把宇宙‘精神化’，使它巩固地成为‘我的宇宙’了”，“我就是‘现在的我’，物质世界也是‘我’，而且是‘已成的我’”，“于是‘我’就包括了一切，于是宇宙就成为‘我的宇宙’。”① 这样的观点是否定了物质的第一性原则，客观的物质世界是外在于人而存在的，同样事物的发展变化也是客观的，而非所谓的意欲推动下的事件的相续。在承认此一前提下，梁的唯识学也就破产了。因为人对客观世界，首先通过感性认识获得感觉，再经过抽象认识而得到概念。概念虽然是主观的认识，但是却源自于客观，并反映客观的本质。由此“认识是与人的实践密切联系着的运动过程，它是随着实践的发展，由片面到全面，由现象到本质地，不断丰富、完全和不断深入地反映客观世界的一切内容。”②

2. 反科学、反理性的形而上学

艾思奇从辩证法的方法论出发，说道：“所谓‘形而上学’，照梁漱溟一流的主观唯心主义者所使用的意义来说，就是研究宇宙本体的学问。”③ 而“梁漱溟就通过对辩证法的折衷主义的曲解，而把思想引向反科学、反理性的——僧侣主义的道路。”④ 由此看来，梁漱溟的思想被定义为宗教迷信的信仰主义范畴了。

艾思奇认为，梁的宇宙论中关于生命冲动形成世界中，“调和”“中庸”“平衡”是其主要的形而上学，而能够达到这一状态的手段是“仁”“直觉”等封建的、神秘主义的方法。梁提出“事实像圆”，世界流行总是相反力量的斗争，最后走向“调和”的状态。因此，人们认识这一运动方式，就是要学习不能“认定”“表示”“计算”，否则就会走向极端，领悟“圆”的境界。另外，由于宇宙本身就是意欲冲动形成的，所以宇宙的运动与人心相类，这样人类对宇宙的认知应该是通过向内的方式，而

① 《批判梁漱溟的哲学思想》，《艾思奇全集》卷六，第 28 页。

② 同上书，第 37 页。

③ 同上书，第 40 页。

④ 同上书，第 44 页。

所认知的应该是孔子的“仁义礼智”等道德原则，这些原则表达了实际“圆”的真理和中庸的状态。当然，如果要“向内用力”达到宇宙和人心的真实，就不能使用“计算”的理智方法，而应该用理性的方法，理性通向的则是直觉，以直觉而通达宇宙。

按照辩证法的观点，艾思奇批判道：事物是辩证统一的，在斗争中对立的发展，是事物的根本规律。事物辩证统一，不是“调和”而是向着新的方向前进。而认识事物的对立斗争还要看到矛盾双方的主要和次要方面，这样对事物的发展方向才能得到正确的认识。所以调和论体现的是伪辩证法和折中主义。同样要获得符合事物本质的认识，就用坚持从实践学习认知客观事物的方法，这就是理智和科学的方法。如果否定唯物主义的认识论，而回到封建的道德和制度原则，就会导致对封建思想的信仰，从而走向直觉的、神秘的僧侣主义。

3. 封建复古主义的历史观

梁漱溟的《东西文化及其哲学》是一部在20世纪非常主要的比较文化学和比较哲学的著作。此文一出立即受到当时学术界的极大关注，在20世纪80年代的文化热潮中，该书又受到了广泛关注和讨论。究其原因，就在于梁氏提出了三种文化取向和发展步骤：西方化、中国化、印度化。西方化是“着眼研究者在外界物质，其所用的是理智”；中国化“着眼研究者在内界生命，其所用的是直觉”；印度化“着眼研究者在无生本体，其所用的是现量”。[①] 相对于三种文化的思维方式，分别是：西方化需要科学和理性，中国化着重于玄学和直觉，印度化立足于现量和直观。虽然最后文化必然走向印度化的方向，但是就现在的中国而言，“第一，要排斥印度的态度，丝毫也不能容留。第二，对于西方的文化是全盘承受，而根本改造，就是对其态度要改一改。第三，批评的把中国原来态度重新拿出来。”[②] 这一观点，其实就是要求中国人积极接受西方先进思想而又不忘自己的优秀文化传统，从而实现国家的富强。

艾思奇运用历史唯物史观对此做了详细的批判。他认为，梁氏的三个文化是一种历史倒退。“在梁漱溟的著作里就出现了一种稀奇古怪的

---

① 《批判梁漱溟的哲学思想》，《艾思奇全集》卷六，第65页。

② 梁漱溟：《东西方文化及其哲学》，商务印书馆1922年版，第129页。

'开倒车'的历史观。人类累时的必然前途原来是这么阴暗的：有科学、理性走向'玄学'、'直觉'再走向宗教、'现量，由向前发展'的要求进而'盘旋不进''安于现状'，最后是落到要'厌世''出世'"，他的这种历史观是"复古主义的偏见，竟能使一个人迷失理性到这样的程度。"①

艾思奇认为出现这样"迷失的"原因，是梁看不到历史是由人的现实生活和生产推动的，是历史最终的决定因素，即经济基础决定了上层建筑。经济基础是第一性的"客观的因"，上层建筑是伴随着经济基础而发展的，能够反映作用于经济基础的第二性的因，所以历史的发展是由生产力和生产关系的矛盾推动的。但是梁却把历史看作是某些先知和圣人开启推动的，而其让中国走的道路是回归封建社会的老路。由于梁的目的是使用封建思想来复兴中国，也就是以"孝悌""仁""中庸""礼乐"等来发展中国，从而调和甚至抹煞在阶级社会中的剥削关系，由此而暴露了其否认历史发展的一般规律，以此迷惑被剥削阶级、农民阶级，"并为地主阶级及一切反动势力服务的目的"。②

三 学术式的批判

随着新中国的成立，学术界面临全新的研究时代，以"百家争鸣"为原则的思想指导，让中国的学术研究欣欣向荣。艾思奇作为重要的哲学家，也投入到各类研究和讨论中去。这样便产生了其学术式的批判文献，表现出既有批判性，又有建设性的时代特色。

在《艾思奇全集》中，有一篇不长的论文——《对"中国哲学遗产的继承问题"的一些意见》，集中地反映了他对于中国哲学的态度。虽然文字不多，但却是我们了解其对待中国哲学态度的较好文献。这篇文章的主要内容是集中地探讨了冯友兰先生关于继承中国哲学的原则和方法问题。

冯友兰先生在 1957 年的《哲学研究》上，连续两期提出并回应了"中国哲学的继承"。在当时的社会环境中，为了更好地说明中国哲学的

① 《批判梁漱溟的哲学思想》，《艾思奇全集》卷六，第 65 页。

② 同上书，第 79 页。

继承意义，冯先生对继承给出了三个原则的讨论："第一，什么是继承，就是继承的意义的问题；第二，怎样继承，就是关于继承的方法的问题；第三，继承是么，就是关于继承的内容与选择标准的问题。"① 根据冯的观念，哲学是一种反思性的学科，它是精神科学的范畴，哲学反思的是全部人类的文明成果，故而哲学不单单是认识论，它是对于"世界的知识的历史的全部结论"。②

就中国哲学而言，它本身是中国历代思想家和进步人士留下来的思想成就，对建设社会主义是有积极意义的，所以应该继承。这是对第一个问题的回答。

可是如何继承呢？冯指出进行哲学反思的工具是概念。概念同时包含着两个方面：抽象意义和具体意义，或者一般意义与特殊意义。所谓的"继承"也就是从这两个内容角度来说明的：概念所表征的一般意义，就是"共相"，是所谓的"性"，是命题的抽象意义。而特殊意义，则是所谓的特性，是命题的具体意义。按照冯的观念，哲学的继承不是空泛的，它需要用命题的形式进行。所以命题中的一般（抽象）意义，所达到的是其普遍性，而特殊（具体）意义则是其特殊性。比如，"学而时习之"，这是一个中国哲学问题，也是命题。如果按孔子当时的语境，则"学"和"习"的对象拥有具体性，指的是春秋时期的道德观念，或者所谓的封建观点；但是就一般的抽象意义而言，这句话表达的是一个学习的过程和方法，它可以针对任何的学习对象，在学习的过程中是具有普遍性含义的命题。故而，但面对"继承性问题"时，我们应该需要的是其一般意义，而抛弃的是具体意义。

对此，艾思奇认为继承的标准应该是"取其精华，除其糟粕"，"什么是精华？精华就是过去遗产中有民主性、科学性与大众性（人民性）的东西。什么是糟粕？糟粕是那些反民主、反科学与反人民（贵族性）的东西"，"这应该是马克思列宁主义对所有文化遗产的一般态度，这是一个普遍原理。"③ 至于"冯友兰先生提出的关于继承中国哲学遗产问题

① 《再论中国哲学遗产的继承问题》，《艾思奇全集》卷六，第35页。

② 《中国哲学史新编》，洪治刚主编：《冯友兰经典文存》，上海大学出版社2004年版，第60页。

③ 《对"中国哲学遗产的继承问题"的一些意见》，《艾思奇全集》卷七，第78页。

的意见是违背这个原理的”。他的错误在于“把抽象的东西看做具有实在性的、永久性的东西，而具体的东西则是暂时的、不实在的东西”，这“和实在论的唯心主义观点一致”。①

按照艾思奇的看法，冯的错误在于“实在论”，主要表现在：首先，将一切哲学问题都归结为概念或者命题，这样会取消唯物主义和唯心主义的原则问题。其次，一般意义和特殊意义，或者抽象意义和具体意义被割裂，从而导致形而上学。“所以我们对于哲学遗产的肯定与继承的标准，并不在于命题的抽象与具体之分，而是要看它的内容是否是唯物主义和辩证法的。”②

就第一点而论，艾思奇认为，命题的一般意义虽然在一定程度上说，是具体事物的最高的抽象，但是这并不能证明，一般意义都可以继承。针对冯所用的“学而时习之”的例证，艾思奇给出了唯物主义认识论的说法，即学习是从认识而来，通过温习而巩固学习的知识。学习的前提是客观世界，认识的条件也是客观世界，并且不断重复认识的对象也是客观世界，这都说明了认识产生的一般规律，是从客观到认识，认识在反映客观。所以，这一命题确实可以从一般意义的角度进行继承。而与之相对另外一个命题——“生而知之”，就应该完全抛弃，因为它不论是抽象意义还是具体意义都不符合唯物的认识论。既然知识是认识的结果，就不能在没有任何外在的作用下产生认识，故而，孔子提出的这一命题实实在在地体现了唯心主义观点。

就第二点来看，艾思奇认为，命题的一般意义和特殊意义是统一的，如果只强调继承其一般或特殊，就会割裂它们内在的关系，违反辩证法。艾思奇仍然以“学而时习之”和“生而知之”为例：前者说明，虽然孔子要求学习的具体内容是封建道德，但是因为封建道德也是客观对象，所以从认识的发生和形式上看，它也符合从客观世界到主观认识的认识规律。这样，即使认识对象——具体意义是封建道德，但由于封建道德必须经过认识规律——一般意义的作用才能够习得，所以这一命题体现了一般与特殊的统一。但后者，则从根本上违反认识的原理，所以无论从一般意

① 《艾思奇全集》卷三，第18页。

② 同上书，第81页。

义还是特殊意义讲，都不可能得出正确的结论。于是，“生而知之”就只能完全抛弃了。按照艾思奇的分析，一般意义其实就是具体意义的抽象，只有具体意义是真实存在的，才可能有真实的抽象。从这个角度说，二者才能够统一。否则仅仅将一般和特殊分离开来思考，就必然割裂彼此的辩证关系。

从艾思奇和冯友兰的争论中，我们不难看出二者的重大差异：前者是从唯物主义的认识论看待问题，客观世界刺激主观认识能力，人的认识反映客观，并因此获得知识。后者则强调哲学不仅仅是认识论，而是对人类的全部历史文明的反思，哲学是一门精神科学，它包含了认识论。而反思的工具是概念和命题，它们必然具备一般和特殊的意义。所以从继承的角度上看，就只能从命题角度出发，反思和厘清一般与特殊意义存在的问题了。

四 结 语

随着20世纪中国社会的风起云涌，中国思想也呈现出波澜壮阔的狂飙式发展。艾思奇的思想一定程度见证了这一历史时期的发展变化。就中国哲学而言，从抗战时期征伐敌对阵营观念，到新中国成立后批判反对派的观点，再到与非马克思主义原则的争辩，清晰地体现出，作为一名马克思主义的理论家和哲学家，对马克思主义和毛泽东思想的坚定信仰，以及其努力实践着的马克思主义中国化的使命。这也使得艾思奇的文献具有重要的时效性和政治性特征。

不难看出，艾思奇对待中国哲学基本呈现出一个审视者和批判者的态度。他既无意于深入分析中国哲学本身的特征，亦无心于彻底摧毁或者建构中国哲学的理论体系，其对中国哲学以及理论对手的批判主要是为了在批判中树立马克思主义和毛泽东思想的主流理论价值。故而，虽然就现代的眼光看艾思奇的批判有时颇多偏激之处。然而，当我们回到历史语境中时，完全可以获得一位有深厚学养的马克思主义理论家，通过马克思主义的思想、原则、价值对中国哲学进行的认识和诠释。于是，这些批判也因此成为了拥有重要信息的历史文献。

三　佛学价值与现代精神

佛陀精神的现代诠释

佛教经历了上千年的融合，成为了除儒家、道家之外影响中国人的又一传统力量。之所以这么说，是因为佛教思想深深地蕴含了优秀的中华民族文化特质，而它也同时内化于人们的观念之中，在深层心理提供给人们去思考人生和社会的方式，于是人们被内化了的潜在力量所趋定，使哪怕是最日常的生活情节中亦时时呈现出佛教的精神意义。故而，对于百姓们来说，佛教的影响力可谓“日用而不知”。现在，我们的社会正逐步走向先进，完善以及和谐的状态，党和政府正在努力调动一切利于社会进步和谐的资源进行建设，那么当下当时，作为中华民族深层心理构成的佛学思想对我们建设和谐社会有何意义呢？这是一个极为现实的问题。因此，本文所做的工作，即力图通过诠释佛陀理论的现实性，阐发出其对当代中国建设和谐社会的价值。

从历史的意义上看，佛陀所关心的是帮助人们认识生死的来源和教导解脱痛苦的方法，而不只是要人们掌握佛法作为知识层面的理论，因为它对人生的修养、精神境界的提高并不具有实质意义的影响。但是，从现代语境的角度而言，佛陀提出的理论却包含着建构理性和谐社会的积极元素。之所以这样定义佛陀的思想，原因就在于：

佛陀本人在证悟过程中学习了当时印度的各种思想和修炼方式，但最终放弃了苦行、远离等悟道行为，重新面向世间，然而佛陀这时的转向却是带着悟道后的体悟，从个体走向了群体。他为了使人们从生死的痛苦中解脱出来，提出了十二因缘、四圣谛、五蕴、三法印等理论，为人们修悟实相般若提供了可咨的方便。从总体上看，佛陀整套理论的哲学核心也就必然要落实在“三法印”（诸行无常、诸法无我、涅槃寂静）上了。

由此可知，佛陀的理论是与他本人的生活息息相关的。于是，佛陀从内提出了解脱痛苦的方法，从外又展现了立人达人的精神。而这两方面同时构成了佛陀理论具有现代性的双重意义。

从对生命的无常中，佛陀深感人生为无明所障而陷入不智之中。诚如，《杂阿含经》云：

> 谓缘无明行，缘行识，缘识名色，缘名色六入处，缘六入处触，缘触受，缘受爱，缘爱取，缘取有，缘有生，缘生老、死、忧、悲、恼、苦，如是纯大苦聚集；如是无明灭则行灭，行灭则识灭，识灭则名色灭，名色灭则六入处灭，六入处灭则触灭，触灭则受灭，受灭则爱灭，爱灭则取灭，取灭则有灭，有灭则生灭，生灭则老、死、忧、悲、恼、苦灭，如是纯大苦聚灭。①

十二因缘通过展现无明缘行、行缘识、识缘名色、名色缘六入、六入缘触、触缘受、受缘爱、爱缘取、取缘有、有缘生死、生死缘老死的相互链、循环链的方式，向人们昭示了人所处世间的因果互动。“链”所表现出来的哲学含义就是人因为无明所遮而系附于十二因缘，从而尘蔽不能解脱。所以佛又告诉人们五蕴是承受并造作这十二因缘的原点。正是因为色、受、想、行、识的作用，人才会得到色尘之感、意识之动、心神之乱的后果。此后果直接所得，即是苦，亦即生、老、病、死四苦。这样的“苦”从人的降世始起，然后一直延续至一段生命终结，按照这样的执着，人们会有所谓喜、欢、爱、取、有、强等快乐，但这些看似美好的事物却终是花飞花落谁人家，无果亦无终。如果从现代隐喻学的角度看，十二因缘的无穷之链，可以被理解成人生总有处于苦而不知其苦，以苦为乐，从而造作业果，生命无义的状态。正因为人们没有正确地认知生命的意义，而总是处于无明的状态中，所以导致个人将自己当作一切的中心，从而贪爱己利、嗔恨己背、执痴己欲，于是入三毒而不自拔，以毒为养，故世界纷争于去人从我、得利忘义、妄执所欲而至死不还的境地。

这样，佛陀将所说的十二因缘、四圣谛等理论由个人自身的内在世界结合到生活的外在世界，从侧面或正面反映出人生和社会之百态，并因此

---

① （宋）求那跋陀罗译：《杂阿含经》，《大正藏》卷二，第156页。

展现出了深远的意义。说之深远，即在于佛陀理论反映出来的不是一个悬搁、孤独的个体观念，而是从心理、身体到个人，再到社会及全体生命形式的大系统理论。就在此一背景下，佛陀向人们道出了人生的种种苦果均来自于人们对世间万物的“实有”的痴执与贪爱，这样的心态，恰恰促使人们走向烦恼和痛苦。

在佛陀看来，我们对一切的执着和贪爱，归根到底就是我们首先执着于自身。由于人最早认知到的并不是离他而存在的世界；恰恰相反，认识总是从自己开始，一开始就确定有一个实实在在的“我”，而且这个“我”有所想、所要、所感、所欲。一般来说，这个“我”不会从根本上质变，即使人们离开社会单独生活，也不会忘却自己的存在。于是，很自然的，生活世界中的我们就会觉得有追求的、满足的、愉悦的以及放弃的、缺乏的、痛苦的感受，并且诸种感觉无不回旋在实“我”之上。然后“自己”一旦被肯定就会由内而外、推己及物，从而执定于我、物之分或合，结果是首生“我执”、再生“法执”。

但按照佛陀证悟到的体验，不论是“我执”还是“法执”都是错误的。因为色等五蕴莫不是瞬生瞬灭，当体即空的，这些被执着的“实我”根本不能成立。在此，如果我们只是从表面上来理解这一说法，则会触及一个大的问题，即佛陀似乎要完全地否定自身，从而由否定自身走向否定合理的人类欲望，甚至人性。于是就如很多人误解的那样，认为佛陀所教导的就是要远离世间，要消极对待人生。

然而，事实并非如此。我们认为以上的说法并没有理解佛陀对人生诠释的真谛。如果将眼光拉回到佛陀告知人们的五蕴、十二因缘的话，我们完全可以得出另外的答案：佛陀这样解读人生的目的，恰是将人们的眼光逼回到了生命最根本的存在形式，使人们感到来自于作为人的本性和生存价值的深层危机，并将一直朝向自我之外的注意力拉回到自身。然后，告诉人们，我们所有执着的一切，不论是实在的自体，还是因为执着而产生的他者，都是无常，本来性空的，所以佛陀教导众生要观色阴无常，观五蕴无常。之后，只有在彻底理解了我们的生命本质的时候，才能回到所有的存在，包括我的存在，这样才能根本上破除执取他物为我的困境，从而达到“有无”之境，当然此境非美学之境而是真正的生命体验与智慧发展之境，因为此境是一种去除物我之分的自然状态，是最为真实的状态。

然后方可认识“无明”的来源。

站在现代诠释学的观点，破除执着“实”，不论是“我执”或“法执”，为的就是要解决主体和客体的分离。这样的分离会导致不论是自然还是社会的问题。从自然来看，由于我们过分地执着于自己，人类就会忽视自然中的所有生态状况，从而导致对自然的过分开发甚至掠夺，其结果致使整个自然生态的失衡，最终影响人类的生存和发展。这在世界各国历史均以得到多次证明。就人际而言，由于我们过分地将自己放在了不可动摇的地位，这就很容易造成自我的个体凸显，由此形成真正意义上的唯我独尊的态势，从而忽略他者的存在、他者利益和权利的存在，致使现实的人际关系趋向于紧张，甚至激化，导致维系社会平衡功能的缺失。从社会的角度观察，人的过分执着很容易形成个人至上的心态、个人中心化的心理，于是，人们对于社会的公共道德、公共利益、公共权益均会被个人的执着所遮蔽，从而破坏社会功能的正常发挥。

因此，佛陀对于人的生命形式的考察并非只是限制在我们现有的生活状态，他更深入地观察到了作为一种个人与全体的关系。这一层面的理解，我们可以从佛陀本人的事迹和理论中看到。

佛陀说五蕴、十二因缘时，所着重的是说明人生痛苦的原因，但是如果站在了脱的角度，“苦”也是虚妄的。这就是佛陀所说的“诸行无常”“诸法无我”。故而，需要了悟到诸种原因，从而达到“涅槃寂静”。对于“涅槃寂静”，固然必须从生死了脱，超越意义的层面去了解和证悟，但是我们还应该意识到，若只是局限于斯，就很难解答为何佛陀本人不在寂静的状态中安住，而要重新回到世间。因此从第三个法印来说，必然还有另外的寓意。

这层寓意，我们可从佛陀行道数十年，教化民众的史实中看到，即以了达生死的智慧，来慈悲救赎众生。而“智慧”和“慈悲”就是大乘佛法所崇尚的精神和境界。我们可以将这样的精神层面理解为现代意义的入世精神和积极态度。而这一“智慧”“慈悲”双运之真谛，在大乘佛法给予了崇高和殊胜的赞叹，正如《大般若经》云：

> 诸有情类于长夜中，其心常为四倒所倒，谓常想倒、心倒、见倒，若乐想倒、心倒、见倒，若我想倒、心倒、见倒，若净想倒、心

倒、见倒。我为如是诸有情故，应趣无上正等菩提，修诸菩萨摩诃萨行，证得无上大菩提时，为诸有情说无倒法，谓说生死无常、无乐、无我、无净，唯有涅槃寂静微妙，具足种种常、乐、我、净真实功德。

正因为有前面佛陀对于人生的深刻感知，才可能有此处所说的智慧。这种智慧是站在不分物我的状态下，对他者的态度。从哲学的角度观看，这样的态度是放弃了执着，不将主体的价值凌驾于他者之上，从而建立一种平等和谐的价值观。事实上，也只有在这样的前提下，人才可能以平等的眼光去尊重他者，并在行动上作为实践去履行。而恰恰是在平等的关联中实践、关怀他者才成为必然。当然，这样的关怀是理性的，是认识到主体和客体存在最本真意义后的关爱，从佛教的角度来说，它就是慈悲。

在佛陀的时代，大多数弟子都习惯于传统的远离修行，但是佛陀却告诉弟子们有六种法能令诸学精进不退，其中最重要、也是最前面的就是要从身、口、（意）心三个方面常常慈悲众生，爱护众生。对于这样的教导，我们不能只是从当时的境况去了解，而应该放到整个佛教的生命体系中去看待。按照佛陀的说法，世间的生命形式表现为四种，分别是化、湿、卵、胎生，而我们只是这一大结构生命系统中的一小部分，所以如何处理好自我与众生的关系就是非常重要的问题。

前面佛陀告知的智慧是要观色阴无常，五蕴皆空，即使人的生命也是如此。在此，佛陀的目的不是要我们去否定生命的价值和意义，不是对生命的漠视；正好相反，佛陀是处在崇敬生命、赞叹生命的觉悟上来对待之。因为万物都是无常的，所以自我和他者没有不同，这样从本质存在的层面上审视，自我和他者是完全一致的，我的生命和他者的生命是一样的，因此，生命是平等的。这就是佛教最为崇高的地方："众生平等"。当然这一平等的佛教之终极，恰恰在于佛性之平等，故而，《大般涅槃经》云：

善男子，一切众生虽有如是十二因缘或有未具，……从生乃至老死得具十二，色界众生无三种受、三种触、三种爱、无有老病，亦得名为具足十二。无色众生无色乃至无有老死，亦得名为具足十二。以定得故，故名众生平等具有十二因缘。善男子。佛性亦尔。一切众生定当得成阿耨多罗三藐三菩提故。是故我说一切众生悉有佛性。①

从平等中，我们应该行为的是慈悲。也就是关爱他者，如同关爱自己一般。如果从现代性的角度理解，慈悲的观念本质上反映了一种对于系统社会的总体价值的认同和确定。一个良性、健康的社会需要理想层面的价值支持和道德支持。这样的理想不但能作为感召的力量，更重要的是能成为影响其他价值的指标。因此，慈悲当作为广泛的价值被理解和吸收时，本身所具有的功能就不只是停留在个体层面，而是泛化到社会的大背景中影响其健康的发展。慈悲的观念体现了对社会成员的尊重和关怀，亦反映了对自然的敬意，从现代性的本质来说，慈悲表达的就是以人为本和可持续发展的理念，而这就是构成和谐社会不可或缺的条件。

因此，根据上面的分析和解读，我们应该认识到佛教作为中国文化的重要支柱，它所提供的具有传统意义和现代意义的精神资源，在客观上对于我们构建和谐社会是大有裨益的。而所谓的裨益就是说，不论是通过内在反省而回到本真，还是积极地以慈悲平等的理性去实践，通过现代诠释学的角度都可以被理解和运用。于是，二者便从内在的和外在的双重向度为社会提供了优化和谐的平衡机制。

① （宋）慧严等加译：《大涅槃经》，《大正藏》卷一二，第77页。

论佛教伦理学的时代意义

随着我国社会的全面进步，佛教文化所内涵的各种适于现代社会发展的积极因素，愈来愈成为人们关注的重点，其中佛教伦理思想所体现出的现实性、实践性和公共性等特点尤为明显，可以说佛教伦理思想是理解佛教具有现代性的重要方面。一方面佛教在积极地适应现代文明的发展规则；另一方面则通过自身丰富的思想、历史、文化底蕴，向现代社会提供着构建和谐的积极因素。从现实的经验层面看，研究佛教伦理学已经成为社会各界的一个热点问题，故而本文从佛教自身的资源出发，通过国家管理、道德建设和生命文化三个方面，分析佛教伦理思想所具有的现代意义。我们认为，对佛教伦理内容的分析和揭示，将为和谐社会的构建与完善提供有价值的裨益。

一　与国家管理协调的“圆融”伦理

佛教作为外来的宗教，一开始便以合作、圆融的态度与中国文化、民俗、政治进行着不同层面的对话，并最终使自己成为中国传统的一部分，这不得不谓是历史的伟绩。故而霍韬晦先生从义理的层面将中国佛教定义为即“绝对”即“圆融”的佛教，尤其是在实践上的“圆融”佛教。[①]所谓圆融，即是出世和入世的圆融，入世蕴含了从国家政治、生民经济，到个人修养的方方面面。

在对待国家政治时，中国的不少高僧们具有明确的政治意识。这是来自于佛教领导者们的一种自觉意识，即只有在国家政权的保护下，佛教才

① 霍韬晦：《现代佛学》，中国社会科学出版社 2003 年版，第 291 页。

能得到长足发展。诚如道安法师云："不依国主则法事难立。"① 高僧们常学贯中西，又心忧天下。其特别之处，除了学养、心量和德行之外，便是具有远见卓识的政治远见，他们漠视异诟，以苍生、信仰为己任，积极地采取与统治者合作的态度，为佛教获得国家统治者、黎民百姓和知识分子的支持、信仰和理解立下了汗马功劳。在佛教适应、融入中国文化环境的长期历程中，有识之士常常清醒地意识到，国家政权是不能忽视的，采取怎样的态度可能直接影响到佛教的发展（虽然也曾出现过佛教与政权的矛盾，但这仅是很短的过程）。因此，在对待世俗政权时，佛教领袖们常常采取合作的原则，而与统治者接触时主要运用了如下的政治策略。

1. *承认世俗政权的合理性，维护佛教的合法性。*佛教与政权的交涉中，曾达到极盛，被奉为国教，如南北朝时的石勒后赵，以及元朝。可是皇权至上的中央集权理念已经成为中国的基本政治形式，并且深入民心，故而高僧大德们仍然奉行尊重君权至上的原则。以玄奘大师与太宗的对答为例，可略观其质：玄奘谈到取经完满时，这样上表道："自陛下掘干符清四海，德笼九域仁被八区，淳风扇炎景之南，圣威振葱山之外，所以戎夷君长。……既赖天威故得往还无难。"② 文中讲自己的成功归于太宗的圣德，事实上表明自己遵从皇权和皇帝的态度。获得太宗的敬重后，为了能够让佛教事业得到国家的支持，玄奘曾三次上书请太宗为佛教翻译经典立序，"今经论初译为圣代新文，敢缘前义亦望曲垂神翰，题制一序赞扬宗极，冀冲言奥旨。"③ 并最终得到了太宗亲笔、太子李治复刻的《大唐圣教序》。此事虽仅是撰序，但无疑在政治和法律上取得了合法性，维护佛教自宫廷到民间的发展，这可从后来唐代长达百年的重佛活动得到史证。

2. *依凭世俗政权，劝诫统治者造福黎民。*历史上，佛教进入权力中心的事件并不少见。虽然不免会牵带卷入权力集团的斗争，但真正能够为百姓伸张权益的高僧大德并不少见。以佛图澄为例，他以神异的能力，折服后赵石勒、石虎二人，并进言道："夫王者德化洽于宇内。则四灵表

---

① （梁）慧皎：《高僧传》，《大正新修大藏经》卷50，第352页。

② （唐）彦悰：《大唐大慈恩寺三藏法师传》，《大正藏》卷50，第253页。

③ 同上书，第254页。

瑞。政弊道消则彗孛见于上。恒象着见休咎随行。斯乃古今之常征。天人之明诫。”故而，“凡应被诛余残。蒙其益者。十有八九。”① 在统治者草菅人命、杀人如毛的环境中，佛教领袖能够以己之长交结帝王，并劝进善策，使人民得到一时的安泰，这无疑体现了佛教入地狱度众生的慈悲观念。因此，后世践履此项原则的高僧辈出，这是佛教界济世苍生的一项政治理念，也是慈悲思想的政治延伸。

3. *身居高位，德表古今*。与政治接触，必拥有深厚的学养和高尚的道德，也就是说，佛教高僧们在借用政治手段时，必须以弘扬佛教和救度黎民为前提。而其基础就必具有崇高的道德感，实践道德的行为。所以，佛教史上因权力斗争而身败名裂的不在少数，可德昭古今的也为数众多。就天台智顗大师而论，面对隋晋王杨广多次延请出山时，以“勿以禅法见欺”“不责其规矩”“微欲传灯”、水石成性四个方面，从学识（禅法）、礼节（规矩）、理想（弘法）、个性（水石）的自谦作为出山的条件，在与政权交涉时保持了自己的高洁德行和远大誓愿。而正是如此德性，使智顗大师在不失佛家本色的状况下涉政，从而受到教内教外、官方民间的一致尊重。

依上文可知，高僧们的政治策略，体现了一种不违背佛理的圆融原则。对待世俗政权时，总是根源于慈悲济世、弘扬教法的佛教伦理原则。事实上，此一政治态势和实践的公认，正体现着佛教伦理在出世间层面，从纯粹的“应该”或“可能”走向了“是”的层面。即成功地将佛教最根本的“慈悲”“智慧”的道德理念，实施为适用的伦理原则。

这一适用伦理向度，在当代中国的和谐建设无疑具有重要的意义，即佛教如何与国家政治交涉的问题。自新中国成立以来，国家就提出宗教信仰自由、政权与宗教分离的政策。在这样优越的宗教政策之下，佛教的政治伦理天然就为国家政权统一做出了贡献；而在坚持国家统一的前提下，佛教领袖的行为准则，既以身作则引导信众们维护国家稳定，发展佛教信仰，这必然又为国家良好的政治环境提供了重要资源。

① （梁）慧皎：《高僧传·竺佛图澄传》，《大正藏》卷五〇，第383页。

二　与道德建设和步的“建构”伦理

方立天先生以宏观鸟瞰的高度，总结了佛教在中国体现的伦理特质。他认为，“去恶从善”“平等慈悲”“自利利他”是佛教伦理的三大原则；其下分别包含着五戒、十善、四摄、六度等具体德目；在中国则更结合儒家伦理加进了“仁道”“孝道”“政道”等思想。最终形成了独特的中国佛教伦理样式，不但在古代，而且在现代仍然具有重要的作用。[①] 可以说，方先生的研究为发掘佛教的现代价值做出了杰出的贡献。

借助此一成果，如果我们将视野放在佛教伦理功能的发挥方面，并且从帮助社会进步的角度探讨，则会发现其理论新的亮点，即“伦理建构”。佛教从印度传至中国，一直处于两种态势的发展：一方面，佛教体系已在印度完善，东传后主要是保持原样存在的问题；另一方面，佛家与中国传统文化碰撞后产生了新问题。恰恰是第二方面，即中国化的过程中，佛教提供了中国伦理建设的新思路和新方法。只是这里存在着两层主要区别，即精英佛教和大众佛教的差异。故而，当佛教伦理发生实际功能的时候，也会出现一定区别。

就精英层面来说，佛教伦理伴随着精英们的认识和研究，僧俗两界的理解和诠释，使之产生某种特有的精神气质。比较著名的，如魏晋玄学化佛学、宋明理学化佛学和近代佛学的变革。

魏晋时期，佛学家们以玄学“格义”佛学，在精神上会通老庄“虚括无为”，“逍遥无待”，创造了佛学家们特有的“清谈”个性。如著名的佛学家支道林“玄谈妙美。养马放鹤，优游山水。善草隶，文翰冠世。时尚《老》《庄》，而道林谈《逍遥游》，标揭新理。”[②] 虽然其行为与后世佛教不似，但是取符合当时的社会道德，即崇尚虚物忘己、游玄世外的精英生活模式，这就体现了无为逍遥的自由主义的道德取向。

---

① 方立天：《中国佛教哲学要义》（上），中国人民大学出版社 2002 年版，第 857 页。

② 汤用彤：《汉魏两晋南北朝佛教史》，石家庄：河北教育出版社 1996 年版，第 133 页。

宋明理学化的佛学，则主要是强势的儒学融摄判释佛学。[①] 虽然理学家们批判佛老，但亦出入佛老，并以儒家的道德规法来框架和取舍佛教的思想理论和修持方法，如阳明虽否定经过禅定方法可以致达“良知”，却并不完全否认禅定的实践意义，故说“日间功夫觉纷扰则静坐，觉懒看书则且看书，是亦因病而药。”[②] 可是这一客观条件，又反过来促使佛教一定程度地主动接受、吸纳儒家的道德理念，如佛家特别借用“孝道”的观念来诠释经典，“善事父母，谓奉养无方。服勤有道，孝之始也……凡是孝道，无不举行，孝之中也……现生父母。前生父母。历生父母。无不酬答。孝之终也。”[③]

近代面向世间的改良佛教，源自外国势力的侵入、传统文化的应激。佛教领导者们试图通过佛教救国，其主要特征除了建立实体性的产业之外，就是扩大佛教僧俗两界的人才培养和道德教化。最著名的当属太虚大师提出的“人生佛教”的观念，以“求人类生存发达”“大悲大智普为群众”、适应“现代科学化”[④] 三个重视现实人类的福祉为前提，发展佛教本具的慈悲智慧的道德原则，立足以个人道德修养实践个人与社会的现实生活，从而建立人间净土。此一思想经印顺法师、赵朴初先生等的提倡后，成为现代佛教的主流思想之一——“人间佛教”，并在当代得到星云大师、圣严大师等大德的实践与推行。

虽然以上史实挂一漏万，但却反映出精英层认识、实践佛教思想时，根据不同的形势为各个时代提供了多样的道德思考和道德实践、道德标准和道德理想，与其他中国古典思想汇流成一股强劲的道德传统，给予了现代道德建设积极的启发。

就大众层面来说，佛教主要通过宗教仪式，发生宗教行为和宗教义务的影响，从而产生独具的道德样式。

---

① 这里需要澄清的是，我们的研究是以社会功能的角度分析佛教，故虽然宋明时期佛教仍然拥有强大的发展态势，但是就精英们的道德意识的倾向而言，更多的是选择了儒家。因此，此条分析是从儒家的角度说明的。

② （明）王阳明著，吴光、钱明等编校：《王阳明全集》（上），上海：上海古籍出版社 1997 年版，第 11 页。

③ （明）袾宏：《净土资粮全集》，《大正藏》卷六一，第 6 页。

④ 太虚：《太虚集》，北京：中国社会科学出版社 1995 年版，第 227 页。

教界与世俗最大的联系，是通过“法会”的形式连接的。佛教存在着大量的早晚功课、忏悔法会、祈福法会、超度法会、盂兰盆会，以及形式多样的各种仪式性修持。可是其中最受人关注的无疑是“盂兰盆会”。因为佛教的生命关怀包括了生者与亡者，人与其他生命，所以“法会”的特质是以实体性的事务传达生者对亡者的祈愿，是联系可见者与不可见者的中枢。从哲学上看，“法会”涉及的是如何贯通“幽明”的关系，所以怀着对不可知世界的敬畏，“法会”具备了特殊的实践功能。而佛教与中国传统结合后，对祖先的祭祀被引入了佛教的法会仪式，同时做了将之符合孝道的理解，并配以佛教原有的布施饿鬼道众生的内容，形成了中国佛教最被大众关注的“法会”——盂兰盆会。①

盂兰盆会所依经典是《盂兰盆经》，但在与之相类似、并同样被重视的有《地藏王菩萨本愿经》《佛说父母恩重经》等。这些经典的故事多是讲述地狱众生如何受苦，而其原因又是生前行不善十业导致，尤其里面讲到不同主人公的父母怎样受罚，及最后被佛力所救的情节，都将佛教的因果报应、去恶从善的道理，融会到孝敬父母祖先，慈悲众生的思想中去，体现了一种佛教与传统文化的融合。

法会超越幽明的功能，劝善舍恶和布施慈悲的教化，提供了黎民大众最直观的（其实也是最超越的）道德教育。通过生动故事、宗教实践、敬畏未知的方式，使普通大众在心理上接受了杂糅的宗教，虽然其中不乏迷信的道德观念，但其道德教育形式，却成为了民间持续不断的道德源流。这同样是在构建现代道德时不可忽视的潜层伦理资源。

三 与生命文化对接的“多元”伦理

生命文化是国际主流文化的一个分支，在全球环境被严重破坏，科技创新进入基因改造等背景下，面对环境问题、生态问题、生命问题等，各门学科应对现实做出了相应的回答。在伦理学领域，对环境恶化的反思及人与自然关系的意识加强，形成了环境伦理学和生态伦理学，而在现代科

① ［日］土屋太佑：《盂兰盆文献所反映的中土民间信仰若干概念的变化》，《新国学》（第五卷），成都：巴蜀书社 2005 年版，第 189—213 页。

技潜在地伤害全人类的可能性下的思考，诞生了生命伦理学。他们所关注的核心就是“人类中心主义”是否合理，以及人类对科技应该采取怎样的态度问题。①

我国政府在时代的要求下，提出了“可持续发展”的思维。这一思路的提出，要求自然科学和人文科学做出合理的回答，这就使我国道德建设产生了与过去不同的新课题，即探究人类对待自身和环境，应在怎样的前提下方式合理，以及怎样去实践。

佛教无疑从实效性的角度证明了它特有的价值，并主要表现为：尊重生命的“多元”性，创造良好的生态系统；运用多元手段，治疗心理疾病。

首先，大宇宙观与良性的生态系统。一般来说，佛教圣地或者修行道场，香烟缭绕、鸟语花香、祥和静谧，给人以天人合一、自在泰然的感觉。其原因在于，佛教持有六道生命体系的大宇宙观，在此基础上人类应该以慈悲和平等的道德底线对待所有的生命形式。因此，在善待生命、和谐共处的理念下，产生的精神环境是清静安详的。

在佛教教理看来，生命形式表现为：地狱、饿鬼、畜牲、阿修罗（没有天神的福报的天神）、人、天等六道众生。六道的形成来自于无明，烦恼使众生造作善、恶业，故而尽管人、天是环境较好的众生，可六道众生会相互轮回转化，且佛教出于本性上说“众生皆有佛性”，所以六道都是平等的。既然平等，人就没有特权歧视、统治、伤害他界众生。又因为人道有苦有乐，故而最能激发自己的潜能，摆脱痛苦修行成佛，所以是最佳的一道，于是人更应该以慈悲的心态尊重、关爱他界众生。

从学术上看，佛教的大宇宙观体现了一种多元生命思考。但平等和慈悲又体现着以人类主体价值为主导的非人类中心主义。即佛家从根本上否定了将人类孤悬于万物之上的中心主义，批判了人类可以按照需要对自然进行任意取舍的霸权态度和行为。所以，佛教的态度是非人类中心主义的。但由于人类具有自觉、完全的能动性，因此佛教主张，在与万物互利的前提下，发挥人类的价值，并且以和谐的方式与自然、生灵共处，这一思想恰恰暗合了现代生态伦理的理念。

---

① 曾建：《生命科学哲学概论》，北京：科学出版社 2007 年版，第 240—242 页。

除了佛教的理论之外，僧俗信众将佛经中的净土理念，现实化为寺院的建设。根据《佛说阿弥陀经》的记载，“极乐”净土，即是“其国众生无有众苦，但受诸乐，故名极乐。”净土的整个规划和谐而优美，诚如经中描述的：“极乐国土，七重栏楯、七重罗网、七重行树，皆是四宝周匝围绕”；除此，极乐国土还有以金沙布地的七宝池，金、银、琉璃、玻璃镶嵌的四边阶道和亭台楼阁，更为神奇的是各种美妙的鸟，能够以悦耳的鸣叫歌唱佛教的道理，“昼夜六时出和雅音，其音演畅五根、五力、七菩提分、八圣道分如是等法。其土众生闻是音已，皆悉念佛、念法、念僧。”① 由此不难看出，佛教寺院对于信众来说，既是修行道场，也是净土世界，故而配合其宗教理想下的建筑格局亦呈现着人间极乐的理解。

而从生态伦理学的角度看，佛教寺院体现的极乐世界，最直观地展示了人与自然和谐的状态。佛经中提到的树、水、花、鸟、宝、佛乐，在寺院中都能够找到，其建筑尽量体现了融归自然的气息。事实上，佛教寺院同时承载着历史的积累和宗教的关怀，深刻地体现了佛教生态伦理的思考。因此，以上海玉佛寺发起，进行了“都市佛教”的研究，其中一个重要的环节，就是发掘寺院的建筑风格，为现代城乡建设提供可视的直观材料。

① （姚秦）鸠摩罗什译：《佛说阿弥陀经》，《大正藏》卷一二，第346—347页。

论人间佛教的社会层面

人间佛教是中国佛教的时代主题，这一概念为佛教走向世间、走向世界提供了理论和实践的方向。但是，究竟如何理解和推行这一理想，却存在着不少的观念差异。为此，有必要再次澄清两个重要问题：（1）人间佛教的定义；（2）佛教与现代性的关系。前者包含着对佛教相对于社会的角色之三层变化。后者则偏重于从现代性的某些重要问题，尤其是宗教领袖个体、宗教场所、现代传媒的影响力等方面，追问了佛教处于现代境遇中的自体适应和对应的困境和机遇。通过这两个问题的分析，本文预期揭示出某些中国佛教发展的现实性和当下性之特点。

人间佛教的思想源自于太虚大师的人生佛教，[①] 后被印顺大师和赵朴老所倡导。从基本的思路上看，主要是通过如何看待佛教智慧对人生的启发，以及如何发挥佛教对世俗世界积极贡献的角度，这两个重要层面促发出佛教在现代社会的正面价值、正能量。应该说，在当代中国，佛教在慈善资助、赈灾救济、净化人心、推行文化等工作上都做出了非常多的贡献。人间佛教的理念得到很好的实践和发展。

但是，在新时期佛教的发展过程中，却存在着不少被社会关注的舆论，比如公司化、人生背景、门户之争、宗教身份鉴定等。在传统社会，应该说这些问题都曾经以不同的方式存在过，但介于古代传媒力量无法与现代媲美，这些现象不会成为社会焦点的内容，所以类似现象记载于史书中仅作为观看者的资料。不过，既然这些相似现象被记录下来，那么说明

---

① 太虚大师以石破天惊的洞见指出，中国佛教曾经存在的巨大问题，是“死的佛教”和“鬼的佛教”，而指出佛教应该关注于“改善现实人生”。太虚大师实则将中国佛教精神中的普度众生之崇高理念，做了合于现代的转向，并依此定格了当代佛教的努力方向。太虚《太虚大师全书》第5册，台湾善导寺佛经流通处印行，第219页。

它们或者具有一定共性，是否能够完全解决就需要历史的检验。如果，与我们主题来看，这些问题本身都是世俗社会的事件，因为它的人间性，故佛教作为人间的一面，又是被大量思考者所警觉乃至批评的。

那么，面对佛教的努力和社会的评价具有较大反差的现象中，我们不得不再次思考“人间佛教”这一概念到底需要怎样的角度去理解？但是，这种思考不是去建构什么，而是提出哪些理论和现实是需要考量的，故而大师们和赵朴老的响亮号召，是必须坚定实践的，这是佛教的时代之生命。①

一 人间佛教、人间的佛教、佛教在人间

第一个问题看上去似乎是概念游戏，但要说明的是，人间佛教是大师和赵朴老的基本定义无须再讨论。人间的佛教，要说明佛教是作为被动的社会存在，也就是佛教不能脱离世俗社会，本身就具有社会属性中的万象，虽然有其独特性，但它始终是社会集体的一种表现而已。佛教在人间，则是佛教自身特殊性的发挥，即佛教在社会中以其能够具有的主体发起的，具有社会主体行为能力的种种功能。

人间的佛教，作为被动的社会存在者，必然需要以社会存在者的诸共性来考察。

首先，宽泛佛教概念下的种种存在形式。现代社会，佛教是一个大概念，从最直观的角度看，身穿佛教常规法衣、手持佛教基本念诵经本的个人或者社团，都被社会理解为佛教。可是，大概念之下，却呈现了多元化的存在。比如，寺院佛教、应赴僧、香花和尚、佛教道士、居士佛教等形态。寺院佛教，一般可说是有着明确寺院驻地，以寺院为宗教活动的主要场所，并具有传统佛教的戒律，被官方认可为佛教徒的佛教形式。寺院佛教最具代表性的就是具有寺院神圣空间，尤其为数不少的寺院本身就是历史文化名寺，或者建立于传统寺院旧址、遗址上的新寺院。这些寺院，往

① 在卢云峰等学者的调查下，中国当前的信仰中，佛教仍然是中国人信仰的最大宗教。（卢云峰等：《当代中国宗教状况报告——基于 GEPS（2012）调查数据》，转载自《宗教》人大复印资料，2014 年第 3 期，第 1 页）

往由于重要的历史价值和宗教价值，被政府管理部门和宗教管理者们所重视，其宗教神圣性常常以极强的辐射力引导某一片区的佛教信仰。对于寺院佛教具有传统与现实的宗教影响力，我们不妨将之称为正统佛教。

与之相对应的，我们称为民间佛教。[①] 从浙江、福建等江南地带的香花和尚、佛教道士，到西部、西南地区的应赴僧，与正统佛教有着大量相异的形式，即它的构成除了具有大佛教概念下的形式之外，更多的是以一种民间诉求的方式，展现出其内容的独特性为代表的类似正统佛教的民间佛教。[②] 民间佛教的承担者，在不少外在形式上，与正统佛教有很大的相似性，尤其在衣着服饰、科仪诵本，甚至某些地区具有悠久的传承性等方面。可是，民间佛教尤其关注，或只是关注于民间生活诉求的经济原则之特性，却支撑并使之与正统佛教分野。正统佛教所重视的戒律、精神价值取向在民间佛教那里都在不同程度上被消磨。所以民间佛教中出现的，以世俗生活样式与经济需求为取向，诸特点成为了佛教作为社会性存在的另外一种形态。

居士佛教，是佛教作为社会存在样式的另外一种重要类型。直观地看，它是非常“民间性”的。即居士佛教少有服装上的规定，少有固定的场所，甚至团体生活也不是必须的，宗教生活呈现出极强的个体性和固定团体的领域性，另外世俗生活也不成为严格的素质宗教生活的一部分。从这些角度看，它是非常“民间性”的。但是，如果以如上民间佛教的两个基本特点来观察，那么居士佛教就很难被规定是民间佛教。因为从居士佛教的传统与现实来看，居士尤其是社会精英意义下的居士，常常会表现出较强的独立性和个体性，是以解脱为目的，相对少有世俗化的宗教活

① 谭伟伦编著：《民间佛教研究》，北京：中华书局 2007 年版，第 7—12 页。谭先生指出，民间佛教至少可以分为地方佛教、宗派佛教和仪式佛教。这是非常具有启发性的观念。

② 民间，这个词的含义太过丰富，我们只能最简单的定义，即流行于民间，按照民间需求来展现或推销自己的存在形态。当然，如果要问有没有脱离开民间的佛教，我们认为并不存在，即使正统佛教也是民间的。但，正统佛教与民间佛教的区别，如果以民间的经济伦理（韦伯认为：“经济伦理所指的是行动——根植于宗教之心理的、事实的种种关联之中——的实践激活力。”《韦伯作品集》卷五，桂林：广西师范大学出版社 2004 年版，第 462 页。）来看的话，正统佛教具有某种主导范式的引导力，或者说某种精神价值意义的创造主导性，但是民间佛教似乎更多表现为按需供给之特色，如固定的红白喜事、斋醮禳解等。即使这一特色也具有数百年传统。不过，按需供给的经济原则，似乎在正统佛教中也并不少见。

动。但作为社会普通成员或大众成员的居士则不然，或者他们作为正统佛教的延伸，或者以某种朋友、亲友组合的团体。如果是作为延伸物，则宗教生活完全依附于正统佛教，但如果是相对独立团体，则表现为对自身团体的各种委身①。

其次，佛教在人间，强调佛教在社会中主动施与的一种能动力量。宽泛的佛教影响，应该是比较明显的。我们可以通过虚、实两个角度来观察。虚，是指佛教在精神价值的创造、塑造和引领的层面，所发挥的作用。实，则是指佛教以社会法人的身份，提供各种社会所需要的实务，济贫赈灾、医疗养老、教育交流等方面。但是，在如上的分析中，我们看到佛教内部的构成具有一定的复杂性，所以在发挥功能社会意义上，也会出现参差不齐的效果。应该说正统佛教，所具有的虚实力量是主要的。以精神观念为例，现代流行的生活禅，只有正统佛教才有力量引导信众实践，以救济赈灾、对外交流为例，则中国佛协，以及各大名山胜迹的寺院对社会的付出也是有目共睹的。至于民间佛教的样式，我们看到其走出传统的经济模式之力度，似乎并不显得太突出，反而一定程度上更加保守了作为民间丧葬等经济需求的样式，其社会影响力更多地表现为区域性、地域性、习俗性和私域性等特征。也就是说，民间佛教甚至甘愿作为一种历史信息和心理传统的保有者，从事传统职业式的运行和延续。每一个地区的民间佛教传统，都会被限制在该区域、地域的范围，成为一种民俗，并且在受众心理上，成为私域的事情，或者说成为仅仅是为了一个传统习惯而固定的延续传统事情，完全不需要将之推行到任何社会层面去拓展其社会功能。所以，民间佛教所具有社会功能，表现为极为民间和传统的特质。② 居士佛教，同样没有独立成为社会的法人，甚至在教界和学术界对于居士佛教的存在，都还在争论不休。虽然我们认为居士佛教可以构成佛教内部的重要组成部分，可是当涉及其作为佛教的社会功能时，居士佛教是否能够承担起社会的诉求呢？如果是精英型的居士或居士团体，我们会

① 关于委身理论，可以参考罗德尼·斯达克、罗杰尔·芬克著：《信仰的法则——解释宗教之人的方面》，杨凤岗译，北京：中国人民大学出版社 2004 年版，第 127—129 页。

② 事实上，民间佛教这一特质在持现代时尚观念的年轻人们，尤其是城镇年轻人们理解为是一种落后、迷信和过时的样式，这在客观上逼迫着民间佛教是否能够作为一种社会法人，而承担其社会责任。

发现其社会参与度也是有限的。一般来说，他们更多是依照某种佛教内部的修行理论，推行实践功夫或者形成具有一定文化生态的社团活动，但他们的生命实践是个体型的，影响力度也是较为局限的。至于作为正统佛教的延伸居士团体则基本是以僧团的活动为中心，基本不太有独立的作为，而游离于僧团之外的大众型的居士团体则仅仅体现为内部的各种宗教事务，基本不涉及任何公共事业，比如在民间流行的一些没有法师、只有老年居士的临终助念团，这很难说不是一种民间佛教的别样形态。

所以，从佛教与社会互动形式之下，具有功能主义路径来看，能够在实际意义发挥社会主体功效的，仍然是作为具有法人形象的正统佛教。当然，这里并非否定民间佛教和居士佛教作为同时构建佛教现代价值的社会意义，对于他们的研究同样是必须重视的。

二 人间佛教与现代性的纠葛

传统和现代，既包含着时间，又包含着性质。从时间上看，佛教蕴含着各种历史信息，这是佛教生命力得以传承的基因。但是在现代社会中，佛教已经被时代赋予各种时下的当代因素。那么，这些因素传统之间是否能够达到某种均衡，并使得佛教具有当代的特质呢？虽然看上去，讨论是否能够均衡可能为时过早，因为中国的近现代化也才不过百余年，但是，佛教在现代现象的压力下，却必须回应着其作为社会一分子的身份认定问题。

这一问题似乎可以简言之为佛教的现代性问题。

现代性一词充满着一种文化魅影，[①] 似乎很难用准确的定义去形容它。从西方思想家的探索，至少包含了其作为工业社会的资本主义背景，回归主体价值的崇尚自由主义的权利两个方面。从康德对现代性中急功近利的批判到回溯目的论期望，从尼采否定虚伪主义到个人幻境再到重拾人的生存价值的渴求，从韦伯指出工具理性狭隘的限制到追求价值理性的伦

① 佘碧平：《康德哲学与现代性论争》，《复旦学报》（社科版）2004 年第 4 期，第 63—72、77 页。该文清晰地梳理了西方现代性问题的重要争论之思路，有助于我们理解现代性中的关键性问题。

理反思，从马克思批判资本主义关系以新方式限制人的自由到诉求人类的全面解放，等等。现代性中所含的内容，无疑均指向了现代社会的经济商业化、政治的民主化、社会的公正化、个人的自由性、文化的多远化等。所以，无论从时间还是空间上看，佛教的现代性，必须是如上几方面的展现。但是，其中每一个问题都是非常困难的，在此，我们将从佛教柔性的角度，做出相应的讨论。[①] 具体而言，即分析讨论如下几个问题：卡里斯玛的现象、神圣寺院、人才培养、传媒话语。

卡里斯玛是韦伯提出的重要观念。他认为卡里斯玛是一种神秘的精神气质和能力，它是常常表现在巫术和宗教具有神秘仪式的个人身上，或者是巫师或者是具有先知型的宗教人物的内在气质中。但是卡里斯玛与所谓的迷狂或出神，不是一回事。卡里斯玛在巫师或先知那里甚至具有某种理性的特征，但是迷狂和出神恰恰是非理性的元素占主要部分。以此卡里斯玛和迷狂，在均呈现其超感官和超经验上的共同性之外，理性和非理性是一个非常关键的内在区别。那么，卡里斯玛的理性和超验是如何表现为一致性的呢？所谓理性，即拥有卡里斯玛的人物在具体技术或者抽象技术上的操作表现出理性。比如巫师的每一次巫术的实施，或者先知对罪的阐述与忏悔（基督教）、对痛苦的描述与解脱（佛教）等。在此基础上反映出理性原则的实施。而其超验性，则至少可理解为是一种被动的观感，或者对自己的相信。非理性，则是一种被操作的状态，或者是被充满的状态，迷狂之下的情形是不由自主的、无意识的、某种神秘力量的表达。

虽然卡里斯玛在概念史上属于古典宗教学理论的时代，但是这个问题却可以帮助我们部分理解佛教担当的现代压力的窗口。如果按照卡里斯玛的含义，佛教的大师或者某一方面的著名佛教人物应该都是具有这样特质的人物。从古今高僧传的记录中，我们看到高僧大德是历代佛教信仰者的渴求，但是正如南北朝时期已经出现了名僧和高僧之别的关注，高僧是指

---

① 柔性，是强调佛教从心灵、精神、文化等价值方面的解释。相对的是，刚性是强调政治、法律等角度。正如李向平先生提出的中国宗教不论是怎样的形式，都存在于国家信仰和民间信仰的格局中，而超社会的国家信仰具有特别强大的影响力，所以在此之下的民间信仰，乃至于个人的信仰反而呈现出一种自然和随意的特点。（李向平：《信仰是一种权力关系的建构——中国社会“新阳关系”的人类学分析》，转载自《宗教》人大复印资料，2012 年第 6 期，第 28 页。）但作为刚性的国家信仰之政治、经济、法律等方面在本文中将不再涉及。

在佛教事业上具有重大影响力的佛教领袖，而名僧仅仅是一种有名无实的佛教徒。高僧的卡里斯玛就在于因其佛教事业的卓越而给信徒足够的引导力和规范力。在宗教神圣性的意识之下，高僧会由此而被崇拜、被信任、被委身、被关注。在现代社会中，佛教最能体现其精神特质，首要即是高僧的形象。所以，高僧形象的梳理，乃至于高僧与信徒之间的互动，是其现代性展示的重要一面。那么，如何确立其话语方式，这在后文解释。但此处强调的是高僧的对应佛教事业的理性引导，唯独这样其卡里斯玛气质方可作为一种佛教现代性的重要标志。否则，迷狂和出神式的超验感受，会消解其理性作用。这在现实中并不难看到，即使是正统佛教团体中，常常听到和见到的佛教信仰之引导，是出神式的超验影响。这对于任何一个具有现代文化素质的认知者，理解和进入佛教都是很困难的。而一旦这样的迷狂作为佛教的主流向导和入门，其信众的现代意义就会严重降低。

在担当佛教现代性的层面，寺院是最为重要的神圣空间。[①] 这是正统佛教承担佛教现代性的优势所在。从古至今佛教丛林，就是佛教信众们之灵性归属和精神家园。我们可以将之理解为是整个佛教透过世俗、现实、器物，而构建和指向神圣境界的场所。寺院中庄严而具有历史的佛像群与建筑群、栽种和培植的各种花草植被、准时而肃穆的早晚课、纯净而悠长的清香和念诵、红黄灰黑的僧俗列行与游弋等，都在审美上构成一幅具有国画般的留白与空灵、圣洁与巍峨。在此种审美画卷所涌现的恰恰是占据心灵之中心的神圣空间。在寺院中神圣可以得到最为直观的体验和感悟。因此，寺院可以说是推行教义和教化信徒的绝佳空间。在寺院中，推进佛教的现代事业，如慈善、救济、文化教育等事业，理应成为佛家由神圣转向在世的一个时空隧道。但是，正如不少当代高僧和信徒们反对的，神圣空间正在丧失光芒。有不少寺院只有器物不见僧俗，甚至有些寺院越来越大，但却成为旅游场所，更有甚者在寺院中招摇撞骗的行为时有发生。这些现象的原因是多元的，但是其影响力却是相同的，即佛教寺院的神圣性

① 神圣空间，是伊利亚德的重要观点。他认为神显的力量可以将任何世俗的地方转化为神圣的场所。神圣空间可以“重复那个原初的神显，这个神显将这个地方标注出来，切断其与周围世俗空间的联系，从而使这个地方神圣化了”，“这种空间通过神显而变成一个永恒的神圣‘中心’。”（米尔恰·伊利亚德著：《神圣的存在——比较宗教的范型》，晏可佳等译，桂林：广西师范大学出版社2008年版，第347页。）

向在世转化时，中断了正常的纽带。其对于佛教信仰者的信心之危害是不言而喻的。

佛教的人才培养是整个佛教持续发展的关键。在佛教发展史上不难看出佛教的进步与保守都与人才塑造和培养密切相关。培养至少需要关注两个层次、两个结构。年轻人和老年人是两层，僧俗是两个结构。从各种调查可以看出，很多大学生被基督教传教者在学校传过福音，并因不断参加宗教社团活动而逐渐信仰基督教。在调查文件中，绝对数量的大学生是不太了解宗教的，在选择信仰时佛教虽然高居首位，但是这只是一种比较熟悉的文化而有所倾向。进入社会的年轻人，虽然选择佛教，但选择的是佛教作为心灵寄托、生死大事等传统意义上的信仰。而年轻人常常带有极强的批判性和监督性，对佛教现状也会做出批评。所以，在国家规定的宗教场所，对年轻信徒的教育和引导就显得比较关键。毕竟得到年轻人就等于得到了未来。另外一层直接的现实是实际的、稳定的从事佛教科仪和活动的主要是僧尼领导下的老年居士，尤其是以女性居士为多。然而，或者现代家庭格局逼迫老年人建造新的关系，或者因老年人信仰的渴望，或者家庭矛盾，或者身体健康等，使得老年人成为寺院主要人群。但是，就当代老年人文化程度来看，半文盲仍是大多数。那么，如何承担这主要人群的教育，就是非常重要的。因为主体人群决定着该社会生态基本样式。从积极的方面看，老年人成为人才其现实意义极为重大，其影响力也是透彻和深入的。但从一些消极的现实说，如果老年人陷入到迷狂或者出神的非理性追求与宣扬，就很容易损伤佛教社团本该具有的理性意义。毕竟，理性是现代思维的基本特征。

另外，佛教内部的僧才培养是紧迫的，但是困难却是巨大的。学习什么、怎样学习、学制如何设定等，都长期困扰着佛教教育。当然，这也一定程度上折射出教育学中的难题。从功利主义的角度看，学习的目的就是为了生活；依动机理论看，学习则是为了开发人的能力；以人格理论看，学习则是培养高尚和全面的人格；以目的理论看，学习就是依照某种社会的目的塑造社会所需之合格的社会成员，培养社会所需要的各种技能。根据当前中国教育主流思潮来看，功利主义仍然占据上风。大背景折射在佛教教育上，必然会带来挫折。因为，佛教内部的教育，是一种动机论和人格论式的。理想的僧才，应该是有着崇高的人格魅力、精湛的佛教理论、真实的实践功夫，甚至是能够处理世间各种事务的全才型人才。再现实一点，则是具有足够的魅力、娴熟的理论与功夫，或者偏于某一方面的专业人才。但是，这里均抽离了关于经济的考虑。这样，在面对各种出家僧众时，潜在的功利主义之影响，与教育理念之间矛盾，就导致佛教内部教育很难全面展开。虽然现在各省都有佛学院，但是真正具有影响力的却非常零星。而世俗层面的居士，却因为各自的专业能力之不同，实际意义的代理了某些本应该属于僧才施展专业的领域。如此，佛教教育，其现代意义下的演化，也是亟须探讨的。

现代传媒下的佛教话语，同样是进入现代性中需要强烈关注的问题。传媒和话语固然不是一个同等的概念，但是我们情愿将之联系在一起。传媒是一种手段，更是一种目的，话语则直接指向权利。传媒力量已经成为当代社会生活必然的部分。所谓足不出户可知天下，也是现代传媒手段，尤其是网络的出现才真正实现的。电视和广播一定程度退居二线。现代人们被传媒信息所覆盖，在此压力之下，人们感兴趣的事件，最常见的乃是兴趣所在、新奇所至。传媒的哲学意义至少表达为某种隐在话语的表达。话语的权利，可以是隐性的，也可是显在的。对于显在话语表达，更多的是一种观念形态，或者观念层面的规范，而隐性话语则是一种价值引导。价值判断、价值选择可说是隐性话语权利的展现，其力量是一种持续性的。从这个意义上说，佛教是完全被曝露在传媒之下的对象。人们的猎奇心理与价值判断，对来自于佛教内部的所有信息都具有某种审查的作用。从网络中报道的佛教一些需要甄别的事件中，我们不难看出传媒话语的辐射力。虽然佛教借助网络，实行音乐、教育、新闻等方面的扩展，有了一定的声音。但是，为什么在面临需要甄别的新闻事件之时，却缺乏强有力的话语，这是值得深思的。佛教进入现代社会，话语表达以及话语信任，是给社会和信徒必要的理解和信仰的方式，那么，如何在宗教政策的范围内建立佛教自身可以取信的话语模式，是需要探索的重要话题。①

① 安东尼·吉登斯：《社会学》（第4版），赵旭东等译，北京：北京大学出版社2004年版，第457页。吉登斯曾以传媒帝国来形容传媒力量及其话语权利在国际社会中的巨大影响力，是非常具有启发意义的。

三 总 结

这里可能呈现更多的只是一些现象式的思考和反思，并没有提出积极的建设意见。不过，我们却预期通过专注于佛教作为社会的层面，展示其在应对现代社会进程中诸多困难和机遇。虽然这里有些纸上谈兵，但真正需要做的仍然是实践，正如一句老话：“实践是检验真理的唯一标准”那样，空谈万言不如日行一事。毕竟，佛教处于宗教市场之份额，与其现代社会下的普遍要求是密不可分的。

论虚云佛学思想的现实意义

虚云法师是中国近代一位极具传奇色彩的佛教大师。除了殊胜禅定和健康高寿之外，他一人身居禅宗五家之祖，一生致力于复兴教法、世俗弘道、维护教产、重振祖庭等重大的宗教与社会实践，这种种影响力使得虚云老和尚（虚老），一定程度上成为现代禅宗，甚至是佛教的代表。[①]

如果仅就虚老的佛学思想上考察，从重视因果教化、致力戒律弘扬、融汇五宗教法、不废禅净密教等方面可以较好地把握其重要思想特征，并由此看到其现代价值之所在。

一 “深信因果”

强调因果的宗教意义，是虚老进行弘法教化和佛学修持的前提。“因果”，简单地说，就是因果轮回。不过虚老在说明因果时，更多的关注点是放在了何者谓因，以及为何要深明因果等问题上。

首先，“因”就是无明。虚老没有对无明做出直接的定义，而是从果的角度反说“因”的所指。“欲知前世因，今生受者是，欲知后世果，今生作者是”；“假使百千劫，所作业不亡。因缘会遇时，果报还自受”；“因地不真，果招迂曲”。[②] 这数句对佛经的印证，意在说明因果轮回是人类必然的法则，如今之果是过去之因所导致，如今之果又再次成为之因。之所以人类会存在各种苦难，追其根本都是过去的业因所造的恶果。因

---

① 于凌波：《中国近现代佛教人物志》，北京：宗教文化出版社 1995 年版，第 2—9 页。

② 虚云著，余晋、农汉才点校：《虚云老和尚法汇》（以下简称《法汇》），“禅堂开示：用功的入门方法”，合肥：黄山书社 2006 年版，第 156 页。

此，以因观果，果之恶，必是因恶所致。那么导致轮回的因是什么呢？虚老认为：

“《大乘起信论》云：‘无明不觉生三细，境界为缘长六粗。’‘粗’即可见诸事实之‘粗’相。目前世间之现象是贪、嗔、痴及杀、盗、淫种种恶业充满，由此恶业，因其流转受报，致有众生相续，世间相续（轮回）推此轮回之因，为心对外境迷执（无明）而起。”①

“要晓得世间万事如幻，人之一生，所作所为，实同蜂之酿蜜，蚕之作茧。吾人自一念之动，投入胞胎，既生以后，渐知分别人我，起贪嗔痴念。成年以后，渐与社会接触，凡所图谋，大概为以己谋利乐，为眷属积资财。终日孳孳，一生忙碌，到了结果，一起造了许多业障，其所结之恶果，与蜂之酿蜜何殊？而一生所作所为，造了许多业障，其所结之恶果，则挥之不去，又与蚕之自缚何异？到了最后镬汤炉炭，自堕三途。”②

按照《大乘起信论》的观点，虚老指出轮回之因存在内因和外因。所谓内因即一念无明，对外部境界的执着，而外因则是万事如幻。《起信论》中最根本的无明是“一念无明”，即本然清净的心，不知何故而妄动，于是便发生之后各种大小烦恼。虽然此处仍然没有说明到底何者为“无明”，但是由无明引发的恶因却表现出来了，即贪、嗔、痴、杀、盗、淫六种错误。这是虚老根据《起信论》在佛理层面的说明。从世俗的生动教化来看，虚老认为，世间一切都因为变化无常而本不应该发生任何的执着，可是由于人们没有认识到世间的虚幻本质，而实际发生了执着，并且发生在人的生命整个过程之中。人从出生开始就存在因为分别人、我而产生贪嗔痴的根本业障，并在成长后因为自己或者家庭的需要，忙碌流转，其间很可能会造作更多的错误身语意三业，并由此走向生死流变。

从佛理和世俗的角度，虚老力图阐明学佛之人首当坚信因果，但是需要对因果的问题有正确的认识，才可能真正帮助建立因果轮回的信仰。基于这样的思路，诠释因果问题自然就成为首要的重点。

其次，深识因果的意义。认识因果轮回的目的，是要正信佛法，这是首要的目标。除此之外，反观因果之源，又可促进生命从痛苦之中解脱出

① 《法汇》，“民国三十六年在香港东莲觉苑讲”，第138页。

② 《法汇》，“民国三十二年一月十七日在重庆慈云寺开示”，第128页。

来。人痛苦的原因就是无明所带来的诸多烦恼，烦恼就好似人的病痛，如果不除就会毁灭人的肌体。因此，一方面，借助轮回的信仰反思到痛苦的现实其实是过去之恶因所致；另一方面，更重要的是提醒当下并由此改变错误的行为，走向解脱之路。真正的解脱之路，也就是因相信正信佛法而实践自己的生命。第一步是观照到众生天然具有的宿业之病，贪、嗔、痴等惑业，由观照而发心出离痛苦，因此才会有修持戒、定、慧的金刚心，这样方可能解脱。故而，虚老指出："众生心有贪、嗔、痴三病，佛为说戒、定、慧三法治之。"[①] 第二步则可使众生反观自性而意识到众生与菩萨之佛性平等的道理。因为对因果的坚信和认识，能够使我们知道在先天的本然状态中，自性与菩萨一样是清静的，这就是"觉"，是"菩提心"。

事实上，由相信因果而引发的实践行为，第一步意味的是通过戒律来保障人生的善性，并为最终佛性的彰显而做必须的准备；第二步则指向了禅宗的修持法门，通过其宗门之法直接契悟本然佛性。

二 "严持戒律"

"戒是无上菩提之本。"[②] 这句话可以说是虚老一生教化的起点和重点，也是解脱的基础和根本。

首先，学习戒律的基本步骤。如果说相信因果是作为建立佛教信仰的初始，那么学习戒律则为实践佛教指导下朝向解脱迈出的第一步。虚老取《楞严经》语："摄心为戒，因戒生定，从定发慧"，并注释道："当知'摄心'二字具足戒、定、慧三无漏学，断除贪嗔痴，则诸恶不起，自能重善奉行。"[③] 经文提出"摄心"即为戒，此心当然是妄心，或者说错误的业识，这是从在心念或者意业的层面防止、杜绝任何由意业引发的错误行为。所以"摄心"之摄，是在根本上防治妄心的发动，正因为阻碍了其萌发，故事实上做好获得清静禅定与菩提智慧的准备，所以说"摄心"二字已经涵盖了戒、定、慧三学。这是理解修戒时的总方向——由"心"

---

① 《法汇》，"在广州佛教志德议院演讲"，第149页。

② 《法汇》，"禅堂开示——严持戒律"，第157页。

③ 《法汇》，"在澳门平安戏院开示归戒"，第146页。

入手。

在具体修持中，关键则要守住“五戒”。“五戒者，一杀戒、二盗戒、三淫戒、四妄语戒、五饮酒戒”，此五戒是“一切律义妙行善法，皆由此路故”，能“摄取无量众生故，成就无量功德故”。[①] 在虚老看来，五戒可以不单单修正错误的行为，而且因为五戒所行的善业而获得成就佛果的无量功德和资粮。其中，杀业可分为因口舌之欲而杀的“痴杀”，因恃强凌弱和贪图利益所行的“嗔杀”“慢杀”。戒杀就是要断除痴、嗔、慢业，否则必然因果相报。对此，虚老举琉璃王灭释迦种族的例子证明了杀业相报的可怕，当然最重要的是断了修行人的善根、障碍修行，并导向业果轮回。偷盗业，是贪爱获得利益而行的恶业，盗业之中最胜者是偷盗佛教、父母长者的财产，故盗戒实则所防的是贪业。淫戒，不但是出家人严防死守的戒，而且对于居士同样重要。虚老特别提出淫业除了粗大的淫欲和邪淫之外，还有细微的绮语等业。妄语的实质，是贪求名利，诓骗世人，其果报甚至堕入地狱，所以妄语戒要求“信用自足”，不贪世间。最后的饮酒，容易使人迷失本性，故戒除之义同样重要。

不难看出，虚老对戒律的教化，展现出戒律所对的烦恼、烦恼的负面功效以及践行五戒的真实意义。而知晓并实证戒律，这本身就在增进修行者的功德，“戒为持身之本，成佛之基。单精于持戒，不修余门，可以成佛。若修余门，不持戒律，则事倍而功不半。”[②]

其次，学习戒律的殊胜功能。戒律在具体的实践过程中，包含了身行、语行、意行三方面的全面、立体的规范，它本身即体现着一个独立的修持方面。可是，虚老不仅仅重视这方面的意义，更重要的是他将戒律融会到禅、律、密、净等诸宗的实证中去。正是在此意义上说，戒律是一切的根本。

不过，虚老站在宗学的角度对戒律给予了理解。他认为戒律对于上根利器的修行与一般的众生不一样，“六祖说‘心平何劳持戒’，是为最上根说。上根利器，一闻通道法，行解相应，如香象过河，截留而过，善相

---

① 《法汇》，“在澳门平安戏院开示归戒”，第 144 页。

② 《法汇》，“教习学生规约”，第 301 页。

且无，何有于恶?”① 这里强调的上根利器比较偏重于从智慧上说明。由于上根之人能够在智慧上直接通达佛性，性净圆明，因此已然贯通世俗意义上的善、恶之相，并且起念动作都是在不二的清静心之中，已经超脱了依靠具体轨则规范身、语、意三业的阶段，而是在智慧圆通的境界下修行。虽然虚老没有明确说上根之人是何者，但是其引用六祖的话语，却清晰地证明了能够真正符合禅宗修持条件的实践者，就是上根利器。就在此一条件下，真正能实证禅法者，其实就可不再执着戒律了。

当然并不是说虚老轻视其他宗派，他对戒律的看法实则道出两个层面的所指：一者，说明戒律并不是究竟，所谓究竟是通过禅的修证回归本性，“当体无作”。但这始终是少数。二者，更多的是普通之人，就普通者而言，无法知晓世间万法如幻、生佛本来平等，故而在修行过程中会采取不同的方法，或净，或密，或禅，或戒，这修持不同的方法中，戒律是通法、是根本法、是起始法。这样戒律因其具备普遍性而拥有殊胜的功德，而修行戒律本身在修持大功德的过程中，更拥有了辅助、促进其他方法修行的重要价值。所以“修学者，必须依佛戒，戒为无上菩提本，如依佛戒，则不论参禅、念佛、讲经，无一不是佛法；若离佛戒，纵参禅、念佛、讲经，亦与佛法相违，入于外道。”②

三　参禅悟道

从宗门传统看，参禅本需要最上乘的根器。对于一般根性的学者，又该如何行为呢？虚老提出建立佛教正信是首要，严持清静戒律是根本，之后学习参禅方可入本心。在此，参禅是最后，也是最深的方法。身兼禅宗五支法脉的虚老，结合自身证悟和传统方法，展现了一套系统、现代的修行要旨。

首先，继承传统的教学方法，由“禅”而入“法”。在虚老的诗文、禅堂法语之中，常有生动的机锋、棒喝、文字等形式的教法。法眼文益曾对曹洞、临济、云门、沩仰诸宗评价道：“曹洞则敲唱为用。临济则互换

① 《法汇》，“在广州联义社演说”，第148页。.

② 《法汇》，“民国三十六年在香港东莲觉苑讲”，第139页。

为机。云门则函盖截流。沩仰则方圆默契。”① 对此，吕澂先生曾做了相近而简约的说明：曹洞以偏正回互的五位法来说明事和理的关系；临济以主宾的四料简阐述理事；云门以函盖论理，以截留说事；沩仰则画方诠事，画圆代理。②

虚老的教法灵活多变，往往融合禅门诸宗的公案教导弟子，这种境界不但来源于自身修证的成功，而且来自于本身对教法精到、准确的理解和运用。现就举出临济法门中的“三玄三要”以资说明。

“三玄三要”是给予参悟者进入禅修境界的引导，为汾阳善昭（947—1024）所倡：“第一玄，照用一时全，七星常灿烂，万里绝尘烟；第二玄，钩锥利似尖，拟拟穿腮过，裂面倚双肩；第三玄，妙用且方圆，随机明事理，万法体中全。第一要，根境俱亡绝朕兆，山崩海竭洒扬尘，荡尽寒灰始为妙；第二要，钩锥察辨呈巧妙，纵去夺来掣电机，透匣七星光晃耀；第三要，不用垂钩不下钩，临机一曲楚歌声，闻了尽皆悉返照。”③ 第一玄，指万法一如；第二玄，分别人我、事理；第三玄，解释理事圆融。第一要，指参禅无我的境界；第二要，进一步破除无我，自性渐渐显露；第三要，证悟到本来自性、十方圆明。前三玄重在诠释禅理，后三要指向实证境界的指导。

虚老的法语也有数则解释“三玄三要”的记录：“问（僧徒）：‘如何是第一玄？’云（虚云）：‘夜半波斯跳上天。’问：‘如何是第二玄？’云：‘碧眼胡僧两耳穿。’问：‘如何是第三玄？’云：‘风吹柳絮卷寒烟。’问：‘如何是第一要？’云：‘孤峰顶上红轮跳。’问：‘如何是第二要？’云：‘雪里寒梅通一窍。’问：‘如何是第三要？’云：‘一句明明无巧妙。’”④ 第一玄，波斯胡僧是人，却能跳上天，表示物我无别；第二玄，波斯僧的两耳分开，代表事物存在两边，理与事具有差别；第三玄，风、柳絮、烟合为一体，理事圆融。第一要，孤峰已经无物可待，只有代表将要显现的清静自心红轮跳动；第二要，雪里寒梅代表修行的艰辛，通一窍则说明自心已经呈现；第三要，言语道断，只有自心十方圆明无碍，

---

① 文益：《宗门十规论》，《大正藏》卷六三，第37页。

② 吕澂：《中国佛学源流略讲》，北京：中华书局2002年版，第244—245页。

③ 《汾阳无德禅师语录》，《大正藏》卷四七，第628页。

④ 《法汇》，“佛成道日上堂法语”，第14页。

最终开悟。以此观之，虚老利用公案进行的开示，可谓恰如其分、精确无误，对于学人参禅理、证自性提供了津梁。

其次，运用现代白话语，解密了禅宗修持的关键，由此建立了现代禅修的体系。这一资源主要集中在“禅堂开示”的文献中。[①] 虚老认为禅修是一个立体的生命实践，是实现解脱的实践。修禅可以说体现了方法上和智慧上最高的层面，但是之前仍然需要各种其他的修持作为基础和补益。所以“禅堂开示”由浅入深，揭示了修禅的十三个要诀：用功的入门方法—严持戒律—坚固信心—决定行门—参禅的方法—坐禅须知—用功下手—话头与疑情—照顾话头与反闻自性—生死心切与发长远心—用功两种难易—参禅警语—修与不修。综合起来看，涉及的方面概括为两个内容：（1）参禅之准备；（2）参禅之方法和目的。

所谓参禅的准备，就是要深信因果、严持戒律、坚固修佛信心，以及选择修持法门，这一准备也可作为所有修持的前提。作为参禅来说，重要的是后面的开示，这可说是虚老对禅宗修持境界之秘密的重要开显。

参禅需要认识“宾主”，就是说要知道主是真心，宾是客尘，初学者有了这样的认识，方不会为客尘所牵动，能够始终系念于真心之上。这里的认识不仅在“理”上，还意味着“行”的开始。然后进入下一阶段，即话头和疑情。疑情是话头的辅助，疑情是细微的念头，比如念佛时，轻轻地观照所念对象是什么、念者是谁。有了疑情时，就观话头，如观“念佛是谁”，但不是观这四个字，而是直接观看这四个字的念头之前的状态。这种观照长期行进最后必能达到开悟显性的境界。

不过在参禅时，虚老特别严厉地揭示其中的困难与危险：首先，初学之人和长行之人的困难。初学者难在各种业障和烦恼遮蔽，难以集中精力突破玄关；长行者难在长期参悟，因习惯于过去的境界和状态，而沉溺不起，无法再进一步。这两种困难都会导致修行者信心倒退，道业残损。其次，修行人需要开悟是自性圆明，不论初学或长行之人都可能执着于某种境界或者沉溺于某种境像而产生错悟的追求，比如神通或者美好、恐怖的境界，所以虚老特别说“要知这都是魔，着即成病”。[②]

① 《法汇》，“禅堂开示——严持戒律”，第155—169页。

② 同上书，第167页。

由此可见，虚老对于参禅的要旨全面而详尽，包纳了理与行、学与修、易与难等方面，展现出了一个容易理解而又深刻周密的修行体系。

四 融汇诸宗

在中国的近代，佛教复兴是一项大事因缘。教典的回归，促成了佛学研究的欣欣向荣，以及佛教修证的满园春色。虚老作为一位当世高僧，站在历史高点审视佛教的发展，看到佛教内部的各宗派已经很难成为各自独立的力量来复兴佛教，唯一的方法是兼容诸家方法，融会贯通方有希望。所以虚老的佛学思想呈现出以禅学作为主体，兼修各家的指归津要。

总的来看，虚老始终坚持“禅者，净中之禅；净者，禅中之净，禅与净，本相辅而行”，这一观念涉及的是禅宗的参悟和净宗的念佛。戒律，是诸家之根本，已经内涵其中；而密宗则谈论较少，仅从其为佛教之解脱法门强调了重要性。所以，我们将在此一部分专论禅与净的融合。

“东西佛诚实言，南北佛诚实有，上下佛诚实言，为我护念见此佛；过去心不可得，现在心不可得，未来心不可得，问君买饼点和心?”[①] 此诗前半阕说念佛可以真实不虚，只要认真念佛，净土就可显现于六合；下半阕则说禅观心“本”无相，就如饼本无心，妄自点心，此所点之心即着相之心就非真心。两阕合一，就是讲念佛即是参禅，念到生佛平等，归性不二；参禅就是念佛，参出真心无相，唯心净土。由此可见念佛和参禅在用功方法上可以会通。

所谓用功方法，就是话头和疑情。虚老认为念“阿弥陀佛”时，首当发起细微的清静之怀疑即疑情，观谁在念佛，而且要随时随地，只是观照这个所发疑情，如流水一样延绵不绝，不生二念。达到这一境界后，就可以参“阿弥陀佛”的话头了。“阿弥陀佛”本身并非话头，而是话尾，所谓的话头是“阿弥陀佛”一念未生之前的状态。通过长期禅观，就可达到“这一念未生之际，叫作不生；不掉举、不昏沉、不着静、不落空，叫作不灭。时时刻刻，单单的的，一念回光返照，这‘不生不灭’，就叫

① 《法汇》，“复韬公老法师”，第177页。

作看话头或者照顾话头。”[①] 对于虚老来说，念佛仅仅是念佛，很容易就落入枯木石头，念佛应该提起明觉，参悟念佛者是谁，这个“谁”实则就是圆明本心、清静本性。从宗门的角度看，机锋也好，话头也罢，回归“明心见性”、真心真性就可以达到佛的境界，因为众生和佛，都具有平等的佛性。

除了以参禅方法来解释念佛之外，念佛的意义也被给予了高度的重视。三界如火宅，人生若嘘唏，人的生命实质上总是处于生老病死等苦痛的无常变动之中，这是虚老的基本观点。尤其面对晚清以来到民国政府，国家的破败和民生的凋敝，有着坚定佛教信仰的虚云大师，深感人生的痛苦，甚至人在苦中不觉其苦的可悲，于是凝重地规劝世人，“老者光阴有限，时不待人，若不修省，转眼就是来生……是老者所当念佛也。少者岁月深长，前程远大，若不修省，则少年夭折者，不知凡几……所以少者当念佛也。”[②] 在虚老看来，世间之人根性契合禅宗者少，普通根器者多，所以通过念佛法门解脱人生的痛苦，是最方便的入门手段，这也是净土修行的重要性所在。

五　结　语

虽然虚云老和尚身处宗门，但是他并不狭隘地将教学、教行、教化局限于中，而是以一种开阔的、现代的观念接纳、恢复、发扬着佛教各家的思想，并使之在宗门内外、教门与世俗之中实践和传播，与其他佛教大师一同汇入了近现代佛教复兴的大潮。

---

① 《法汇》，“禅堂开示——话头与疑情”，第160页。

② 《法汇》，“因博弈有感寄劝念佛”，第276页。

论方立天佛学研究的三个时代特质

方立天先生（1933—2014），是当代中国著名的佛教哲学家、宗教学家，他在佛学领域的贡献巨大，其佛学研究的水平代表了当代中国佛教研究领域的国际水准，故而对方先生思想本身的研究成为了时代的课题。

诚如方先生一直强调的，他的佛学研究是以一种历史和逻辑的辩证统一方式呈现的，既重视佛学的概念性体系的建构，又时刻保持着佛教发展的历史真实。通过创造性的诠释，最大可能地展现、挖掘了佛教，尤其是中国佛教发展的某种“精神现象”和逻辑规律。为了能够较为全面地分析方先生的思想，我们将从如下三个方面开展研究：（1）概念体系；（2）历史哲学；（3）比较诠释。

通过如上探索，我们将试图呈现出，方先生佛学研究中所透露出的哲学家式的学术特质。

一　佛教概念体系之建构

从古至今佛学素为难治，其原因固然很多，但名相概念的庞大和深奥，是让众人望而却步的主要原因。为了给学人一种方便之法，不论古人还是今人，都对佛学概念给予大量的整理和研究。如印度大小乘之法相学系列、中国早期禅数学等，乃至近代中国佛学家们编纂的大型佛学词典。这些作品或者以佛学思想体系的文本方式呈现，或者以辞书类典籍的样式存在。对于研究者而言，仍是敷陈繁复，难以窥见佛学之思想内核。

方先生的佛学研究中，对概念的选择、体系之设计，可谓是最突出的特点。他认为，“佛教哲学既是对客观存在的一种反映，也是对社会存在的一种反映，也就是说，他既属于认识的范围，又属于社会意识形态。”①《佛教哲学》《中国佛教哲学要义》等著作，让人最直观的感受，即佛教之名相概念的庞大而有序、古典而现代。

所谓庞大有序，即观照研究对象的历史到文本，再到思想，并以思想作为主体的构成。“中国佛教哲学是整个佛教的一个分支，也是中国哲学的一个分支。研究中国佛教哲学的基本使命是，以历代中国佛教学者与宗派的重要著作和思想为对象，阐明中国佛教哲学思想的重要命题、基本内容、源流演变和发展规律，以及理论思维的经验教训。”② 从作品的思路来看，佛教研究不能离开历史，以及文本，因为佛教作为一种文化和社会现象，从其出现到现代，首先是作为历史和社会存在而存在的。而文本是记录整个历史的载体和工具，如何去理解、选择怎样的方式去理解、理解是否经得住时间考验，都需要文本，文本是历史反映和现实的依据。但是，从先生的创作意图来看，似乎历史和文本固然重要，但它们在先生的思考中，仅作为一种前件、前提式的重要性而存在，本身不能充分开澄出佛教哲学最为深邃的本质。这就需要依靠对佛教概念本身的梳理和解析。所以，以哲学的进路来研究佛教，就成为整个学术的主线和中心。但是，佛教概念浩如烟海，选择怎样的一些概念，这是一个具有挑战性、甚至具有某种“危险性”的工作。最终，先生长期的研究成果，总结出了宇宙、人生、实践等重大的概念群，经过理论自身的实践，证明其开拓性和创造性的价值。

所谓古典现代，是指方先生的研究寄托于古代的文献，却借助于现代的诠释话语进行佛学探讨。所以在方法上，要侧重于：“运用现代语言诠释佛教哲学的术语、概念和范畴，界定其意义，解说其思想。”③ 从佛教哲学和要义来看，宇宙论等大型的篇目编辑，都是现代意义的哲学概念，但是每一篇篇目所讨论的问题，则全部是佛教典籍中的古典名相和术语。另外，更应该看到，在诠释的意义上，方先生主动借用了符合当时思考的具体语词和含义，特别避开使用佛教内部概念进行自证式的解释。比如，

① 《方立天文集》（以下简称《文集》）卷四，北京：中国人民大学出版社 2012 年版，第 10 页。

② 《文集》卷五（上），第 6—7 页。

③ 同上书，第 13 页。

在20世纪80年代时期，先生主要使用辩证法、主客观分类法的解释，让佛教思想被时人所接受，并被熟知。但是到了后期，则渐渐避免了主客、辩证等分析方式，而是直接用一种更为直观、更为原本的方式阐述佛教的体系。这样，佛教概念更因简易明了而展现出其内在的逻辑性。除了上面的特点之外，先生的研究体系始终贯彻着一种诠释学的特征，即只要遇到佛教中难以理解的含义和概念，都需要在原文之下做出解释，如此佛教的思想直接被现代化，无论是普通的读者，还是专业的研究者，均因此而明白佛教自身的含义，更能从现代化的解释中寻到整个哲学体系的内在联系和互动。

当然，佛教哲学体系的建构不是一蹴而就的，从先生的研究理路观察，大概经历了《法藏与〈金狮子章〉》《佛教哲学》《中国佛教哲学要义》的历程。在《金狮子章》中，设计的内容包含了义理史观、宇宙论、人生论和认识论等重要哲学的部分，其中宇宙论中分出生成论、圆融论和本体论。在《佛教哲学》中则以人生论、宇宙论、认识论为主体，其中宇宙论更扩张为要素论、结构论、生成论和本体论。在“要义”中，总体上划分成人生论、人性论、宇宙论、实践论四个部分，认识论被区分为禅修、真理、语言、直觉等具体项目。

从体系的设想和变动中，我们发现，人生论始终被给予高度的关注，并最终在“要义”中被安排在第一位。宇宙论的变化较小。最大的变化，是一直被定义为认识论的部分，最终在“要义”中被修改为“实践论”，并且将之前的认识论中的内容，细化为现代意义上的认知系统。我们认为这样的改变是表达了先生哲学体系的建设和完成是一个发展的过程，体现出对中国佛教渐深、渐全的关怀。

按照先生的理解，人生论是成佛理论最基础的部分，关涉到中国人理解现实世界与超越世界、生与死、众生与觉者的核心。尤其，关于灵魂、“佛”和佛世界的认识是佛教本身存在合法性的问题，所以历史上对人生论的争执与理解，决定了中国人吸收和改造自身精神世界时所体现出的独具特点和取向。一定程度可以说，人生论的存在，是中国佛教哲学后世发展的根本前提，由此发展的相关理论体系终将异于印度佛学。所以人生论哲学的研究，是放于首要的。心性论追问的是佛学成佛只可能的不同诠释。在中国哲学的背景下，心性论逐渐发展出与印度心性论不同的性质。

中国佛教心性论受到儒道的影响，选择了性善论作为基本立论，以思想史的角度看，历史最后以华严和禅宗作为中国佛教哲学贯彻首尾的宗派，所以展示心性论在思想史上的选择和变迁，可以证明其作为“中国”特色的标志。宇宙论，是佛教对世界的看法，其中包含了自然哲学和形而上学的全面讨论。自然哲学讨论的是自然的、经验层面的哲学问题，形而上学则分析的是思维领域中的哲学问题。最后，认识论或者实践论则是佛教修行实践理论中所带出的相关问题研究。方先生从早期的认识论改变为实践论，反映了他看待佛教角度上的某种变化，即佛教是一种生命的学问，追寻的是人生哲学的终极问题，所以作为研究单纯认知体系的角度去分析，无法全面显示佛教实践的全部。先生用实践论代替认识论，一则体现了对生命实践方式的研究给予足够重视，另外，仍然保持着佛教在认识论层面所讨论的重要观点，如真理、语言等。

由此一概念体系的建构，我们不难看出，其中是有内在关联的，即佛教哲学起于对人生现实的追问和反思，终于通过实践来践行生命的价值和意义。其中贯穿的人性和宇宙，是佛教对人和自然的理解，这是确保佛教哲学体系完整的必要环节。

二　佛教历史哲学之演绎

纵观方先生的研究体系，其中透露着深厚的历史哲学的思考与运用。历史哲学，从古典意义上说，是指对历史学，乃至于历史学方式下编撰的、对人类历史事件集的哲学思考或者反思活动。如科林伍德所说，历史学“是思想的一种特殊形式。果真是这样，对这种思想形式的性质、对象、方法和价值的各种问题，就必须由两种资格的人来加以回答”，一个是历史学家，另外一个是哲学家。[①] 历史哲学，固然表现为一种学科的特点，但是它作为工具意义的功能，却被方先生熟练地运用。

佛教的历史二千五百余年，如何选择研究入手处在一定程度上决定了研究的整个风格，以及学术影响的强度。这一主线在先生的佛学研究中，始终潜在驱动着其学术生涯的发展和绵延。

---

① ［英］科林伍德：《历史的观念》，何兆武译，北京：商务印书馆2007年版，第34—35页。

20 世纪的中国学界，影响力强劲的佛教研究专著不在少数。汤用彤、吕澂二位先生和印顺大师均有具有世界影响的作品。三位前贤的佛教研究，都重视研究和还原出历史史料所反映的真实原始。或如汤氏揭发学派和人物关系，或如吕氏重于佛教通史和史料的组建和分析，或如印顺大师偏于印度佛教传统之研究和三藏经典的讲解，这些作品一定程度上均在概念问题的分解和逻辑联系上，存在解释意义的缺憾。而任继愈先生和郭鹏先生也都有佛教断代史的研究，其特点是展现了佛教重要的史料来源，但仍然缺乏作为思想史、概念史意义上的内在逻辑的研究。基于长期的专研，方先生清晰地意识到前辈作品中留下的空白，所以，从一开始他就将学术的取向放在了以哲学反思历史的角度之上，并由此开出了一代新风。

方先生关于佛教史的理解，是以概念为进路的，体现出哲学史或者概念史的学术特点。在其体系中，印度佛教和中国佛教的历史事件仅仅作为背景，不再是主要对象，佛教名相之本身、名相概念之发展、名相概念之联系成为研究的主题。

佛教概念存在着逻辑的发展。逻辑，即在概念自身内涵的扩充或缩减、变化或转型；发展，则是概念历史的方式存在，它的出现、演变无一不是在历史中完成的。逻辑的发展，于是需要哲学的反思，通过反思而呈现出一种同时兼备思想和时间的文本样式。那么，什么样的概念可以反映佛教最核心的发展呢？

诚如上文所论，方先生以为人生哲学、心性哲学、宇宙哲学、实践哲学，能够最大限度地反映出中国佛教哲学独特的演进。中国佛教的历史，正是以一种恢宏的篇幅和深邃的探寻回答了这些问题。佛教自汉晋进入中国，体现了附属方术、道法的专注养生超绝的一面；魏晋南北朝与传统儒学、玄学的竞争和辩论后，进入到了独立彰显佛教关于人性、宇宙、生死等重大问题的回应之中；隋唐宗派的形成，佛教被导入了全面建构中国特色的理论派别，成为了以中国哲学建构的佛教体系，对人生、宇宙、实践的探讨成为了各家立论的主要据点，宋以后禅宗更加开辟出了以独特语言观下行程的佛教理论，但讨论的方式和重点仍不离隋唐所奠定的基础。以早期中国佛教大师的代表言论而言，慧远重解脱、僧肇谈般若、道生论佛性、智者立性具、法藏说性起、慧能创真心等，这些历史人物是历史事件的当事人，他们总结和建立的核心理论，是断代史佛教中的精神之实质，而联系所成的历史思想，恰恰成为了中国佛教思想的演变和迁流。站在现代人的角度去反思，方先生认为无论作为个案的佛教人事，还是整个文献，以这三方面去观待，体现了提纲挈领的价值，而正如我们之上分析的，这是符合逻辑和历史发展之特质的。

在方先生看来，中国佛教的哲学被内化在各个历史时期和历史事件中，寻找当时思想的精粹所在，乃至当时精神实质之所在。乃是佛教哲学作为历史展现的必然要求。那么，什么内容可以纳入这一精神现象的揭示呢？

除了单纯概念的陈述之外，就是人物和流派的研究了。从《佛教哲学》到“要义”的选择取向中，道安、慧远、道生、僧肇、智者、法藏、玄奘、慧能等人，以及天台、华严、禅宗等宗派被频频研究。

魏晋时期时局动荡，导致了人们对于生存的困惑，传统的儒道思想均趋向于玄虚思想，佛学以一种异质但丰富的思想吸引了部分知识分子，为人生存在方式、人生意义和超越世界的价值等方面的思考带来了新的血液。所以，处于魏晋南北朝时期的般若学得到极大的兴盛。学术的兴盛，必然是以代表人物和思想的出现为指向的。道安、慧远、道生、僧肇都是般若学最具代表性的人物，他们从初步吸收到完全理解，乃至正名式地批判，透露出了般若学在构筑中国佛教哲学的逻辑前提。另外，与般若学同时被关注的是来自于中国传统固有思维方式的新变化，即生佛关系，或者凡圣关系。这是人性论在魏晋南北朝佛学的重大变形。佛性、法性、众生性等问题的提出，被作为后世理解佛教的基础概念。

隋唐时代国家的统一，要求学术的大一统。所以隋唐最具代表性的是天台、华严、唯识和禅宗。天台宗和华严宗的两位宗师：智者与法藏。他们的佛学思想涵盖了人生观、佛性观、宇宙观、世界观、判教论、认知论等，内容几乎总结了所有魏晋南北朝时期讨论的佛学主题，展现了隋唐时期佛教哲学登峰造极的成就，其中国化的特色也最终被奠定。唯识学和玄奘被重视，则主要表现在其知识论、认识论上具有某种近代学术启发性的价值，以及其极端的背离中国人性论取向而带来的负面意义，因此而被历史所淡化。但是思想结构的精严却成为辅助诠释古典佛教哲学名相的重要参考。禅宗和慧能以及之后的法嗣，也成为中国佛教精神的代表，因为他（它）们崇尚的一心，体现了中国古典佛教哲学的最后形式。禅宗以一心综摄了儒家和道家的思想成就，演绎出了佛教心性论的基本形式，一方面奠定了之后中国佛教的理论形态、言说方式、精神生活的主线和要素；另一方面更从思想和理论的高度，启发了宋明理学的思维形式，成为中国主流的三家哲学之一。

历史哲学本身是对人的精神生活认识的一种反思，方先生将概念再回溯到历史人物与事件中，较为完整地反观出整个中国佛教哲学和中国精神气质，由浅入深、由外到内、由表及里的冲突、创造、融合的发展进路。

三 传统哲学比较之诠释

正如方先生一贯的思想原则，中国佛教不能离开中国的传统文化土壤。对于佛教哲学而言，印度佛教和中国佛教在很多表达方式上是具有重大差异的，尽管二者思想本质是一致性的。既然中国佛教哲学是中国传统文化的一部分，那么印度佛学与中国传统思想发生了什么样的关系？这就是研究佛教中国化，或者中国佛教之作为中国的最核心的问题意识。所以讨论中国佛教的特质，“结合中国佛教不同历史阶段的特点，着重解释中国佛教异于印度佛教的总体性特征，并从中国佛教之特点看外来佛教民族化的某些规律性的现象”。[①] 从诸多先生的作品来看，中印观念的区别和三教关系是入手的关键，而辩证法和本然论是基本的研究方法。

从文化比较的角度看，印中佛教可以通过政治、伦理、思想三个大的层面对观，而思想内容尤其丰富，又可以进一步分为人性论、人生论、实践论等方面。

首先，政治角度，印度佛教一开始就与王权保持着深厚的关联。印度佛教将对王权的尊重，放到了佛法之神圣性一样高的地位。这一思想原则进入到中国，更由于中国大一统国家的专制体制所消化和接受。中国佛教较早就承认过皇权对佛教的直接影响力，最著名的就是道安提出的事无国主难立的感慨。所以，除了个别时期和人物的特殊情况之外，中国佛教与王权基本处于一种互相接受的状态。所谓的个别时期和人物是指，以慧远为代表的关于华夏礼仪之争、某些朝代局部的沙门起义（北魏孝文帝时

① 《文集》卷一，第47页。

的沙门法秀起义）以及三武一宗的灭佛事件。不过这些政治波折仅是佛教在中国的短暂挫折，因其基本态度选择和接受了历代政治管理，所以官方和政府给予了大力推崇和教化。处于佛教精密的思想、异质的形态、丰富的构想等优势，它最终让中国人从士大夫到普通民众都以不同方式给予接受，获得了认可。

其次，伦理的角度，印度重视从超越的层面观照现实的道德规范，所以提出了一套诸恶莫作、众善奉行的基本规则。恶，是世俗的违反人伦基础的行为，但更需要参考佛教戒律所反对的各种行为，如杀生等。善，也存在着世俗和神圣两面的理解，但大乘佛教尤其重视的是六波罗蜜的执行和实践。这样的道德原则反映出超越现实生活的带有生命实践和解脱的宗教伦理特征。但是进入中国后，儒家根本的立足点恰恰是在现实层面，甚至对超越的理解也是在道家的自然层面的。儒家的仁学核心是忠孝。道家的超越在于现世生存的优化，即肉身飞仙。因此，对于佛教的轮回、隐修、慈悲、平等等大宇宙思维是非常陌生的。特别是在佛教人物的平等、人人平等、出家遁世、不敬沙门等观念出现的时候，儒道二家是极为反感和敌对的。为此佛教意识到自身生存的需要，从一开始就以儒道的语言来比附佛教，翻译经典和讨论问题都有某种对儒道话语权下的偏向，直到最后华严和禅宗的高度中国话，中国佛教大师更以佛学融入、融合儒道思想为指导，完成了文化形式和精神表现上的中国化。“所以，佛教中国化最突出、最典型的表现就是伦理道德的儒学化。”①

最后，从思想的角度，佛教对于中国文化的建构之功甚伟，其中也不乏对中国文化的吸收。印度佛教的人性论有很多种，比较原初的是唯识学的五种性说，以及涅槃学的众生平等说。受到中国性善性恶说的影响，虽然中国佛教选择了性善论或者众生皆有佛性的说法，但是印度佛教关于性善恶说的多元性，丰富了从人性之现实与可能、修行方式的渐悟与顿悟等方面的思考，尤其对后来的宋明理学中理事、道器、天人、功夫等重大理论提供了重大的思维方式。当然，中国佛教淡化了五种性说，原因不在于其思维不够严谨，或理论不够精微，而是因为它对人性的看待完全违反了中国人的传统认知。所以，这可谓佛教对中国传统的一种被动吸收。另

---

① 《文集》，卷六，第228页。

外，佛教中的真理观、语言观和直觉观，虽然与道家，特别是玄学有很大的相似性，但佛教却通过二谛论、无知论、止观论等理论的创新与独见，为中国哲学注入了新鲜血液，丰富和扩大了中国哲学的内涵。

在方先生对传统思想的研究中，有一个亮点是需要关注的。即方法论的运用，正如汤用彤先生所说："研究时代学术之不同，虽当注意其变迁之流，而尤应识其所以变迁之理由。理由又可分为二：一则受于时风；二则谓其治学之眼光之方法。"①

在早期的研究中，我们可以看到辩证法和唯物主义的方法，屡见不鲜，先生重视从矛盾对立统一的角度，认识佛教哲学中较为核心的问题，比如心物、本质现象等，同时又以一种历史唯物主义的角度，对佛教哲学做了唯物主义与唯心主义的分析，尤其对重要的佛学家做了判断，比如将慧远判定为主观唯心主义思想家，体现了"佛教与唯心主义的联盟"，但是"从认识论的角度来考察，慧远在形神关系问题上陷入唯心主义，是有着极其深刻的认识论根源的。"② 以此，力图客观地公正地评价历史人物。但是到了中后期，先生一定程度上放弃了过于刻板的唯心唯物之分，而是强调从中国佛教哲学的本然状态来分析。此中我们看到的是一种重于比较诠释方式的解读。探寻的问题更多是从历史和逻辑统一的角度去关怀的佛教哲学形成变化的特点。由此，方法论的改变，推进了整个佛学研究的高度。

方立天先生的佛学研究成就，是长期艰苦探索的结果，在笔耕数十个春秋的岁月里，孕育了一生的高尚境界，其精神之灵髓又灌注到一篇篇文章中，故而先生这样总结他的学问，当然更是他的人生：

"五十年来我孜孜以求的治学生涯中，撰写了一些专著、论文。我的文章有一个共同点，一条主线，就是阐述中国传统文化的根本精神。这种精神就是追求人心向上、人性完善、人格完美，追求人际和睦、社会和谐、世界太平，也就是追求理想境界，追求崇高精神。"③

---

① 汤用彤：《魏晋玄学论稿》，北京：三联书店2009年版，第25页。

② 《文集》卷二，第100页。

③ 《文集》卷十，第341页。

近十五年来中国大陆学界对阿毗达磨的研究综述

阿毗达磨或毗昙研究，可谓近期中国大陆佛教界和学术界都给予热烈关注的一个领域。从数量看，2001 年到 2015 年的十五年间，涉及阿毗达磨或毗昙之关键词的文章就有 1300 多篇，这是一个极为可喜的现象。因为之前的数十年，对阿毗达磨研究做出奠基性贡献的，仅有吕澂先生的《印度佛学源流略讲》和《中国佛学源流略讲》，之后虽然有一些佛教断代史和专题文章，但都处于泛论和介绍的层面。既没有做出个案问题的深入探讨，也没有给予全面系统的研究。可是，21 世纪开初，随着国内自身学术的积淀，以及国际间学术交流的加强，中国佛学研究的理论视野得到极大地扩展，问题意识获得强力地刺激，方法理路实现多元地充盈。

于是，阿毗达磨或者毗昙逐渐成为了学界的热点。虽然总量无法与传统问题研究（如宗派、源流、文献、史地、文学等）相比，但是相对于之前近乎一片空白的成果而言，却是较大的进步了。

从相对纯粹的佛教研究之视域下理解，国内学界的主要成就表现在三个方面：（1）阿毗达磨自身体系的分析。（2）思想史意义下的毗昙学探讨。（3）文献学式的研究。

一　阿毗达磨的理论分析

阿毗达磨的研究，体现在体系内部概念的分析、部派关系的探索、文本的深入解读等方面，而这三方面的研究，往往交织在一起。

实有、极微、三世、禅定、业、心等观念，是阿毗达磨中非常重要的观点。学者们对之做出了丰富的阐述。

有学者，以武汉大学的曹彦为代表，[①] 认为实有是有部，尤其是众贤思想关键所在。从《顺正理论》来看，有一般被分为两个部分，即真有和假有。真有是类似于某种实在的，作为宇宙中存在者式的有，比如三世之存有，一切有为法的存有；假有是一种经验意义上的有，是经过缘起聚合之后的现象，比如军队、瓶子等。在具体的概念分析中，实有是这样被不同话题所贯彻。

1. *就实有与极微的关系说*。极微是实有，虽然众贤并不认为极微可以分离出单个的存在，但是极微的积集却组合成了大千世界。所以，极微的真实性是世界的最基础的元素。附议此说的许潇，[②] 更提出《大毗婆沙论》是较早吸收印度传统极微的经典，并且实在性，表现为物理的原子性、万物的构建性、认识的可能性等初步的构想。虽然《婆沙》的极微说较胜论等较为粗糙，但始终开启了有部对于极微的重视。

2. *就三世实有的问题*。“三世实有，法体恒有”，是有部坚持的观点。三世是依据一切的有为法的实有而存在的，三世具有某种时间上的格局。有为法的刹那生灭，是有为法的作用之表现，但是有为法的法体是不会变的。

3. *有为法与无为法*。有为法与无为法是一种先在的、永恒性的区分。有为法因为生住异灭的功能，表现出无常的道理。这四种相，确保了有为法与无为法的根本相异。四相体现了缘起的道理，于是诸法进入到三世之中，成为诸法法体的功能之显现。与之相关的如刹那理论，作为某种现象式的运动，在现象上给予有为法一种运动的表示，这是法体恒有而有功能变异的另外一个阐述方式。

总的来看，这些问题是建立在以《顺正理论》为中心的基础文献上做的研究。故而比较具有系统性和针对性。尤其将《顺正理论》作为一个专题研究，可以较为充分地补足这一大陆佛学界的理论空白。但是要看到，其中有一些问题需要重新审视：首先，有部的实有能否作为一种宇宙论意义上的实存或者在物质、心理现象之后的本体？这是解开有部的核心。我个人以为，有部的思想是有所游离的，即使众贤作为有部最高峰的

---

① 曹彦：《〈阿毗达磨顺正理论〉实有观研究》。

② 许潇：《大毗婆沙论中的极微说》。

继承者，似乎也表现出举棋不定的情况。实际上，按照实有中所谓二谛有，即世俗谛的有，以及胜义谛的有，并非完全属于宇宙存有和本体存有的范畴。我以为困难之处在于，胜义有恰恰是一种反思之后的观念意义上的前提之有，或者说是一种处于观念中的公式之有，这种实有是法有，它是理论的根基。在此意义下去审视极微、有为法、三世、因果，甚至无为法都是可以的。所以，这一法有在后来才被中观批判，而建立了中观意义下的法空。当然此空性之空，与胜义谛的法有，具有某种可对观和相同之处。①

另外，以中国人民大学的惟善教授为代表，② 对禅定深入系统地探讨。他的成果代表了当代大陆学界关于阿毗达磨中禅定研究的最高水平。他从梵汉对勘，以及历史分析的角度，依托《俱舍论》中有部的思想，阐述了禅定的历史、部派时期禅定观点的分化、禅定的具体内容等。

首先，有部有所谓九次第定之说，但是这是一个发展过程。印度流行禅修的传统，禅修是印度各派共法。早期佛教禅法仅有四禅之说，可是到了有部时期，却增加了无色界四禅定。可以确定的是无色四定，是佛教吸收的外道之说。不过，在有部典籍中，严格意义上能够成就地解脱，只有四禅，因为有部始终坚持着佛陀的本怀，即禅定的目的在于智慧的开悟，以及依据智慧而获得解脱。这对于研究佛教禅定与智慧具有较重要的建设意义。

其次，惟善对禅定的阐述，包含着部派相关重要思想的争论。其中比较重要的是关于色与无色之争、无想定和灭尽定的性质之争。他特别指出，色的三种含义可见可对、不可见可对、不可见不可对，无色则是色的绝对无，以及色改变以后的状态。根据此原则判断，有部坚决认为在无色界是无色，但是经部却不以为然而坚持色法和心法可以相互转变为种子。于是无想定、灭尽定的性质，引申出了二无心定，在有部看来是没有心的存在，只有作为二无心定的实体存在，而经部则坚持此二定是有细微心，

① 杨勇：《三世说义辨——以有部、中观、经部和唯识的争论为中心》。

② 惟善：《说一切有部之禅定论研究——以梵文〈俱舍论〉及其梵汉注释为基础》。论文：“试论说一切有部的金刚喻定”；“试析说一切有部的三摩地与散乱”；“说一切有部的禅修功德”；“四无量的修学体系”；“试论九定与解脱的关系——依说一切有部的观点”；“说一切有部之‘随心转法’的建立及其功能”。

并且影响了唯识学的阿赖耶识之说。

最后，几乎《俱舍论》中禅定诸位概念，惟善都涉及了。其中比较突出的是，关于生与定的区别，三摩地和等至的不同。生在色界、无色界是自然得到禅定的特性，但是真正的禅定，是通过修证以后得到的定。这是一个非常重要的区分。另外四禅和四无色定，可以用三摩地和等至表示，但是二无心定，只能用等至来描述，因为有部是否定它们有心存在的，所以根据三摩地必须有心存在的规定，就不可使用该术语了。

总的来看，惟善教授对禅定的分析系统而深入，尤其有些关键问题给出了较好的启发和提示。这是一部难得的作品。

还有另外两部作品，分别是《河北学刊》何石彬对《俱舍论》做某种逻辑思想史的整体研究，① 以及云南大学哲学系杨勇以《俱舍论》的业思想为中心的讨论②。

何石彬非常关注两个问题，一是诸法的真假问题；二是俱舍反映世亲小乘到大乘转向的某些逻辑特质。较有启发的是，静止与运动的观念引入，为理解有部和经部之争给予了较好的启发。有部的三世说、有为法说，都是出于类似于时间的静止点，这是法体实有的立论点；经部的相续转变说，则是通过时间的运动作为参照，反对三世说等重要理论；《俱舍论》借用运动说，建立了法体即作用思想，以有别于有部和经部。另外，俱舍中世亲具有某种转向性的特征，甚至在宏观的角度，为印度佛教哲学从小乘转向大乘提供了可寻之迹。简单地看，即有部诸法具有实体性存在观点，有很强的实在论特征。一定程度上，与佛陀的缘起思想形成张力。为此，大乘中观佛学的兴起从否定任何实在论开始，到推行出唯识学假设心识的虚妄性存在为止，佛学一方面紧扣了缘起的宗旨；但另一方面又极力地关注了现象界的发生，从世俗谛和胜义谛两个角度呈现出印度佛学发展的逻辑维度。

杨勇以业为中心，阐述了俱舍诸多概念的理论意趣。比较有特色的发现，是看到了俱舍是同时承认业具有色性和心性两种性质的特点。这与经部提出的色种子和心种子之说具有直接的关系。文中扣紧唐代俱舍注疏大

---

① 何石彬：《阿毗达磨俱舍论研究——以缘起、有情和解脱为中心》。

② 杨勇：《〈俱舍论〉业思想研究》。

家普光法师对俱舍的断言“意朋经部”之说，揭示了世亲否定无表色和无表业之说，而是主张经部的色心种子之相续说。最重要的是，同属世亲名号的《大乘成业论》与俱舍关于业品中对各家思路和批判，有着惊人的相似。从文本的角度证明了世亲转向大乘的理论依据。另外，他在关注业本身的一些重要名相的同时，如表业、无表业、业道等，还注意到戒律在业中的重要地位，从业的角度对戒律的诸关系做出了富有启发的阐释，尤其是戒律具有的色心双向性，以及得舍戒律的诸要素。这是对戒律的思辨性之辨析。

还有一些作者，较为集中地讨论了俱舍的无我观点，以及俱舍或者婆沙的心理学，成实论的某些问题等。关于无我的研究，有人认为俱舍同时破除了作为人我的五蕴和作为法我的五位七十五法，从而实现了心识论的转变。① 关于心理学的角度，有人以为，俱舍中包含色法引色法、色法引心法、心法引色法、心法引心法的心理功能，心法中的意根具有某种心理哲学整体观的特质，此种特质可以补充现代心理学中意识整体功能研究的空缺。② 成实论是阿毗达磨研究中的弱项，近年来仅有三篇文章，有人初步讨论了苦谛中假乐真苦的观点③，有人则初步分析了该论中二谛思想的结构，以及该论通过灭三心的分析如何实现空的诠释，从而实现对南北朝般若学思想的影响。④

在阿毗达磨研究中，还有北京大学的姚卫群教授，从印度传统思想和大乘佛学思想的历史角度，对概念内涵的变迁做了非常重要的分析，这也是值得关注的学术成果。

二　毗昙学的研究

中国学术界一般以为阿毗达磨传入中国，应当始于晋朝。阿毗达磨后被音译为毗昙，晋宋之际，毗昙学曾因为道安、慧远、鸠摩罗什、法显等中外大师的倡导，得到巨大的发展，有部的、大众部的、经部倾向的大量

① 稂荻：《阿毗达磨俱舍论》中的“无我”思想。

② 高颖：《俱舍论》色法心法观分析——一种心理哲学的视角。

③ 屈燕飞：《成实论》之“苦观”。

④ 常蕾：《成实论》中的二谛观。

的作品被翻译和研究，并维持着研究的热情，产生大量评论、注疏的研究作品，延续到了唐代，经玄奘大师的努力，以有部为主的论典得以较完整地重译、补译、修订，并引起了短暂的研究热潮。可是由于战火兵祸，毗昙的作品只有很少被留下来，而且随着中国佛教诠释模式的崛起，宗派的成立，毗昙学逐渐被隐没。直到近代，佛学的短暂复兴，阿毗达磨研究有了新的进展。但总的来看，大陆学界仍然没有用过多的精力进行毗昙学的研究。

当代随着英文和日文研究成果的刺激，敦煌文献受到再度重视，阿毗达磨研究作为一个历史的珍贵片段，不断被大陆学人所关心和探讨，并逐渐掀起了新的一轮富有成效的讨论。

以慧远、鸠摩罗什为中心的讨论是近年的主要成果。

首先，慧远与毗昙的联系。学者们比较公认的是：慧远学习了《三法度论》和《阿毗昙心论》的观点，承认法性实有、法身实存。法性实有推及轮回世界之不虚，法身实有则承认佛果及境界的真实存在，更重要的是坚持了因果轮回，以及轮回受报的实有。但是在实有的来源上，学者们观点不尽相同：有人以为，慧远因与其师道安共同参与翻译和编订如上两部文献，而受到道安的影响，坚持轮回受报的实有性，只是慧远并没有依据完全弄清楚有部对于实有的多层解释。[①] 有人提出，慧远不单单受到有部影响，中国传统思想的灵魂不灭论，以及早年以玄解佛的思维，都深深改造着其对法身、涅槃实有问题的追问。所以慧远的思想实则是中国佛教大转向的风标，[②] 甚至直接导致了中国佛性论的理论建构。[③] 有人更明确地指出，《三法度论》是犊子部的作品，《阿毗昙心论》是有部的典籍，神不灭的实有，应该是受犊子部和有部共同影响。[④] 有人还以为，慧远的实有说，应该是从实践的果位上说，而不是单纯从境界上理解。所以在与鸠摩罗什讨论时，所指不完全一致。[⑤]

其次，鸠摩罗什与中国佛教的关系。罗什对中国佛教经典的传译、中

---

① 夏金华：《论说一切有部"实有"观念对慧远思想的影响》。

② 张风雷：《从慧远鸠摩罗什之争看晋宋之际中国佛学思想的转向》。

③ 刘剑锋：《论早期中土毗昙学的兴起》。

④ 业露华：《慧远的佛学思想及其历史地位》。

⑤ 张敬川：《庐山慧远与毗昙学》。

国佛教的建设是历代公推的，但是过去较强调其在般若学和中观学的贡献。近年学者看到了其毗昙学之学术渊源和态度。有人指出，罗什与慧远的书信问答，以法身是否实有最受关注，这体现了中国语境中般若学与毗昙学的碰撞；[①] 具体看，罗什偏从境上说，慧远偏从果上说，所以他们的对谈中心有所不同，但是慧远涅槃实有说仍然没有脱离开凡圣分离的毗昙局面，所以与罗什的缘起性空的不二说有所不同。[②] 有人看到，罗什深识毗昙，但保持了批判小乘毗昙的基本态度，当然借用毗昙术语解释中观思想又是其重要教学手段。罗什最终没有办法写成大乘毗昙的原因，即在于当时北方秦地研习小乘毗昙时间已经很长了。[③] 进而有人提出，罗什来华的目的是敷衍大乘中观学，但为了应对中国之前毗昙与大乘不分的局面，他的一项工作即通过大小乘教义的对比，揭示大乘佛法的殊胜。通过鸠摩罗什的传译，当时的中国佛学界实现了大乘佛教得以对抗小乘毗昙佛教的契机，为中国之后的大乘说流行做出重要贡献。[④]

除了以上的研究之外，最近不少优质的毗昙学成果涌现，尤其值得关注的是从敦煌文献中寻找晋宋人物的思想渊源，如中央民族大学的史经鹏、河北大学的向慧等学者。

最后，我们要强调一点，即当代毗昙学的研究主要兴趣点集中在思想史的层面。正好与之上的阿毗达磨研究取向有所不同。

三 文献式的研究

在近期成果中，与阿毗达磨相关，但不属于哲学、宗教或思想史，还有来自语言学和考古学方面的研究。这里我们略加总结和介绍。

语言学的成果，主要是回鹘语和古汉语法、修辞法等方面的探讨。大陆 20 世纪八九十年代曾出现了耿世民先生对回鹘语残卷的翻译，将回鹘语的《俱舍论》译成了现代汉语。虽然严格意义上不属于本文的时间限定，但因为其影响巨大，故稍作提点。另外，有人将俱舍唐译本的古汉语

① 张志强：《慧远与罗什关于法身诸问题的讨论》。

② 张敬川：《庐山慧远的法性思想探微》。

③ 向慧：《浅谈鸠摩罗什对小乘毗昙的认识》。

④ 圣凯：《毗昙学派与南北朝佛学大乘意识的树立》。

结构做了分析，认为俱舍严格的语言结构对中土语言的严谨性发生了某些影响，尤其在长行与偈颂的交替使用、名相的词源学诠释、问答疑难的高频运用等方面，具有较为突出的表现。①

出土文献的成果。在中国西北的新疆，古称西域，佛教曾一度非常兴盛。并且按照僧传的记录，主要流行的是有部的学派。经过重新阅读龟兹壁画，有部流行的盛况得以在细微层面获得证明。以新疆龟兹研究院霍旭初为代表，确定了不少成果。他以为西域佛教曾以龟兹为中心，并形成了所谓“有部文化带”，但隋唐大一统带来的大乘佛教兴盛，客观上将之边缘化。另外，龟兹壁画反映了有部不少独特思想，比较重要的是有部佛陀观的展现。② 具体而言，有部以为：（1）佛陀在成就之前是有漏凡夫、需要经历人间八苦，并且仍会轮回受报，这是有别于大众部和大乘佛教的，在他们那里佛陀是圆满神圣的；（2）唯独佛陀可以礼拜；（3）过去佛思想在壁画中有所呈现等。

就这一部分内容来看，阿毗达磨的思想虽然不是主体，但是却开启了不少佛教交叉学科的研究，我们以为这恰恰反映了研究本身的宽度和广度，是需要重视的。

四 小 结

大陆学界对阿毗达磨的研究，成果丰硕，内容多元。但是，我们以为以下的工作仍然需要进一步努力和完善。

首先，梵文、巴利语、藏语与汉语文献的比较研究，还有待加强与提高。

其次，阿毗达磨文本的思想研究，还需要进一步深入，特别是某些单一文本的探索和钻研。

最后，敦煌文献中的毗昙学资料还有待开发和利用。

① 王继红：《从〈俱舍论〉看论部佛典的文体特征》。

② 霍旭初：《龟兹佛教石窟新考；龟兹佛教二题；从龟兹壁画看说一切有部佛陀生身“有漏”思想等》。